宋元时期：
梯航万国与中外经贸往来

陈支平　王子今　主编

王尊旺　张孙彪　著

海峡出版发行集团 | 鹭江出版社

2025年·厦门

图书在版编目(CIP)数据

宋元时期：梯航万国与中外经贸往来 / 王尊旺，张孙彪著. —厦门：鹭江出版社，2024.12. —(中国海上丝绸之路通史 / 陈支平，王子今主编). —ISBN 978-7-5459-2115-1

Ⅰ. K203;F752.94

中国国家版本馆 CIP 数据核字第 20247S0X74 号

中国海上丝绸之路通史(第一辑)
SONGYUAN SHIQI TIHANG WANGUO YU ZHONGWAI JINGMAO WANGLAI
宋元时期：梯航万国与中外经贸往来
陈支平　王子今　主编
王尊旺　张孙彪　著

出版发行：鹭江出版社	
地　　址：厦门市湖明路 22 号	邮政编码：361004
印　　刷：恒美印务(广州)有限公司	
地　　址：广州南沙开发区环市大道南 334 号	联系电话：020－84981812
开　　本：787mm×1092mm　1/16	
插　　页：4	
印　　张：18.5	
字　　数：284 千字	
版　　次：2024 年 12 月第 1 版	2024 年 12 月第 1 次印刷
书　　号：ISBN 978-7-5459-2115-1	
定　　价：150.00 元	

如发现印装质量问题,请寄承印厂调换。

总　序

任何一种文明都是在与其他文明的交融对话中不断发展的。作为世界上最古老的几个文明之一，中华文明在历史长河中既扮演了文明传播者的角色，也不断从其他文明中汲取各种养分。在这种文明交往的世界体系中，中华文明既壮大发展了自身，也为世界文明的进步作出了重大贡献。

长期以来，学界对中国社会文明史的研究，主要侧重传统农业社会发展史方向，对中国海洋发展史的关注度则相对薄弱。这一方面是因为中国自古以来就是一个"以农立国"的国度，历代社会的经济基础及意识形态，基本上围绕"农业"展开；另一方面是因为历代统治者为了政权的巩固与社会的稳定，往往把从事海上活动的人群视为对既有社会形态的威胁，经常实施诸如禁止出海活动的法令。在这些因素的作用下，中国的海洋文明发展史以及由此开拓出的海上丝绸之路的历史与文化，必然受到历代政府与士大夫们的漠视，甚至备受打击。

中国是一个临海国家，从北到南，大陆海岸线长度约 18400 千米。事实上，在这样的地理优势之下，我们的先民很早就开始从事海洋活动。这种活动除了延续至今的海洋捕捞、海洋养殖之外，还不断通过国家、社会的不同领域与层面向外延伸，寻求与外界的联系和发展。可以说，中国海洋文明存在于"海—陆"一体的结构中。中国既是一个大陆国家，又是一个海洋国家，中华文明具有陆地文明与海洋文明双重性格。中华文明以农业文明为主体，同时包容游牧文明和海洋文明，形成多元一体的文明共同体。中华民族拥有源远流长、辉煌灿烂的海洋文化和勇于探索、崇尚和谐的海洋精神。没有古代中国的海洋文明，也就谈不上近代中国海权的旁落；没有古代中国的海洋文明，也就没有当代中国海权的复兴。我们不能因为中国在近代落伍和被欺凌、被打压，就否认中国传统海洋文明的辉煌。①

中国的先民正是在长达数千年的不断探索、实践之下，才让中国的海洋文明发展史在世界文明史上留下光辉的篇章。

一、对中国海洋文明发展的回顾

中国先民在上古时期进行的海洋活动，应该是沿着海岸线进行海洋捕猎和滩涂养殖活动。在不断与大海搏击与互相适应的过程中，逐渐形成了辉煌灿烂的海洋文化和勇于探索、崇尚和谐的海洋精神。中华海洋文明是中华原生文明的重要组成部分，与中华农业文明几乎同时发生。在汉武帝平定南越以前，东夷、百越等海洋族群创造的海洋文明仍是一个独立的系统。

早期中华海洋文明的逐渐形成，伴随着海上活动区域的日益扩大。有学者指出，中国历史文献中的百越族群，与人类学研究的南岛语族属于同一范畴，两者存在亲缘关系。百越族群逐岛漂流航行的活动范围，是从东海、南海几经辗转到达波利尼西亚等南太平洋诸岛，百越族群是大航海时代以前人类最大规模的海上移民。东夷、百越被纳入以华夏文明（即内陆文明、农业文明、大河文明）为主导的王朝统治体系后，海洋文明逐渐被进入沿海地区的汉族移民承继、涵化，这些汉族移民和汉化的百越后裔一道，铸造了中华文明的海洋特性，拉开了海上丝绸之路

---

① 杨国桢、王鹏举：《中国传统海洋文明与海上丝绸之路的内涵》，《厦门大学学报（哲学社会科学版）》2015 年第 4 期。

的帷幕。① 由于中国沿海传统渔业和养殖业在中国历代社会经济中所占份额较小，因此，中国的海洋文明发展历史，主要体现在向海外发展并且与海外各地相互连接的海上丝绸之路上。

从现有的资料看，中华民族海洋先民与世界其他民族的交流，早在公元前10世纪时就已产生。由于地处亚欧大陆，东临大海，中国在早期的对外交流中，率先开辟西通西域、东出大海的两条主要通道，中华文明与世界文明交往基本格局的雏形自此形成。

《山海经》中提到"闽在海中"，这是一种传说。但是"闽在海中"的传说，是数千年来中国南方民族与东亚其他民族长期交往的历史记忆。"闽"是福建地区的简称。福建地区处于陆地，何谓"海中"？这一传说实际上说明了我国东南沿海地区面向大海以及宝岛台湾在东南海洋中的特殊地理位置，乃至中国东南沿海地区与南洋各地包括南岛语族居民长期交融的文化互动关系。这种关系无疑就是后来海上丝绸之路的先声。

中国北方有"箕子入朝鲜"的记述，称公元前1066年，周武王灭商，命召公释放箕子，箕子率5000人前往朝鲜。公元前3世纪末，朝鲜历史上第一次记载了"箕氏侯国"。《史记》记载，箕子在周武王伐纣后，带着商代的礼仪和制度到了朝鲜半岛北部，被那里的人民推举为国君，并得到周朝的承认。箕子在朝鲜半岛建立的政权史称"箕子朝鲜"。现代谱系学的研究成果证实，现今许多朝鲜人和韩国人的祖先来自华夏地区。

徐福东渡，一直被公认为华夏民族及其文化传入日本的重要历史事件。《史记·淮南衡山列传》记载了徐福东渡事件及徐福在日本平原、广泽为王之说。徐福东渡日本，促成了一代"弥生文化"的诞生，并为日本带去了文字、农耕和医药技术。据统计，日本的徐福遗迹有50多处。

秦朝以前的许多文献均已缺失，至今留存的文献记载十分有限，但

---

① 杨国桢：《海洋丝绸之路与海洋文化研究》，载李庆新主编《海洋史研究（第七辑）》，社会科学文献出版社，2015。

是从上述传说和记述中，我们可以了解到中国古代先民并没有辜负大海的恩赐。在当时生产力低下、航海技术相当原始的情况下，他们仍不断地尝试循着大海，向东面和东南面拓展，谋求与海外民族的联系与合作。

汉唐时期是中国历史上的强盛时期，社会生产力得到长足的进步，交通工具特别是航海技术有了空前的提升，中外文化交流也进入稳步发展阶段。强盛的国力和丰富多彩的文化，吸引着其他国家前来学习，唐代的政治文化制度对东方邻国的政治文化体制产生了直接的影响。可以说，汉唐时期中国闻名于世的陆上丝绸之路和海上丝绸之路已经形成，中国海洋发展史进入了一个崭新的阶段。

公元前138年，张骞出使西域，这是丝绸之路开通的先声。东汉永元九年（97），西域都护班超派遣甘英出使大秦，扩大华夏文化对西域的影响，也丰富了汉人对西域的认识。陆上丝绸之路开辟以后，中国的丝织技术随丝织品输入西方，促进了中外文化交流和贸易往来，加强了西汉与西域地区的联系。

与此同时，自中国沿海起始的海路，西达印度、波斯，南及东南亚诸国，北通朝鲜、日本。公元前2世纪到公元前1世纪，西汉王朝的使节已在南海航行。中国古籍《汉书·地理志》最早提到的中西海路交通的路线是："自日南（今越南中部）障塞、徐闻（今广东徐闻）、合浦（今广西合浦）船行可五月，有都元国；又船行可四月，有邑卢没国；又船行可二十余日，有谌离国；步行可十余日，有夫甘都卢国。自夫甘都卢国船行可二月余，有黄支国……平帝元始中，王莽辅政，欲耀威德，厚遗黄支王，令遣使献生犀牛。自黄支船行可八月，到皮宗；船行可二月，到日南、象林界云。黄支之南，有已程不国，汉之译使自此还矣。"① 《汉书·地理志》所记载之海上交通路线，实为早期的海上丝绸之路，当时海船载运的"杂缯"，即各种丝绸。到2世纪60年代，罗马帝国与东汉通过海上丝绸之路发生联系。三国时期的吴国曾派遣朱应、康泰出使南海，促进了中国与南海诸国的联系。5世纪，中国著名旅行

---

① 班固：《汉书》，中华书局，1962，第1671页。

家法显由陆上丝绸之路前往印度，回国时取道海上丝绸之路，经师子国（今斯里兰卡）、耶婆提（今印度尼西亚苏门答腊岛一带）回国。此时，海上交通已相当频繁，中国与东南亚地区、印度洋地区已有广泛联系，特别是来自中国与印度的僧人为弘扬佛法，交往更为密切。这一时期，中国与阿拉伯半岛、波斯湾地区之间也有一定规模的海上交流活动。

唐朝是海上丝绸之路的大发展时期。隋唐五代时期，与中国通商的国家有赤土、丹丹、盘盘、真腊、婆利等。中唐之后，西北地区丝绸之路阻塞，华北地区经济衰落，华南地区经济日益发展，海上交通开始兴盛。这一时期，海上丝绸之路的繁荣程度远远超过了陆上丝绸之路。与中国通商的国家有拂菻、大食、波斯、天竺、师子国、丹丹、盘盘、三佛齐。航路是以我国泉州或广州为起点，经过海南岛，及环王国、门毒国、古笪国、龙牙门、罗越国、室利佛逝、诃陵国、个罗国、哥谷罗国、胜邓洲、婆露国、师子国、南天竺、婆罗门国、信度河、提罗卢和国、乌剌国、大食国、末罗国、三兰国。同时，唐代即有唐人移民海外。其中，唐代林氏始祖渡海至韩国，繁衍至今约有120万人。2001年，韩国林氏到泉州惠安彭城村寻根谒祖，传为佳话。

中国宝岛台湾以其雄踞东南海中的地理位置，在中国海洋文明发展史及对外交通的海上丝绸之路中扮演着无可替代的角色。最新考古发掘资料证实，以台北十三行文化遗址为代表，在距今1800年至400年之间，台湾是联结中国大陆与海外的一个重要中转站。这里出土的文物，既有来自大陆的青铜器物，也有来自南亚地区甚至更远区域的玻璃器皿。这些出土文物充分说明，我国东南地区及台湾地区在唐宋时期就已经成为我国海上丝绸之路的重要港口与据点。

隋唐时期我国海洋文明发展的一个重要标志，是中国文化向周边国家传播。隋唐时期是我国专制集权发展的鼎盛时期，政治、经济、文化均较为发达，与邻近诸国往来频繁，互相影响，对我国及邻近各国的经济、文化发展，具有积极的推进意义。唐贞观十七年（643），李义表、王玄策出使印度，天竺迦摩缕波国童子王请求将《道德经》翻译成梵文。他们归国后，唐太宗命玄奘等完成翻译，王玄策在第二次出使印度时，即将翻译好的《道德经》赠送给童子王，并赠送了老子像。这是迄今为止最早的有文字可考的关于《道德经》传入印度的记述。不仅如此，侨居中国的波斯人、阿拉伯人亦受中国文化的熏陶。当时的长安可谓亚洲各国留学生聚集的地方，也是世界文化传播中心。

汉字作为世界上使用人数最多的文字，对日本、朝鲜、韩国、越南、哈萨克斯坦等亚洲诸国均产生过深远且重大的影响。日本民族虽有古老的文化，但其本族文字则较晚出现。长期以来，日本人民以汉字作为传播思想、表达情感的载体，称汉字为"真名"。5世纪初，日本出现借用汉字的标音文字——"假名"。公元8世纪时，以汉字标记读音的日本文字已较为固定，其标志是《万叶集》的编定。日本文字的最终创制由吉备真备和弘法大师（空海）完成。他们两人均曾长期留居唐朝，对汉字有很深的研究。前者根据标音汉字楷体偏旁创造了日文"片假名"，后者采用汉字草书创造日文"平假名"。尽管自10世纪起，假名文字开始在日本盛行，但汉字的使用却并未因此废止。时至今天，已在世界上占据重要地位的日本文字仍保留着1000多个汉字。

朝鲜文字称谚文。它的创制和应用是古代朝鲜文化的一项重要成就。实际上，中古时期的朝鲜亦如日本，没有自己的文字，使用的是汉字。新罗统一后稍有改观，时人薛聪曾创造"吏读"，即用汉字表示朝鲜语的助词和助动词，辅助阅读汉文书籍。终因言文各异，"吏读"无法普及。李朝初期，世宗在宫中设谚文局，令郑麟趾、成三问等人制定谚文。他们依中国音韵，研究朝鲜语音，创造出11个母音字母和17个子音字母，并于1443年编成"训民正音"公布使用，朝鲜从此有了自己的文字。

10世纪以前，越南是中国的郡县。秦、汉、隋、唐均曾在此设官统辖，故越南受中国文化的影响较深。越南独立后，无论是上层人士的交往，还是学校教育、文学作品创作，均以汉字为工具。直至13世纪，越南才有本国文字——字喃。字喃是以汉字为基础，用形声、假借、会意等方法创制的表达越南语音的新字。15世纪时，字喃通行越南全国，完全取代了汉字。

不仅文字，唐代的政治制度同样对东亚各国产生了不小的影响。科举制度和三省六部制是中国古代政治制度的重要组成部分，也是支持官僚政治高度发展的两大杠杆。科举制度和三省六部制萌芽于汉代，建立于隋唐，不仅影响了东亚政治制度的发展，还促进了西方文官制度的建立。在唐代，有不少来自朝鲜半岛、安南（今越南）、大食（今阿拉伯）等国的留学人员参加中国的科举考试，其中尤以朝鲜人为多。9世纪初，朝鲜半岛还处于百济、新罗、高句丽并立的三国时代，新罗的留唐学生十分向往中国的科举制度，并且来中国参加科举考试。821年，新罗学生金云卿首次在唐朝科举中登第。截至唐亡的907年，新罗学生在唐登第者有58人。五代时期，新罗学生及第者又有32人。958年，高丽实施科举制度。日本也于8世纪时引进中国的科举制，建立贡举制。唐会昌五年（845），唐王朝允许安南同福建、黔府、桂府、岭南等地一样，每年选送进士7人、明经10人到礼部，同全国各地的乡贡、生徒一起参加科举考试。科举制度虽然最早产生于中国，但其声望及影响并非仅囿于中国。从其诞生之日起，历朝历代就有不少外国学子到中国学习和参加科举考试，绝大多数人学有所成，像桥梁一样促进了国与国之间在文化、教育等方面的交流，为增进中国人民与其他各国人民的友谊作出了不可磨灭的贡献。他们的历史功绩永载中国海洋文明发展史及中外文化交流史史册。

  新罗受唐文化影响最深。当时入唐求学的新罗学子很多，仅840年一年，从唐朝回国的新罗留学生就有100余人。他们学成归国后，协助新罗统治者仿效唐朝的政治制度，建立起从中央到地方的行政组织。8世纪中叶，新罗仿效唐朝改革了行政组织，在中央设执事省（相当于唐朝的中书省），在地方设州、郡、县、乡。日本也是与唐朝有密切往来的东亚国家之一。仅在唐朝一代，日本就派遣了12批遣唐使团到中国学习，次数之多，规模之大，时间之久，学习内容之丰富，可谓空前，推动了中日文化交流的第一次高潮。通过与中国的不断交往，日本在政治、经济、军事、文化、生产技术乃至生活风尚等方面都受到中国的深刻影响。其中，影响最大的是646年日本的大化改新。日本在这次革新中充分借鉴了唐朝经验，建立了以天皇为中心的中央集权国家，官吏任免权收归中央。这次改革还仿效唐朝的三省六部制，在中央设立相应机构，各司其职，置八省百官。从649年"冠位十九阶"的制定到701年

《大宝律令》、718年《养老律令》的先后制定，全新的封建官僚体制取代了贵族官僚体制（现在日本的中央部级还称作"省"）。同一时期，安南所推行的文教制度和选拔人才政策也与隋唐几乎相同。世界五大法系之一——"中华法系"的代表《唐律疏议》，对越南法制史有重大影响。中国政治制度对东亚、南亚国家的影响一直延续到宋明时期。

佛教传入中国，经过中国文化的滋养，再传入东亚各国，对东亚各国的宗教文化产生了深刻影响。鉴真先后6次东渡到达日本，留居日本10年，辛勤不懈地传播唐朝多方面的文化成就。唐代前期和中期以后，新罗留学生研习当时盛行的天台宗、法相宗、律宗、华严宗、密宗和禅宗。

唐朝时期，中国的典籍源源不断地传入东亚各国，形成了一个高潮。日本飞鸟、奈良时代甚至出现了当时举世罕见的汉书抄写事业。日本贵族是最早掌握汉字和汉文化的社会阶层。日本平安时代（794—1192）是贵族文化占主流的时代。这一时代的贵族，包括皇室在内，均以中国文明为榜样，嗜爱汉籍，对唐诗推崇备至。平安时代初期，嵯峨天皇敕令编撰了《凌云集》和《文华秀丽集》两部汉诗集，开启其后300年间日本汉文化发达之先河。

唐代国学等汉籍传入东亚各国，形成了一条通畅的"书籍之路"。早期"书籍之路"航线从中国江南始发，经朝鲜半岛，再至日本列岛，这是与东亚海上丝绸之路相辅相成的文化传播之路，构建了东亚文化交流的新模式。

宋元时期中国海洋文明发展史在更广阔的范围展开。一方面，在传统"朝贡贸易"的刺激下，民间从事私人海上贸易的情况不断出现；另一方面，理学成为中国儒学的新形态，很快成为东亚各国的道德文化范本。中国禅宗的兴盛也深深地影响着周边各国。中国的"四大发明"进一步影响世界，中国与东南亚各国的往来日渐密切，与非洲的联系也日益紧密。

宋元时期，儒学向亚洲国家传播，对东亚及东南亚产生深远的影响。对东亚的影响主要是朱子学和文庙制度的东传。四书五经等儒家经典的思想和智慧传到朝鲜、日本和越南，这些教化中国民众的核心精神也深深影响着东亚各国。在朝鲜,高丽王朝的安珦于1290年将《朱子全书》抄回国内后,白颐正、禹倬等人开始不遗余力地在朝鲜发扬程朱理学。他们的后学李齐贤、李穑、郑梦周、郑道传等人,成了推动朝鲜朱子学发展的中流砥柱。日本的朱子学传播伴随着佛教的交流。日本僧人俊芿曾带回朱熹的《四书章句集注》等著作,日本僧人圆尔辩圆曾持朱熹的《大学或问》《中庸或问》《论语精义》《孟子精义》等著作回国。同时,宋朝僧人道隆禅师曾赴日以儒僧身份宣传理学,元朝僧人一宁禅师赴日宣传宋学,培养了一大批禅儒兼通的禅僧,如虎关师炼、中岩圆月、义堂周信等。15世纪末朱子学在日本形成三大学派:萨南学派、海南学派和博士公卿派。在越南,陈圣宗于绍隆十五年(1272)下诏求贤才,能讲四书五经之义者,入侍帷幄。于是,越南出现了一批积极传播朱子学的先驱,如朱文安、黎文休、陈时见、段汝谐、张汉超、黎括等。黎朝建立后,仍然大力提倡朱子学,将朱子学确立为正统的国家哲学。

宋元时期,除了朝鲜、日本、越南等经过海路与中国交往,并且产生文化影响力之外,东南亚各国也同中国产生了直接的联系。例如泰国,宋朝曾于1103年派人到罗斛国,1115年罗斛国的使者正式来到中国,罗斛国与中国建立友好关系。罗斛先后五次(分别于1289年、1291年、1296年、1297年和1299年)派遣使者出访元朝。1238年,泰族首领马哈柴柴查纳亲王后裔坤邦克郎刀创建了以素可泰为中心的素可泰王国(《元史》中称"暹罗"),历史上称作素可泰王朝。宋元时期,泰国医生使用的药物中,30%为中药。他们也采用中医望、闻、问、切的诊治方法。中国的针灸术也流行于泰国。又如缅甸。缅甸蒲甘国1106年第一次遣使由海路入宋,于1136年第二次遣使由陆路经大理国入宋。纵观整个元代,缅甸至少13次遣使至元朝,元朝向缅甸遣使约6次。1394年,明朝在阿瓦设缅中宣慰司,与阿瓦王朝关系密切。再如柬埔寨。真腊是7—16世纪柬埔寨的国名。公元616年2月24日,真腊国遣使贡方物。苏利耶跋摩二世在位时(1113—1150),曾两次遣使来中国访问。真腊国分别于1116年、1120年、1129年遣使入宋,宋朝廷将"检校司徒"称号赐予真腊国王。1200年,真腊遣使入宋赠送驯象等礼品。宋宁宗以

总序

宋元时期：梯航万国与中外经贸往来

厚礼回赠，并表示真腊"海道远涉，后勿再入贡"。1295年，元成宗（铁穆耳）派遣使团访问真腊，周达观随行。回国后，他写下了《真腊风土记》。唐宋时期中国与老挝的交往在史书中几乎没有记载。元朝曾在云南边外设老丫、老告两个军民总管府。1400年至1613年间，中、老两国互相遣使达43次，其中澜沧王国遣使入明34次，明朝向澜沧王国派遣使节共9次，并在澜沧王国设"军民宣慰使司"。960年，占城国悉利胡大霞里檀遣使李遮帝入宋朝贡。982年，摩逸国（今菲律宾群岛一带）载货至广州海岸。1003年、1004年、1007年，蒲端王其陵遣使来华"贡方物"。1011年，蒲端王悉离琶大遐至遣使入宋"贡方物"。1372年，吕宋（位于菲律宾北部）遣使来贡。1003年，三佛齐王思离朱罗无尼佛麻调华遣使入宋。宋元时期，随着中国海洋文明及海上丝绸之路的发展，中国与东南亚各国建立了比较稳定的联系。

15世纪初叶，郑和船队开始了史诗般的航行；16世纪之后，中国沿海贸易商人也拼搏于东西洋的广阔海域。世界东西方文明在这一时期产生了直接的碰撞与交流。中国文化在面对初步全球化格局的挑战时，演绎了许多可歌可泣的历史篇章；中华文明在新的碰撞交流中，将自身的影响力扩大到全球。中国海洋文明发展的历史又向前迈进一步。

中国明代前期郑和下西洋，体现了中国古代航海技术的最高水平。自永乐三年（1405）开始，一支由200余艘"巨舶"、27000余人组成的庞大舰队在郑和的带领下踏上了海上征程。在近30年的航行中，郑和船队完成了人类史无前例的壮举：先后7次跨越三大洋，遍历世界30多个国家。这支当时世界上最强大的海上舰队的足迹，东达琉球、菲律宾和马鲁古海，西至莫桑比克海峡和南非沿海的广大地区，定期往返，到达越南、马来西亚、斯里兰卡、印度、沙特阿拉伯等30多个国家和地区，最远曾达非洲东部、红海、麦加，并有可能到过澳大利亚、新西兰和美洲。1904年，郑和下西洋500年后，梁启超在《新民丛报》发表《祖国大航海家郑和传》，请国人记住这位"伟大的航海家"，说"郑君之初航海，当哥伦布发现亚美利加以前六十余年，当维哥达嘉马发现印度新航路以前七十余年"。而郑和与带给美洲、非洲血腥殖民主义的西欧航海家最大的不同，则是其宣扬"宣德化而柔远人"的和平贸易理念。这支秉持明太祖"不征"祖训的强大海军，不仅身负建立朝贡贸易的重任，也扮演了维持海洋秩序，使"海道清宁"的角色。在感慨这支强大的海军因明朝廷内外交困不得不中止使命，中国失去在15世纪开始联结世界市场的机会之余，我们还应思考郑和与他史诗般的跨洋航行留给我们的启示：是不是只有牺牲人性与和平的殖民主义才是"全球化"的唯一可行路径？我们的海洋、我们的世界，能否建立起一个以"仁爱""和平"的理念联结在一起的政治秩序？

15世纪中叶，肩负中国官方政治使命的郑和航行虽然画上了句号，但以中国为核心的东亚海洋贸易网络的勃兴与发展却从未停止。郑和船队对东亚、南亚海域的巡航，为中国历代沿海居民打开了通向大洋的窗口，而明朝海禁政策导致朝贡贸易的衰落，更刺激了民间海外贸易的大发展，最终迫使明朝廷做出"隆庆开关"的决定，民间私人海外贸易获得了合法的地位。东南沿海各地民间海外贸易进入了一个新时期。此时，中国沿海海商的足迹几乎遍及东亚和东南亚各国，其中日本、吕宋（今菲律宾）、暹罗（今泰国）、满剌加（今马六甲）等地为当时转口贸易的重要据点。他们把内地的各种商品，如生丝、丝织品、瓷器、白糖、果品、鹿皮及各种日用珍玩运销海外，换取大量白银及香料。由于当时欧洲商人已经到达东南亚各国及我国沿海地区，这一时期的海外贸易活动实际上也是一场东西方争夺东南亚贸易权的竞争。16世纪至17世纪上半叶，以闽粤商人为主的中国商人集团在与西方商人的竞争和抗衡中始终占有一定的优势，成为世界市场中非常活跃的贸易主体。随着国内外商品市场的发展，作为交换媒介的货币也发生了重要变化，自唐、五代以来一直流行于民间的白银，随着海外贸易中大量白银货币的入超，最终取代了明朝的法定钞币，成为通行的主要货币。

繁盛的海外贸易对增加明朝廷的财政收入具有无可替代的重要作用。实际上，明朝已经成为当时的世界金融中心。明代后期及清代前期，中国与世界已经紧密地联系在一起。中国商人奔走于东西洋之间，促进了中国与亚洲各国的经济和文化交流。15世纪之后，来自欧洲的商人及传教士群体，纷纷来到亚洲，更是与中国的商人发生了直接的交往。

万历时期，即16世纪末、17世纪初，欧洲陷入经济萧条，大西洋贸易衰退，以转贩中国商品为主的太平洋贸易发展为世界市场中最活跃的部分。中国商品大量进入世界市场，在一定程度上缓和了世界市场贵金属相对过剩与生活必需品严重短缺的不平衡状态；因嗜好中国精美商品而掀起的"中国热"，刺激和影响了欧洲工业生产技艺的革新，促进了经济的发展。中国商品为17世纪西方资本主义的兴起作出了不可磨灭的贡献。

16—18世纪，"中国热"风靡西方世界，欧洲人沉浸在对东方文明古国心驰神往的迷恋之中。思想家们开始思索西方与东方、欧洲与中国之间的深层次交流。欧洲的启蒙运动思想家们正是在这样一种氛围中，援引儒家思想，赞美中国。中国悠久的历史和发达的文明令欧洲人欣羡不已。为欧洲带来有关中国的信息从而引发热潮的人，主要是16—18世纪持续不断地来到中国的耶稣会士。由于此时的陆上丝绸之路已经衰败，从陆路来到中国，交通相当不便，于是海上交通便成为15世纪以后西方人来到中国的主要通道。换言之，中国的海洋文明发展史在15世纪以后开始逐渐向世界各地延伸。

明末清初时期，中西之间的文化交流达到了前所未有的深度与广度，呈现出第三次高峰。在此时期，来华天主教传教士，尤其是耶稣会士，充当了重要的文化交流桥梁。一方面，在传播天主教教义的动机的驱使下，西方传教士译介了大量的西方科学文化知识，使明清时期的中国知识界对"西学"有了初步的了解和认识；另一方面，通过定期撰写书信报告、翻译中国典籍等方式，传教士也将中国悠久灿烂的文化及中国现状介绍到欧洲，致使17—18世纪的欧洲"中国热"经久不衰。可以说，这一时期中西文化的接触和交流，对东西方社会的发展和进步都产生了重要的影响。这个时期中国文化比较系统地传入欧洲，对18世纪欧洲社会文化转型和正在兴起的启蒙运动产生了重大影响。18世纪中叶，启蒙运动在欧洲兴起。启蒙思想家在继承古希腊、古罗马以来西方理性主义精神遗产，尤其是近代实证论、经验论的同时，也把眼光投向了中国，他们发现了在2000年前（公元前5世纪时）就已清晰地阐述了他们想说的话的伟大哲人——孔子。在耶稣会士从中国带回的各种知识中，没有哪一样像孔子的思想那样引发欧洲知识界的热烈研究与讨论，而与之相关联的，对中国的理性主义、文官制度、科举制度和法律的探讨，更是直接成为欧洲启蒙运动的重要灵感。许多著名的启蒙思想家，对孔子及中华学说赞扬不已。如伏尔泰从儒学的"人道""仁爱"思想和儒家道德规范的可实践性看到了他所寻求的理想社会的道德理论和道德经验。莱布尼茨惊呼："东方的中国，竟然使我们觉醒了！"孟德斯鸠从中国的儒学中看到了伦理政治对君主立宪的必要性。百科全书派的代表人物曾经赞扬中国是世界上唯一把政治和伦理道德相结合的国家。

18世纪以来，西方的工业革命确立了资本主义制度的坚固基础，殖民化的欲望日益增强。传统的中华古国，在西方列强坚船利炮的冲击下，陷入了深重的危机。然而，富有包容性和创新性的中国海洋文化，在逆境中不断寻求变革之路，探索着文化的新生与重构。以鸦片战争为标志，在西方现代文明的冲击之下，中华文明遭遇空前危机，其主体性地位不断被质疑，中华文明向海外扩展的内在动力也大为减弱。然而，中华文化内在的包容性与创新性，激发了一代又一代的中国人，特别是知识分子群体。中国的仁人志士从未停止对中华民族复兴之路的探索。他们勇于直面危机，努力探索，求新求变，从而推动中华文化的自我调整和现代化嬗变。中华文明面对的是"三千年未有之大变局"，中国长期的文化优势和文化优越感被西方殖民主义的强势文化不断消解。因此，伴随着西方历次的殖民战争，许多中国人在阵痛之后开始了文化自觉和文化反思。这种文化自觉和文化反思最集中的表现即对西方先进科学技术和社会科学理论的引进传播，最终孕育了20世纪初的新文化运动，这成为中国近代名副其实的启蒙运动。

无论是林则徐、魏源等人的"师夷长技以制夷"，还是洋务派人士的"师夷长技以自强"；无论是维新派人士的"立宪救国"，还是资产阶级革命派的"民主共和"；无论是以"民主"和"科学"为旗帜的新文化运动，还是以马克思主义为旗帜的中国共产党领导的新民主主义革命，无不体现出中国传统文化勇于面对逆境的韧劲。当然，逆境中的复兴之路，是十分艰辛、曲折的。仁人志士在不断的探索及实践中，最终找到"只有社会主义才能救中国"的伟大真理。

宋元时期：梯航万国与中外经贸往来

近代中国文化在中外文化交流中虽然身处逆境，但是其顽强的生命力，使这一时期中华文明的海外交流和传播从未间断，并且呈现出某些新的传播特征。从对外经济往来的层面说，西方的经济入侵，固然使中国传统经济受到了很大的冲击，但是善于求新求变的中国民众，特别是沿海一带的商民们，忍辱负重，敢于向西方学习，尝试改变传统的生产格局，发展工农业实业经济，拓展海外贸易，取得了良好的成效，从而为中国现当代社会经济的转型与发展奠定了不可忽视的基础。

从文化层面看，20世纪初中国遭受的巨大浩劫，牵动东西方文明交流向更深入的方向走去。中国知识分子在吸收西方近代知识智慧的同时，深刻地反思中国传统文化的精髓与糟粕，继而为国家和民族的命运奋起反抗。在中学西传的过程中，以在传统海商聚居地出生的辜鸿铭、林语堂为代表的晚清知识分子的贡献很大。这一时期，中国古典文明的现代意义虽然在国内受到质疑和批判，但是在西方社会依然被广泛关注。中国传统的儒家经典、古典诗歌、明清小说在这一时期仍被大量译介到西方。许多汉学家如葛兰言、高本汉等对此都有专业的研究。

在近代中外文化交流中，海外华侨群体也作出了杰出贡献，如创办华文报刊、华文学校等，提倡华文教育。华文教育无形中扩大了中文社会的影响力，促进了中国文化与南洋本土文化的交流，同时也使南洋居民在一定程度上认识和了解了博大精深的中华文化。

随着明清时期特别是近代以来中国民间群众移民海外数量的增加，这一时期中国文化的对外传播形成了某些值得注意的新特征，这就是遍布世界各地的"唐人街"的形成与传播。近代中国文化在中外文化交流中虽然处于逆境，但中国商民在海外的发展从来没有停止，中国文化的海外交流和传播一直没有间断，中国的一些文化习惯，如中国茶文化传到西方之后，依然表现出强大的影响力，成为西方的一种流行文化。而华侨华人对世界各地经济发展的贡献，更是世界各国人民有目共睹的。

近代以来，中国人民的艰辛探索终于迎来了中华人民共和国的诞生。新中国成立之后，殖民主义文化被彻底抛弃，中华文明及其深厚的海洋文化发展潜力得到全面的复苏与拓展，中国与世界各地的经济交往以前所未有之势蓬勃发展，中华文化在中西文化交流中展现出前所未有的自觉和自信。特别是改革开放以来，随着中国综合国力和国际话语权的不断提升，中华文明及海洋事业在国际事务与中西文化交流中，表现出强大的拓展动力和趋势。中华海洋文化及中国海上丝绸之路，再次焕发出独特魅力，不断地延伸创新，影响世界，成为中国走向世界的最强音。

纵观中国海洋文明发展的历史过程，以及中华海洋文化与世界文化的交流历史，既有畅行的通途，也有布满艰辛的曲折之路。无论是唐宋时期由朝贡体系促成的政治制度、礼仪制度、文字文学、宗教信仰等的向外传播，还是宋明以来中国沿海商民的私人海上贸易和华侨移民，都对世界文明的进步与世界经济的发展作出了重要贡献。即使是在以往被人们忽视的科学技术领域，英国著名汉学家李约瑟（Joseph Needham）在其著作《中国科学技术史》一书中，对中国古代科学技术为世界所作的贡献作出了很高的评价。当然，近代以来，中华文明以及中国海洋文明的发展，备受压抑，历尽磨难，但始终保有顽强的生命力、特有的文化魅力和世界影响力。当改革开放的春风吹遍神州大地的时候，中华文化更是在频繁的交流中不断丰富发展，体现出越来越鲜明的包容性格和进取精神。这一历史发展过程也充分证明，中华文明作为世界文明花坛中的一朵奇葩，必将在今后的历程中更加绚丽多彩。在全球化日益显著的今天，我们有责任也有义务让包括中国海洋文明在内的中华文明在继承中不断发扬光大，为整个世界文明的发展与和谐共存贡献力量。

二、对中国历代政府海洋政策的反思

中国历代政府所推行的海洋政策，无疑对各个时期海洋事业的发展与迟滞，产生了极为重要的作用。众所周知，中世纪以来，西方各国争相向海外发展势力，在全世界包括东方各地争夺势力范围。在这一系列的海外扩张过程中，国家的海洋政策起到了至关重要的推进作用。西方国家一直是海商、海盗寻求海外势力范围的坚强后盾。然而，中国历代政府的海洋政策与此截然不同。秦汉以来，中国历代政府关于海洋事务的政策基调，基本上围绕所谓的朝贡体系展开。到了近代，中国积贫积弱，朝贡体系因而备受海内外政治家与学者的非议乃至蔑视。

秦汉以来的朝贡体系无疑是中国历代对外关系的基石。近现代以来，人们诟病这一外交体系主要因为两个方面：第一，中国历代政府以朝贡体系为主的外交方式，把自身置于"天朝上国"或"宗主国"的地位，把交往的其他国家视为"附属国"；第二，中国历代朝贡体系下的外交，是一种在经济上得不偿失的活动，外国贡品的经济价值有限，而中国历代朝廷赏赐品的经济价值大大超出贡品的经济价值。

进入近现代时期，由于西方列强的侵略及中国自身发展的迟滞，中国沦为"落后挨打"的半封建半殖民地社会。在许多西方人和日本人的眼里，中国是一个可以随意宰割的无能国度。在这种观念的影响下，西方人和日本人探讨中国近现代以前，特别是中国历代的朝贡体系时，就不免带有某种先入为主的偏见，嘲笑中国历代的朝贡外交体系是一种自不量力、自以为是的"宗主国"虚幻政策。与此同时，20世纪中国学界普遍沉浸于向西方学习的文化氛围中，相当一部分学者也就自然而然地接受了这种带有蔑视和嘲笑意味的学术观点。因此，近现代以来国内外学者对明朝朝贡体系的批评，存在明显的殖民主义语境。与此形成鲜明对照的是，同时期大英帝国所谓"日不落帝国"及其后的美国霸权主义，却很少受到世人的蔑视与取笑。

中国历代朝贡体系之下的外交在经济上得不偿失的观点，很大程度上受二十世纪四五十年代以来关于中国封建社会内部是否已经出现资本主义萌芽问题讨论的影响。由于受到西方学界的影响，中国大部分学者希望自己比较落后的祖国能够像西方的先进国家一样，走上资本主义社会这一有历史发展规律可循的道路。而发展资本主义社会的前提是商品经济、市场经济及对外贸易经济的高度发展。于是，在这样的学术背景下，二十世纪五六十年代，中国历史学界探讨明清时期的商品经济、市场经济及海外贸易等领域，取得了不错的成绩。人们发现，西方国家在资本原始积累的过程中，对外关系、对外贸易以及海外掠夺，对这些国家的资本主义经济发展和社会变革起到了至关重要的助力作用，反观中国传统朝贡体系下的经济贸易，得不偿失，未能给中国资本主义的萌芽和发展提供丝毫的帮助。然而，从纯经济的角度来评判中国历代的朝贡体系,实际上严重混淆了明朝的国际外交关系与对外贸易的应有界限。

毋庸讳言,中国历代的朝贡外交体系是承继中国两千年来"华夷之别"的传统文化价值观而形成的。这种朝贡外交体系,显然带有某种程度的政治虚幻成分。同时,它又只是一种国与国之间的政治外交礼仪而已。这种朝贡式外交礼仪中的所谓"宗主国"与"附属国",也只是一种名义上的表述,两者的关系并不像欧洲中世纪国家那样,必须以缴纳实质性的贡赋作为联系纽带。因此,我们评判一个国家或一个朝代的外交政策及其运作体系,并不能仅仅因为它的某些虚幻观念和经济上的得失,就武断地给予负面的历史判断。如果我们要比较客观和全面地评判中国历代的对外关系,就应该从确立这一体系的核心宗旨及其实施的实际情况出发,同时参照世界上其他国家对外关系的历史事实,进行综合分析,如此才能得出切合历史真相的结论。

中国历代朝贡体系的确立,是建立在国与国、地区与地区之间和平共处的核心宗旨上的。这一点我们在明朝开创者朱元璋及其儿子明成祖朱棣关于对外关系的一系列谕旨中就不难发现。朱元璋在《皇明祖训》中明确指出:"四方诸夷,皆限山隔海,僻在一隅,得其地不足以供给,得其民不足以使令。若其自不揣量,来扰我边,则彼为不祥。彼既不为中国患,而我兴兵轻伐,亦不祥也。吾恐后世子孙,倚中国富强,贪一时战功,无故兴兵,致伤人命,切记不可。"① 洪武元年(1368),朱元璋颁诏于安南,宣称:"昔帝王之治天下,凡日月所照,无有远迩,一视同仁,故中国尊安,四方得所,非有意于臣服之也。"从这个前提出发,中国对外关系的总方针就是要"与远迩相安于无事,以共享太平之福"②。永乐七年(1409)三月,明成祖朱棣命郑和下西洋,"敕谕四方海外诸番王及头目人等……祗顺天道,恪守(遵)朕言,循理(礼)安分,勿得违越;不可欺寡,不可凌弱,庶几共享太平之福"③。在这种对外关系的总方针下,明初政府开列了朝鲜、日本、大小琉球、安南、真

---

① 《皇明祖训》条章,载《四库全书存目丛书》,齐鲁书社,1996。
② 《明太祖实录》卷三四。
③ 郑鹤声、郑一钧:《郑和下西洋资料汇编》上册,齐鲁书社,1980,第99页。

腊、暹罗、占城、苏门答腊、西洋、爪哇、彭亨、百花、三佛齐、浡泥，以及琐里、西洋琐里、览邦、淡巴诸国，皆为"不征诸夷国"。① 在与周边各国的具体交往过程中，朱元璋本着中国自古以来的政策，主张厚往薄来。在一次与琐里的交往中，他说道："西洋诸国素称远番，涉海而来，难计岁月。其朝贡无论疏数，厚往薄来可也。"② 明初奉行的一系列对外政策和措施，充分体现了明朝政府在处理国际关系中所秉持的不用武力，努力寻求与周边国家和平共处之道的基本宗旨。

在寻求国与国之间和平共处的核心宗旨的前提下，明朝与周边的一些国家，如朝鲜、越南、琉球等，形成了宗主国与附属国的关系，这也是不争的事实。但这种宗主国与附属国关系的形成，更多是承继以往历朝的历史因素。纵观全世界中世纪以来宗主国与附属国的关系，就会发现，宗主国与附属国的关系基本上是通过三种途径形成的：一是通过武力征服强迫形成，二是通过宗教关系或是民意及议会的途径形成，三是在传承历史文化的条件下通过和平共处的途径形成。显然，在这三种宗主国与附属国关系中，只有第三种，即以和平共处方式形成的宗主国与附属国的关系，是最经得起历史检验和值得后世肯定的。中国历代建立起来的以和平共处为核心宗旨的宗主国与周边附属国的关系，正是这样一种经得起历史检验和值得后世肯定的对外关系。正因为如此，纵观历史，虽然这些附属国会不时发生内乱等极端事件，历经政权更替，但无不以得到明朝中央政府的册封为荣，即使是叛乱的一方，也都想方设法得到明朝中央政府的承认。可以说，当这些附属国发生内乱，明朝中央政府基本上采取充分尊重本国实际情况的原则，从道义上给予正统的一方支持，以稳定附属国的国内情势，维护区域和平局面。当遭遇外患陷入国家危机的时候，这些附属国也经常向明朝求援。其中最典型的例子，就是万历年间朝鲜遭到日本军阀丰臣秀吉侵略时，明朝政府应朝鲜王朝的求援，派出大量军队，帮助朝鲜王朝抵抗日本军队的进攻，最终把日本军队赶出朝鲜，维护了朝鲜王朝的领土完整和国家尊严。尤其值

---

① 郑一钧：《论郑和下西洋（修订本）》，海洋出版社，2005，第9页。
②《明史》卷三二五《外国六·琐里》，中华书局，1974，第8424页。

得一提的是,在这场规模不小的抗倭战争中,明朝政府不但派出军队参战,而且所有的战争经费都由明朝政府从财政规制中支出,"糜饷数百万"①。作为宗主国,明朝对附属国朝鲜的战争支援,完全是无偿的。

在历代对外朝贡体系中,中国对外国朝贡者优渥款待,赏赐良多。而这些朝贡者,来自东亚、南亚甚至中东的不同国家与地区,带来的所谓贡品,更多是作为求得明朝中央政府接待的见面礼,仅是"域外方物"而已。作为受贡者的明朝政府,对各国的所谓贡品并没有具体的规定。因此,明朝朝贡体系中的外国"贡品",是不能与欧洲中世纪以来宗主国与附属国之间定期、定额的"贡赋"混为一谈的。明朝朝贡体系中的"贡品",随意性、猎奇性的成分居多,缺乏实际经济价值。因此,如果单纯从经济效益衡量,当然是得不偿失。但是这种所谓的经济上的"得不偿失",实际上被我们近现代时期的许多学者无端夸大了。明朝政府在接待来贡使者时,固然实行"厚往薄来"的原则,但无论是"来"还是"往",其数量都是比较有限的,是有一定规制的,基本上仅限于礼尚往来的层面。迄今为止,除了郑和下西洋这种大型对外交往行为给国家财政造成一定的压力之外,我们还看不到中国历代正常朝贡往来中的"厚往薄来"对政府的财政产生过不良的影响。即使有,也是相当轻微的,因为所谓"厚往",仅仅只是礼物和人员接待费用而已。明朝政府对一般来贡国国王的赏赐,基本上是按照本朝"准公侯大臣"的规格施行的。② 如果把这种"得不偿失"与万历年间援朝抗倭战争的军费相比,只能算是九牛一毛! 万历年间支援朝鲜的抗倭战争,从根本上说,是为了维护地区的和平与稳定,而不是为了维持朝贡体系。

从更深的层面来思考,我们判断一个国家或一个时期的对外政策是否正确,不能仅仅以经济效益作为衡量得失的主要标准。国与国之间的外交关系和国与国之间的经济贸易关系,固然有必然的联系,但又不完全等同,外交关系与贸易往来必须有所区分,不能混为一谈。在 15 世纪至 16 世纪以前欧洲国家所谓的"大航海时代"尚未来临,在世界的东

----

①《明史》卷三二二《外国三·日本传》,第 8358 页。
② 郑一钧:《论郑和下西洋(修订本)》,第 13 页。

方,明朝可以说是这一广大区域中最大,也是最为核心的国家。作为这一广阔区域中的大国,对维护这一区域的和平稳定是负有国际责任的。假如这样一个核心国家,凭借自身的经济、军事优势,四处滥用武力,使用强权征服其他国家,那么这样的大国是不负责任的,区域的和平与稳定是不可能长久存在的。从这样的国际关系理念出发,明朝历代政府所奉行的安抚周边国家、厚往薄来,以和平共处为核心宗旨的对外朝贡体系,正是体现了明朝作为东方核心大国的责任担当。事实上,纵观世界历史,所有曾经或现在依然是区域核心大国的国家,在与周边弱小国家和平相处的过程中,由于肩负维护区域和平稳定的义务和责任,在经济上必须承担比其他周边弱小国家更多的负担,这几乎是一种必然的现象。换句话说,核心大国所承担的政治经济责任,同样是另外一种"得不偿失"。但是这种"得不偿失",是作为区域大国承担区域和平稳定责任的重要前提。明朝作为东亚区域最大、最核心的大国,在勇于承担国际义务与责任的同时,被周边国家视为"宗主国"或"中国",因而自视为"天朝上国",也是十分顺理成章的事情。如果我们时至今日依然目光短浅地纠缠在所谓"朝贡体系"贸易中"得不偿失"的偏颇命题,那就大大低估了中国历朝历代政府所奉行的和平共处的国际关系准则。这种国际关系准则,虽然带有某些"核心"与"周边"的"华夷之别"的虚幻成分,但对中国的历史延续性及其久远的历史意义,至今依然值得我们欣赏和思考。

我们若明白自秦汉以来中国历代政府所施行的"朝贡体系",实质上只是一种政治上的外交礼仪,就不难想象中国历史上历代政府所认知的世界,仅局限在亚洲一带,应该是建立在一种和谐相处的氛围之内的。由于中国是这一时期亚洲最大又最有实力的国家,建立以中国为核心的亚洲世界,也就顺理成章地成为政策制定的依据了。

我们再从秦汉以来至明清时期中国海洋政策的纵向面来考察。秦汉以来至隋唐时期,中国与海外各地的经济贸易活动相对稀少,有限的贸易也基本上被局限在"朝贡贸易"的圈子之内。宋代之后,经济层面的活动,包括私人海外贸易活动,才逐渐兴盛起来。因此,宋代是中国历代政府执行对外海洋政策的一个重要转折期。从秦汉以迄隋唐,由于海上私人贸易活动比较罕见，政府制定的对外海洋政策基本着眼于政治与文化外交的层面。与周边许多国家政治与文化体制较为落后的情形相比，中国的政治与文化体制有较为突出的优势。政府把对外海洋政策着眼于政治与文化的层面，并不会对中国的政治与社会统治产生不良后果。因此，在这个时期内，国家政府对政治体制与文化形式的输出，往往采取鼓励的方式。而这种对外海洋政策，在一定程度上促进了隋唐时期中国政治制度向朝鲜、日本、越南等邻近国家的传播。以文化形式向外传播，扩散的范围将更为广阔。因此，我们可以说，宋代以前，中国政府的对外海洋政策与民间的对外联系基本上是吻合的。

但是到了宋代，情况有了很大的改变。随着与周边国家和地区经济交往的增多，沿海一带出现了不少私人海上贸易现象。这种私人海上贸易活动已经超出了"朝贡体系"所能约束的范围，政府自然把这种活动视为"违禁走私"活动，其主要思考点在于确保社会环境和政治统治的稳定。南宋时期著名学者兼名臣真德秀在泉州担任知州时有一项重要事务，就是布置海防，防范海上贸易活动，即所谓"海盗"活动，剿捕流窜于海上的"盗贼"。很显然，从宋代开始，政府的海洋政策出现了两种相互矛盾的走向：一方面继续维持以往的"朝贡体系"，另一方面对民间海上私人贸易活动严加禁止，阻挠打击。

宋朝廷禁止和打击民间私人海上贸易的做法，被后世的统治者们延续下来。特别是到了明代，这种做法对海洋贸易的阻碍作用愈加突显。从明代中叶开始，东南沿海商民从事海上私人贸易已经成为经济发展的趋势。特别是到了15世纪之后，世界局势发生了重大变化，处于资本主义原始积累阶段的欧洲人开始向世界的东方进发，"大航海时代"已经到来。这就使得15世纪之后的明朝社会，被迫进入一个前所未有的"世界史"的国际格局之中。① 从比较世界史的视角来观察，明初中国国力鼎盛的时期，正是欧洲"黑暗"的中世纪。西方出现资本主义的曙光，和明中叶以降中国社会经济与文化思潮新旧交替的冲动几乎同时到来。

---

① 陈支平：《从世界发展史的视野重新认识明代历史》，《学术月刊》2010年第6期。

随着欧洲资本主义原始积累的步步推进，早期殖民主义者跨越大海，来到亚洲东部的沿海，试图打开中国社会经济的大门，谋取资本原始积累的最大利润。差不多在同一时期，伴随中国明代中期社会经济特别是商品市场经济的发展，中国商人也开始尝试突破传统经济格局和官方朝贡贸易的限制，冒险走出国门，投身海上贸易的浪潮之中。

16世纪初，西方的葡萄牙人、西班牙人相继东航，分别以满剌加、吕宋为根据地，逐渐扩张势力至中国的沿海。这些欧洲人的东来，刺激了东南沿海地区商人的海上贸易活动。嘉靖、万历时期，民间私人海上贸易活动冲破封建政府的重重阻碍，取代朝贡贸易，并迅速兴起。中国海商的足迹几乎遍及东亚、东南亚各国，其中尤以日本、吕宋、暹罗、满剌加等地作为转口贸易的重要据点。他们把内地的各种商品，如生丝、丝织品、瓷器、白糖、果品、鹿皮及各种日用珍玩等，运销海外，换取大量白银及香料等回国出售。由于当时欧洲商人已经到达东南亚各国及我国沿海地区，因此这一时期的海外贸易活动，实际上也是一场东西方争夺东南亚贸易权的竞争。中国沿海商人，以积极应对的姿态，扩展势力至海外各地。研究中国明代后期东南亚海上贸易的学者普遍认为，17世纪前后，中国的商船曾经遍布南海各地，从事各项贸易，执东西洋各国海上贸易的牛耳。

明代中后期不仅是中国商人积极进取，应对"东西方碰撞交融"的时期，而且随着这种碰撞交融的深化，中国的对外移民也成了常态。在唐宋时期，虽说中国的沿海居民中也有迁移海外者，但数量有限且非常态，尚不能在迁移的地方形成具有一定规模的华侨聚居地。而拥有真正意义上的海外移民并且形成华侨群体的年代，应是始于中国明朝时期。这种情况在福建民间的许多族谱中多有反映，譬如泉州安海的《颜氏族谱》记载，该族族人颜嗣祥、颜嗣良、颜森器、颜森礼及颜侃等五人，先后于成化、正德、嘉靖年间到暹罗经商并侨寓其地至死。《陈氏族谱》记载该族族人陈朝汉等人于正德、嘉靖年间到真腊经商且客居未归。再如同安汀溪的黄姓家族，成化年间有人去了南洋，繁衍族人甚众。永春县陈氏家族则有人于嘉靖年间到吕宋经商并定居于当地。类似的例子很多,举不胜举。① 到中国明代后期,福建、广东一带迁移国外的华人,已经逐渐向世界各地拓展。印度尼西亚的巴达维亚城是荷兰东印度公司所在地,1619年前当地华侨不足四百人。不到十年,即截至1627年,该城华侨已达三千五百人,而其中大多数是来自福建漳州、泉州的移民。又据有关记载,从明代中后期始,中国的丝绸、瓷器等商品已由中外商人贩运到墨西哥等拉美地区,一些广东商民甚至在墨西哥的阿卡普尔科等地从事造船业或其他行业的生产经营活动。②

这些移居海外的华人,为侨居地早期的开发与经济繁荣作出了较大的贡献,如福建巡抚徐学聚所说:"吕宋本一荒岛,魑魅龙蛇之区,徒以我海邦小民,行货转贩,外通各洋,市易诸夷,十数年来,致成大会。亦由我压冬之民,教其耕艺,治其城舍,遂为隩区,甲诸海国。"③对于这一点,即使是西班牙殖民者也不得不承认。如马尼拉总督摩加在16世纪末宣称:"这个城市如果没有中国人确实不能存在,因为他们经营着所有的贸易、商业和工业。"一位当时的目击者胡安·科博神父(Father Juan Cobo)亦公正地说:"来这里贸易的是商人、海员、渔民,他们大多数是劳动者,如果这个岛上没有华人,马尼拉将很悲惨,因为华人为我们的利益工作,他们用石头为我们建造房子,他们勤劳、坚强,在我们之中建起了最高的楼房。"④ 一些菲律宾史学家对此也作出了公正的评价,《菲律宾通史》的作者康塞乔恩(Joan de la Concepcion)在谈到17世纪初期的情况时写道:"如果没有中国人的商业和贸易,这些领土就不可能存在。"如今仍屹立在马尼拉的许多老教堂、僧院及碉堡,大多是当时移居马尼拉的华人所建。约翰·福尔曼(John Foreman)在《菲律宾群岛》一书中亦谈道:"华人给殖民地带来了恩惠,没有他们,生活将极端昂贵,商品及各种劳力将非常缺乏,进出口贸易将非常窘

---

① 王日根、陈支平:《福建商帮》,香港中华书局,1995,第117—119页。
② 黄国信、黄启臣、黄海妍:《货殖华洋的粤商》,浙江人民出版社,1997,第144页。
③ 徐学聚:《报取回吕宋囚商疏》,载《明经世文编》卷四三三《徐中丞奏疏》。
④ Teresita Ang See, *Chinese in the Philippines*, vol. 1, Manila, 2018, p. 137.

困。真正给当地土著带来贸易、工业和有效劳动等的是中国人，他们教给这些土著许多有用的东西，种植甘蔗、榨糖和炼铁，他们在殖民地建起了第一座糖厂。"①

移居印度尼西亚的华人同样为巴达维亚的发展与繁荣作出贡献。荷兰东印度公司在到来的第一个世纪里，不但使用了华人劳力和华人建筑技术建造巴达维亚的城堡，而且把城里的财政开支都转嫁到华人农民的税收上，凡城市的供应、贸易、房屋建筑，以及巴达维亚城外所有穷乡僻壤的垦荒工作都由华人来承担。② 荷兰东印度公司在17世纪下半叶才把糖蔗种植引进爪哇，在欧洲市场上它虽然不能与西印度的蔗糖竞争，但它取得了印度西北部和波斯的大部分市场，并且还出售到日本，而这些新引进的糖蔗的种植工作几乎是由华人承包的。③ 因此，英国学者博克瑟（C. R. Boxer）曾说："假如马尼拉的繁荣应归功于移居那里的华人的优秀品质，那么当时作为荷兰在亚洲总部的巴达维亚的情况亦一样。华人劳工大多数负责兴建这座城市，华人农民则负责清除城市周围的村庄并进行种植，华人店主和小商人与马尼拉的同胞一样，占据零售商的绝大部分。我们实事求是地说，荷兰东印度公司对其首府的迅速兴起应极大地感激这些勤劳、刻苦、守法的中国移民。"④ 到了清代以至民国时期，庞大的华侨华人群体，更是为世界各地的社会经济发展作出了不可磨灭的贡献。

15世纪至17世纪，固然是西方殖民主义者向世界各地扩张的时期，但其时东方的中国社会，中国商人以积极进取的姿态，同样把自己的活动范围向海外延伸。这种双向碰撞交融的历史进程，无疑从另一个源头上促进了"世界史"大概念的形成与发展。因此可以说，15世纪至17

---

① John Foreman, *The Philippine Islands*, London, 1899, p. 118.

② J. C. Van Leur, *Indonesian Trade and Society*, The Hague, 1960, pp. 149, 194.

③ John F. Cady, *Southeast Asia: It's Historical Development*, New York, 1964, p. 225.

④ C. R. Boxer, Notes on Chinese Abroad in the Late Ming and Early Manchu Periods Compiled from Contemporary Sources（1500—1750）, in *Tien Hisa Monthly*, 1939 Dec., vol. 9, no. 5, pp. 460—461.

世纪的中国社会,同样是推进"世界史"格局形成的重要组成部分。

明代中后期,也就是16世纪至17世纪,东西方的经济与文化碰撞,中国沿海商民积极应对西方所谓"大航海时代"的来临,这本来是中国海洋发展的绝佳时机。但遗憾的是,中国政府并未像西方政府那样,成为海洋商人寻求拓展海外势力范围的坚强后盾,而是采取了相反的政策措施——禁绝打击。由于受到政府禁海政策的压制,中国明代东南沿海地区的商人不得不采取亦盗亦商的经营行为。从中世纪世界海商发展史的角度来考察,亦商亦盗的武装贸易形式,也是中世纪以至近代西方殖民者海商集团所采取的普遍形式。不同的是,西方殖民者的海盗行径大多得到本国政府的支持。"大航海时代"的葡萄牙人、西班牙人、荷兰人,都以本国政府的支持和强大的武装为后盾,企图打开中国沿海的贸易之门。① 而中国海商集团的武装贸易形式,是在政府的压制下不得不采取的一种自我保护措施。在中国政府的压制下,东南海商的武装贸易形式虽然能够在中国明代后期这一特定的历史空间中得以发展,但最终不能长期延续并发展下去。终清之世,中国东南海商再也未能形成一支强大的武装力量。从国际贸易的角度看,这也是中国海商逐渐失去东南海上贸易控制权的重要原因之一。16世纪至19世纪中叶,中国的海商只能在政治与社会的夹缝中艰难行进。

中国历代朝贡体系虽然奉行与周边国家地区和平共处的宗旨,但这种仅着眼于政治仪式层面的外交政策,忽略了文化层面的外交交流(这里的文化层面,主要指带有意识形态的宗教、信仰、教育及生活方式等)。而这种带有政治仪式意味的外交政策,将随着政治的变动而变动,缺乏长久的延续性。因此,到17世纪后东亚及中东的政治版图发生变化时,中国对南亚、西亚以至中东的政治影响力迅速衰退。

通过对中国历代政府对外海洋政策的分析,我们不难了解到,中国历代政府所制定的对外海洋政策,主要围绕政治稳定展开,海洋经济的发展,基本上不能进入政府决策者的考量之中。虽然说政府也在某些场

---

① 毛佩琦:《明代海洋观的变迁》,载中国航海日组委会办公室、上海海事大学编《中国航海文化论坛》(第一辑),海洋出版社,2011,第268页。

合、某些时段对民间海上私人贸易设立管理机构并予以课税等，但是这些行为大多是被动的，是为了更有效地管制民间的"违禁"贸易行为。这种"超经济"的对外海洋政策和"朝贡体系"维系了中国与周边地区，也就是亚洲地区近两千年和谐共存的国际关系，使亚洲不曾出现像欧洲中世纪那样国与国之间攻伐不断的混乱局面。而国家政府对民间海上私人贸易活动的禁绝压制，也在一定程度上阻碍了中国海洋文明发展史的顺利前进。

三、宋明以来中国海上丝绸之路发展的两种路径

正如前文所论述的，在中国的海洋文明发展史上，宋代是一个关键的转折期。宋代以前，中国的海洋事务基本上在政府的"朝贡体系"下施行。而宋代以后，特别是明代以来，民间从事海上私人贸易活动的现象日益增加，最终大大超出国家政府"朝贡体系"控制下的经济活动范围。从中国海洋活动的范围看，唐宋时期中国的海洋活动及文化的对外传播，主要局限在亚洲相邻国家以至中东地区，和欧洲等西方国家的联系及对其的影响，是间接的，且相对薄弱。但是到了明代，情况就不一样了。双方不但在贸易经济上产生了直接并带有一定对抗性的交往，而且由于西方大批耶稣会士的东来，双方在文化领域也产生了直接的交往。

明代中叶之后，伴随世界地理大发现和新航路的开通，西方的思想文化及科学技术也日渐向外传播。而明代嘉靖、万历时期社会经济发展，海外贸易引发对传统商品扩大再生产和改革工艺的要求，迫切需要科学技术的创新和总结。欧洲耶稣会士带来的西方科技，如天文、历算、火器铸造、机械制造、水利、建筑、地图测绘等知识，又以其新奇和实际的应用刺激了讲究实学的士大夫的求知欲望。在这双重因素的交互推动下，出现了一股追求科技知识的新潮，产生了一次小型的"科学革命"[①]。这种思想文化与科学技术的变化，充分地体现了这一时期中国

---

① 杨国桢、陈支平：《明史新编》，傅衣凌主编，人民出版社，1993，第 427—432 页。

文化与西方文化直接碰撞和交融的初步成果，同时也折射出当时的中国社会在面对新的世界格局调整时，是以一种包容开放的心态来与西方展开交流的。

正因为如此，尽管当时西方耶稣会士是带着传教目的来的，而且对所谓"异教徒"文化往往怀有某种程度的蔑视心态，但是在较为开放的中国社会与文化面前，这批西方耶稣会士敏锐地意识到中国传统文化的博大精深，所以他们中很少有人用轻视的眼光看待中国文化。由于有了这种较为平等的文化比较心态，明代后期来华的耶稣会士们，在一部分中国上层知识分子的协助下，开始较为系统地从事向欧洲译介中国古代文化经典的工作，竭力把中国的政治、经济、社会的基本状态及文化的基本内涵，介绍到西方各国。在这种较为平等的中西文化交流与文化传播中，中国的文化在西方获得了应有的尊重。

到了清代中期，中国政府采取了较为保守封闭的对外政策，尤其是对思想文化领域的交流，逐渐采取压制的态势。在这种保守封闭的政策之下，中国文化的对外传播受到了一定的阻碍。更为重要的是，随着西方资本主义革命的不断胜利和工业革命的巨大成功，"欧洲中心论"的文化思维已经在西方社会牢固树立。欧洲的政治家和知识分子也逐渐失去了对中华文化的敬畏之心。直至近代，虽然说仍然有一小部分中外学人继续从事翻译介绍中国文化经典的工作，但是在绝大部分西方人士的眼里，所谓中华文化，只是落后民族的低等文化。尽管他们的先哲也许在不同的领域提及并赞美过中国的儒家思想，然而到了这个时候，大概已没有多少人肯承认他们的"高度文明思想"跟远在东方的中国儒家文化有什么瓜葛。时过境迁，18世纪以后，中国以儒家经典为核心的意识形态文化在世界文化整体格局中的影响力大大下降，对外传播的作用日益衰微。

但是我们还必须看到，随着宋元以来民间私人海上经济活动的不断加强，沿海一带的居民也随着这种海上活动的推进，不断地向海外移民。这就促使中国海洋文明发展与海上丝绸之路形成了两种不同的路径，一种是由政府主导的"朝贡体系"和由知识分子主导的以传播儒家经典为核心的意识形态文化，另一种是随沿海商民迁移海外而传播出去的与一般民众生活方式相关的基层文化。

据文献考察，宋明以来，特别是明代以来，中国迁居海外的移民基本上来自明代私人海上贸易最发达的地带，往往是父子、兄弟相互传带的家族式移民。1571年，西班牙殖民者进抵菲律宾群岛并构建了以马尼拉城为中心的殖民据点，积极开展与东亚各国的贸易往来，采取吸引华商前来贸易的政策，前往菲律宾岛的华商日渐增多，其中不少人定居下来。明代福建官员描述："我民往贩吕宋，中多无赖之徒，因而流落彼地下不万人。"[①] 有的记载则称这些沿海商民"流寓土夷，筑庐舍，操佣贾杂作为生活"，"或娶妇长子孙者有之，人口以数万计"。[②] 到了清代，中国东南沿海人民往海外的迁移活动，基本上呈不断递升的状态。随着国际交往的扩大和资本主义市场的网络化，中国海外移民的数量及所涉及的地域均比以往有所增长。到了近现代，中国东南沿海海外移民的足迹，已经遍布亚洲之外的欧洲和美洲各地，甚至到了非洲。

这种家族、乡族成员连带的海外移民方式，必然促使他们在海外新的聚居地较多地保留祖地的生活方式。于是，家族聚居、乡族聚居生活方式的延续，民间宗教信仰的传承，风尚习俗与方言的保存，文化教育与娱乐偏好的追求，都随着一代又一代移民的言传身教，顽强地延续下来。这种由民间传播至海外的一般民众的生活方式，逐渐在海外形成了富有中国特色的文化象征。因此，我们在回顾中国以儒家经典为核心的意识形态文化在明代后期向西方传播的同时，绝不能忽视明代中后期以来一般民众生活方式对外传播的文化作用及意义。当近代以来中国的意识形态文化在西方人眼里日益衰微的时候，以往被人们忽视的由沿海商民迁移海外而传播出去的一般民众的基层文化传播途径，实际上成了18世纪以后中华文化向海外传播的主流渠道。

虽然说从16—17世纪以来，中国东南沿海居民不断地、大批地向世界各地移民，形成华侨群体，并在自己的居住国形成具有中华文化特征

---

① 张燮：《东西洋考》卷五，谢方点校，中华书局，1981，第91页。
② 顾炎武：《天下郡国利病书》卷九三《福建三》，广雅书局光绪二十六年刊本，第13册。

的社会文化氛围,但是我们还必须看到,这种由下层民众传播到世界各地的中华文化,无论是宗教信仰、生活习俗,还是文化教育及艺术娱乐,基本上都是在华人的小圈子里打转,极少扩散到华人之外的族群当中去。也就是说,中华文化在海外的这种传播,不太可能对华人之外的群体乃至国家、地区产生重要的影响力。

中国历代的对外关系,基本上是遵循两条道路开展的:一是王朝政府的朝贡体系,一是宋代以来民间海外贸易与对外移民的系统。如前所述,王朝的朝贡体系,关注的是政治礼仪外交,宋代以后缺乏带有国家层面的文化输出和传播。而宋明以来的民间海洋活动,关注的是经济问题,民间文化输出的目的在于维系华人小群体和谐相处的稳定局面,极少往政治层面上去思索,因此这种民间文化的输出,影响力极其有限。也就是说,中国海上丝绸之路的发展模式,自宋代以来,严重缺失了国家层面的对外文化传播与输出。反观15世纪以来西方殖民者的东扩,在庞大的商业船队到来的同时,天主教的传教士也不断涌入,想方设法地在东方世界包括中国在内的广大民众之中传播西方的宗教信仰与意识形态。时至今日,西方天主教、基督教对中国社会的渗透,依然十分强大。有些东亚国家,如韩国,其民众对基督教的信仰大大超出了以往对东方佛教的信仰。起源于中东地区的伊斯兰教,同样也是如此。本来,华人移民率先进入东南亚地区,但是后来的伊斯兰教徒,充分利用和扩展与东南亚国家和地区上层阶层的交往,使伊斯兰教在东南亚地区得以迅速传播,如今东南亚地区的许多居民被伊斯兰教同化。伊斯兰教文化在这些地区后来居上,占据了统治地位。虽然有少部分中国学者一厢情愿地认为明代前期郑和下西洋对东南亚地区的伊斯兰教传播起到了重要作用,但是这种论点的历史依据,大多是属于现代的,很难得到东南亚地区伊斯兰教系统文献的印证①,基本上属于自娱自乐、自说自话的

---

① 如孔远志先生是主张郑和下西洋时向东南亚地区传播伊斯兰教的学者,但是他也承认:"海外现有的关于郑和在海外传播伊斯兰教的记载,尚缺乏有力的佐证。"参见孔远志:《论郑和与东南亚的伊斯兰教》,载中国航海日组委会办公室、上海海事大学编《中国航海文化论坛》(第一辑),第81页。

范畴。

在中国历代海洋事业及海上丝绸之路的发展历程中,文化传播与输出的缺失,极大地限制了中国对周边国家特别是东南亚国家和地区的整体影响。尽管中国历代政府希望通过朝贡体系谋求与周边国家的和平共处,中国海外移民也对居住国社会经济的发展作出了重大的贡献,但是由于文化上的隔阂,使得无论是中国与周边国家、地区的关系,还是华侨华人与当地族群的关系,都处于比较尴尬的境地。就东南亚地区百余年的发展情况而言,华侨华人在经济上为当地的发展作出了重大的贡献,但是经济上越成功,对当地的贡献越大,往往越难与当地族群形成亲密和谐关系,二者之间的隔阂始终存在。一旦这些国家或地区出现政治上、经济上的波动,当地族群往往把社会、政治及经济上的怨恨发泄到华侨华人群体上。百余年来,东南亚地区是华侨华人人数最多的地区,同样居住在这些地区的其他外来族群,却很少受到血腥的排斥,唯独华侨华人,不时受到当地政府或当地民众的排斥、攻击与屠杀。这里面的原因当然是十分复杂的,但是我们不得不认识到,中国海上丝绸之路在发展历程中忽视了文化的传播与输出,造成不同国家与地区之间文化上的隔阂,无疑是其中一个重要的因素。

中国的海洋文明发展历史及中国海上丝绸之路历史的前进道路,虽然在18世纪之后受到一定的挫折,但是其整体发展趋势并没有发生明显的改变,中国通过海上丝绸之路与世界的联系,始终保持波浪式的前进态势。而随着中国改革开放的大踏步前进,到了21世纪,中国发展包括"海上丝绸之路"在内的"一带一路"重大倡议日益坚定。"建设丝绸之路经济带和21世纪海上丝绸之路的战略构想,兼顾陆地与海洋,是建立在中国既是一个陆地国家,又是一个海洋国家的历史土壤上,统筹陆海大格局、全方位对外开放的大手笔。它秉承和平合作、开放包容、互学互鉴、互利共赢的精神,通过政策沟通、道路联通、贸易畅通、货币流通、民心相通等一系列规划项目和实践,促进共建国家深化合作,建设成一个政治互信、经济融合、文化包容的利益共同体、命运共同体和责任共同体。这个构想本身就是对传统中华文明的传承和弘扬。21世纪海上丝绸之路建设不是简单的经济过程、技术过程,而是文明的进步过程。仅仅靠资金的投入和技术的推广是不够的,需要正确的理论指导和历史经验教训的借鉴。因此,忽视基础研究并不可取,挖掘海洋文明史资源,深化中国海洋文明史研究,推动历史研究与当代研究的互通互补,不仅是提高讲好海洋故事能力的必要条件,更是推进中国文明的现代转型,建设海洋强国的内在诉求。"① 正因为如此,我们今天梳理中国海洋文明发展历史与中国海上丝绸之路历史的前进脉络,其现实意义是不言而喻的。

四、我们撰写"中国海上丝绸之路通史"的基本思路

中国海洋文明的发展及由此形成的中国海上丝绸之路,不仅给中国的社会经济与文化增添了不断奋进的鲜活元素,同时也为世界文明注入了不可或缺的源头活水。自现代以来,中外学界的不少学者都对中国的海洋文明发展史及海上丝绸之路历史文化进行过诸多探讨解析。但是迄今为止,学界对中国海洋文明发展史及海上丝绸之路历史文化的研究,主要侧重中国对外交通史、中国海外贸易史和中外文化交流史等领域。而对中国海洋文明发展史及海上丝绸之路的另外一种发展路径,即上面论及的以往被人们忽视的由沿海商民从事的海洋事业,以及由此迁移海外并传播到世界各地的基层文化的传播途径的研究,是缺失的。中国的海洋文明发展史及海上丝绸之路历史文化,从根本上讲,是由自秦汉以来一代又一代的民众构筑起来的。我们今天探讨和解析中国海洋文明发展史及海上丝绸之路历史文化,理应将较多的关注点放在构筑这一光辉历史与文化的下层民众上。近年来,随着中国海洋意识的提升,学界对中国海洋文明发展史及海上丝绸之路历史文化的讨论和学术研究日益增多,涌现出诸多富有见识的学术论述,其中以杨国桢先生主编的"海洋与中国"丛书、"海洋中国与世界"丛书和"中国海洋文明专题研究"丛书最具规模。这三套丛书用很大篇幅探讨、剖析了海洋文明与海洋文

---

① 杨国桢、王鹏举:《中国传统海洋文明与海上丝绸之路的内涵》,《厦门大学学报(哲学社会科学版)》2015 年第 4 期。

化中一般民众的生活方式及基层文化,使中国海洋文明发展史和海洋社会经济史的研究更贴近海洋草根文化的本源真实。

近年来,学界还组织出版了一些以"海上丝绸之路"为主题的研究成果,这其中有清华大学出版社出版的《海南与海上丝绸之路》、厦门大学出版社出版的"海上丝绸之路研究丛书"、世界图书出版社出版的"海上丝绸之路断代史研究"丛书和安徽人民出版社出版的"南方丝绸之路研究丛书"。在这几种有关海上丝绸之路研究的图书中,《海南与海上丝绸之路》是地域性研究著作,而厦门大学出版社出版的"海上丝绸之路研究丛书"则是专题性研究成果的汇集。这些专题性研究成果的出版,将进一步推进对海上丝绸之路历史文化的研究,扩展我们对海上丝绸之路的考察视野,具有良好的学术意义。然而,这批著作过于注重专题性的叙述,因此也缺乏对中国海上丝绸之路历史文化的整体把握。世界图书出版社出版的"海上丝绸之路断代史研究"丛书,比较简要地概述了从秦汉至明清时期中国海上丝绸之路的演变历史。但是这一历史叙述基本建立在中国本土立场上展开,对海上丝绸之路涉及的其他区域及华侨华人在世界上的伟大贡献,基本上未涉及,这不得不说是一个很大的遗憾。因为海上丝绸之路是世界性的,我们无法忽视中国海上丝绸之路与沿路各地的相互联系。正是这种联系,使其成了真正意义上的海上丝绸之路。

回顾近 30 年中国学界对中国海洋文明发展史及海上丝绸之路历史文化的研究,不难发现以往对中国海洋文明发展史和海上丝绸之路历史文化的研究,更多是建立在宏观概念的探讨与专题性分析上。需要指出的是,在当前国家提倡"一带一路"重大倡议时,社会上乃至学界的一部分人,蹭着国家重视海洋意识的热度,赶着海上丝绸之路的时髦,提出了一些脱离中国海洋文明发展真实历史的观点。正如杨国桢先生所批评的:"现在一些研究成果,对海洋的历史作用的认识存在分歧。一种认为传统中国是一个陆权国家,海洋并不重要,现代国家的发展要重建陆权。一种急于表达中华海洋文明是世界领跑者、优秀角色,提出中国或福建是世界海洋文明发源地,近代以前至少 15 世纪以前是海洋之王……这些现象的出现,是中国海洋史学发展不成熟的表现。一些声音很高的人本身对历史毫无素养，写的书是'非历史的历史研究'，他们看了一些历史论著就随意拔高观点，宏观架构出理论体系，当然会对社会产生误导。比如最近在海峡两岸引起轰动的南岛语族问题，考古学界、人类学界、语言学界的研究成果，把他们的一部分来源追溯到我国东南沿海或台湾地区。于是台湾有人说：'台湾是人类文明发源地。'福建有人说：'福建是世界海洋文明的发源地。'这是真的吗？我认为史学界应该重视，开展讨论，辨明是非。这类问题还有不少，不宜视而不见。"①

从这样的思考出发，我们认为有必要撰写一系列比较全面又清晰体现中国海洋文明发展史及海上丝绸之路历史文化的著作，尤其是能在一定程度上反映历代中国商民从事的海洋事业，以及由此迁移海外而传播到世界各地的一般民众基层文化传播途径。当然，要使我们的这系列著作能够达到这样一个目标，涉及三个方法论的问题，有必要在这里与大家逐一探讨。

首先，作为中国海洋文明发展的全史性著作，叙述书写的边界在哪里？所谓中国海洋文明发展通史，顾名思义，要叙述的是与海洋相关联的社会经济活动。但是我们不能赞同有些学者把中国的海洋文明发展史局限在海洋之中发生的历史事件。在本文的开章伊始，我们对中国的海洋历史形成这样的认识：中国海洋文明存在于"海—陆"一体的结构中。中国既是一个大陆国家，又是一个海洋国家，中华文明具有陆地与海洋的双重性格。中华文明以农业文明为主体，同时包容游牧文明和海洋文明，形成多元一体的文明共同体。中华民族拥有源远流长、辉煌灿烂的海洋文化和勇于探索、崇尚和谐的海洋精神。中国海洋文明发展的这种"海—陆"一体的结构，决定了其与大陆文明的发展，具有天然的、不可分割的联系。从某种意义上讲，中国的陆地文明与海洋文明是相互促进、相互制约、相辅相成的。二者的发展历程，是无法断然割裂的。基于这样的思考，我们对叙述中国海洋文明发展历史边界的整体把握，并不仅限于发生在海洋当中的活动，而是从较为宏观的视野考察中

---

① 朱勤滨：《海洋史学与"一带一路"——访杨国桢教授》，《中国史研究动态》2017年第3期。

国历代海洋活动中陆地与海洋的各方关系,从而更加全面地描述中国海洋文明发展的基本概貌。

其次,我们撰写的这部中国海洋文明发展通史,既然是基于中国海洋文明存在于"海—陆"一体结构的观点之上,那么这一极为宏观的审视所牵涉的领域又未免过于空泛和难于把握。为了更集中地体现中国历代海洋活动的主体核心部分,我们认为,在中国海洋文明发展历史的进程中,人的作用始终是第一位,海洋社会的核心是海洋活动中的人。"在海洋发展历史上,不同的海上群体和涉海群体塑造了不同的海洋社会模式,如古代的渔民社会、船员社会、海商社会、海盗社会、渔村社会、贸易口岸社会等等。他们有各自的身份特征、生计模式,通过互动结合,形成不同风格的群体意识和规范。海洋史就是要去研究海洋社会中的结构、经济方式,及其孕育的海洋人文。"① 我们只有更加深入与全面地反映历代人民在中国海洋文明发展进程中所发挥的无与伦比的历史作用,才能更加贴近中国海洋文明发展历史与文化的真实面貌,还原出一个由历代人民艰苦奋斗创造出来的历史本真。当然,要较为全面且如实地描述历代人民在中国海洋文明发展历程中所扮演的角色及其所发挥的作用,就必须深入地剖析历代人民所秉持的生活方式的方方面面,举凡社会、经济、精神、宗教信仰、文化教育、风俗习尚等,都是我们这部著作所要体现的重要内容。

再次,我们这部中国海洋文明发展史,虽然把论述的核心放在海洋活动中的"人",但是中国自秦汉以来就是一个中央集权制国家,国家制度对政治、社会、经济、文化等各个方面都具有不可替代的强制力,而传承了两千多年的儒家文化等上层意识形态,同样也对中国历代的政治、社会、经济、文化等各个方面的发展起到不可忽视的影响作用。中国的海洋文明发展进程同样也是如此,无论是汉唐时期政府主导的"朝贡体系",还是宋明以来民间私人海上贸易与海外移民的兴起,无不在相当程度上受到国家政府的制度设计和制度约束,从而在不同程度上影

---

① 朱勤滨:《海洋史学与"一带一路"——访杨国桢教授》,《中国史研究动态》2017年第3期。

响着中国海洋文明发展的历史进程。特别是明清以后，国家政府对民间私人海上贸易活动及海外移民活动基本采取了压制的政策，对中国海洋文明的国际化进程产生了一定的阻碍作用。中国历代政府与中国海洋文明发展的这种复杂又多元的关系，以及中国传统儒家文化、道德观念对中国海洋文明发展历程所产生的影响力，无疑是我们在探讨中国海洋文明发展史及中国海上丝绸之路历史文化时应关注的内容。

最后，关于中国海洋文明发展历史，虽然最初海洋活动的产生是基于海岸线上的生产、生活活动，如捕捞、养殖以及沿着海岸线的短途商业活动等，但随着海洋活动的扩展与进步，中国的海洋活动势必从海岸线走向大海，走向东南亚、南亚、中东及至欧洲、美洲各地。因此，中国海洋文明发展史，无疑是中国海洋活动不断向大海拓展活动空间的历史，而这一历史发展进程，就不单单涉及中国一个国家或地域的问题，而是涉及双向的国际问题。我们现在论述中国海洋文明发展史，总是脱离不了中国海上丝绸之路的话语，这正说明了中国的海洋文明发展史，是与中国海上丝绸之路的发展史紧密联系在一起的。海上丝绸之路是亚洲海洋文明的载体，不是中国一家独有的。从文化视角出发，海上丝绸之路可阐释为"以海洋中国、海洋东南亚、海洋印度、海洋伊斯兰等海洋亚洲国家和地区的互通互补、和谐共赢的海洋经济文化交流体系"。在某种意义上，海上丝绸之路是早于西方资本主义世界体系出现的海洋世界体系。这个世界体系以海洋亚洲各地的海港为节点，自由航海贸易为支柱，经济与文化交往为主流，包容了各地形态各异的海洋文化，形成和平、和谐的海洋秩序。中国利用这条海上大通道联通东西洋，既有主动的，也有被动的成分；沿途国家加入海上丝绸之路的运作，不是中国以武力强势和经济强势胁迫的。从南宋到明初，由于造船、航海技术的发展和创新，中国具有绝对的海上优势，但中国并不利用这种优势追求海洋权力，称霸海洋。所以海上丝绸之路自开辟后一直是沿途国家交往的和平友善之路，直到近代早期欧洲向东扩张，打破了亚洲海洋秩序，才改变了海上丝绸之路的和平性质。海上丝绸之路作为历史的符号，覆盖了西太平洋和印度洋的地理空间，代表传统海洋时代和平、开放、包容的精神和文化。① 从这样的思路出发，我们对中国海洋文明发展史的认识，应该是具备国际视野的。从某种意义上或许可以说，中国的海洋文明发展史，也是我们海洋先民的足迹不断地向海外跋涉迈进的历史。这一点，同样是我们在这系列专著中力求表达的一个重要部分。

从以上的学术思路出发，我们撰写的"中国海上丝绸之路通史"丛书，应该是一套能充分体现中国历史上海洋事业与海上丝绸之路的纵向发展与横向发展的全方位的史学著作。也就是说，这批著作一方面较详尽地阐述了中国自先秦至民国时期海上事业与海上丝绸之路的发展概貌，另一方面也对各个历史时期中国海洋事业与海上丝绸之路发展阶段的主要特征进行专题性研究。其次，我们必须把研究的视野从中国本土逐渐向世界各地延伸，而不能局限于中国本土，不能仅仅以中国人的眼光来审视这一伟大的历程。我们必须追寻我们先人的足迹，他们不惧汹涌的波涛，走向世界各地，从而为中华文化的对外传播，为世界各地的社会发展作出巨大的贡献，他们与祖籍家乡保持紧密联系、始终与祖籍家乡同呼吸共命运。中国海洋文明发展史与海上丝绸之路历史与文化的世界性，是该系列专著要表达的一项重要内容。其三，以往对中国海洋文明发展史及海上丝绸之路的研究都只关注社会经济活动，而事实上中国海洋事业与海上丝绸之路的发展演变过程除了包含社会经济活动，还包含文化、思想、教育、宗教等方方面面的上层建筑领域的内涵。因此，该系列专著还包括政治制度、文化精神等方面的内容，探索中国海洋社会经济发展的基本历程及其与文化等上层建筑领域的相互关系，寻找中国海上丝绸之路的文化意义及其对世界的重要贡献。

当然，要比较全面而清晰地反映中国海洋文明发展史及海上丝绸之路历史文化，并不是一件简单的事情，没有一定的篇幅，是不足以反映中国海洋文明发展史及海上丝绸之路历史文化的全貌的。因此，我们联络了厦门大学、中国人民大学、闽南师范大学、福建中医药大学、闽江学院等多所高等院校的研究学者，分工合作，组成撰写20卷作品的研究

---

① 杨国桢、王鹏举：《中国传统海洋文明与海上丝绸之路的内涵》，《厦门大学学报（哲学社会科学版）》2015年第4期。

队伍。我们从中国海洋文明发展史及海上丝绸之路历史文化的纵向和横向两个方面，进行多视野、多层次的探讨，经过三年多的努力，终于完成了这套数百万字的著作。我们希望这套专著能把两千年来的中国海洋文明发展史及海上丝绸之路历史文化，特别是把从事海洋事业、构筑海上丝绸之路的一般民众艰辛奋斗的历史，以及把中国传统文化传播到世界各地，推动世界文明多元化前进的本真面貌，呈现给广大读者。

我们深切知道，要全面深入地呈现中国海洋文明发展史及海上丝绸之路历史文化，单凭这样一套专著是远远不够的。由于我们的学力有限，这部多人协作完成的专著一定还存在不少缺点和错误。我们希望借这套专著的出版问世之机，向各位方家学者求教，希望得到方家学者的批评指正，以促使我们改进，并与海内外有意于研究中国海洋文明发展史及海上丝绸之路历史文化的同仁们一道探索，一道前进，共同促进中国海洋文明发展史及海上丝绸之路历史文化的学术研究更上一层楼。

陈支平

2022 年 10 月

目录

前　言　　　　　　　　　　　　　　　　　　　　　／ 1

第一章　经略海疆：宋元时期中国的海洋管理　　　／ 3
第一节　宋元时期海洋观的变迁　　　　　　　　／ 3
第二节　宋元时期的市舶司制度　　　　　　　　／ 22
第三节　宋元时期的海外贸易政策　　　　　　　／ 43

第二章　千舶竞集：宋元时期中国的主要海港　　　／ 59
第一节　宋元时期的山东海港　　　　　　　　　／ 59
第二节　宋元时期的两浙海港　　　　　　　　　／ 71
第三节　宋元时期的闽粤海港　　　　　　　　　／ 85

第三章　直挂云帆：宋元时期中国的主要海洋航路　／ 101
第一节　宋元时期航海兴盛的技术条件　　　　　／ 101
第二节　宋元时期的东亚航路　　　　　　　　　／ 126
第三节　宋元时期的南海航路　　　　　　　　　／ 141

第四章　货通中外：宋元时期的中外海洋贸易商品 / 164
　　第一节　宋元时期海外贸易的货物概况 / 164
　　第二节　宋元时期的代表性输出货物 / 171
　　第三节　宋元时期的代表性输入货物 / 202

结论：宋元时期的海外贸易与中外文化交流 / 220

主要参考文献 / 246

前　言

宋元时期，造船技术的发展、指南针的应用、海洋观的变迁，为海上丝绸之路的繁荣奠定了坚实的基础。从当时的贸易政策来看，宋朝和元朝也是历代王朝中相对比较重视对外贸易的朝代。"宋代高度发达的经济文化技术使海港而不是古老陆地的陆路，首次成为中国同外界联系的主要媒介。"① 登州、莱州、密州、杭州、明州、温州、福州、泉州、广州、潮州等港口成为中外商品的集散地，尤其是南方的泉州和广州，更成为外商的暂居地，促进了中外民族的大融合。

宋元时期的航海事业相较于前代获得更大的发展，沿海航线和远洋航线均有更多的拓展。这个时期，海上丝绸之路所联系的国家和地区更加广泛，对于沿途国家和地区的地理分布，人们也有了更为清楚的了解，海外世界的轮廓愈加清晰。综观漫长的中外交通史，虽然唐代以前中外交流已经相当频繁，但是到了宋代，海路交通得到空前的发展，中国海商与阿拉伯海商并驾齐驱，成为远洋航海的一支重要力量。总体而言，宋元时期的海洋航线探索与实践，是在隋唐及以前历代人民基于"四海"观念所探索的早期水道的基础上，不断将航海区域与航路进一

---

① L. S. 斯塔夫里阿诺斯：《全球通史：1500 年以前的世界》，吴象婴、梁赤民译，上海社会科学院出版社，1988，第 439 页。

步向纵深发展，不断开辟新的航线，将中国与世界紧密地联系在一起。

海上丝绸之路首先是一条商品贸易之路。宋元时期的海上交通，同前代基本一致，以海上贸易往来作为主要内容，中外风化既通，梯航交集，以此之有，易彼之无，开创了中外海上交通的新纪元。"宋朝时期欧、亚、非各洲与中国有贸易关系的国家和地区基本上都处在经济上蓬勃发展、政治上相对稳定的时期。贸易能力和贸易需求都远甚前代，为宋朝海外贸易提供了稳固而广阔的市场。"① 这就跳脱了中国本位立场，将中国与世界联系在一起。元代大军的西征，更是使得中国成为世界的中国。

宋元时期海外贸易规模的急剧扩大，可以从进出口商品数量和种类的增加、贸易额的巨幅提升两个方面直观可见，倘若再联系对照汉唐、明清两个时期，该时期海外贸易的兴盛更是令人印象深刻。宋元时期进出口商品的组成结构与之前汉唐时期相比较，看似没有显著的变化，即进口商品以资源性商品为主，出口商品以手工艺品为主，然而在看似不变之下，还是酝酿、产生了新变。此一时期除了进出口货物的种类增加之外，最为典型的变化莫过于瓷器取代丝绸，瓷器一跃成为最大宗出口商品。宋元时期丝绸虽然仍是大宗出口商品，但其角色与地位已经远远逊于瓷器，正因如此，众多学者将此一时期海上丝绸之路称为"瓷器之路"，认为其更符合宋元时期海上贸易实况。

从全球史视野来看，宋元时期海外贸易源于全球跨区域贸易网络力量的塑造，亦即全球产业分工的结果。海洋意识的新变化，促成了宋元时期海洋贸易政策的根本性转变，进而促使海洋贸易新时代的来临。

---

① 黄纯艳：《宋代海外贸易》，社会科学文献出版社，2003，第95页。

第一章
经略海疆：宋元时期中国的海洋管理

第一节　宋元时期海洋观的变迁

一、宋代以前中国的海洋观

中国上古时期的神话体系，包含西方昆仑和东方蓬莱两大神话系统。其中，有关西方昆仑神话的记载比较丰富，而东方蓬莱神话的记载相对较少。这说明在上古时期，大地是先民的主要关注点，海洋的观念还十分模糊。据目前所知，"蓬莱"一词最早出现于《山海经·海内北经》，"蓬莱山在海中，大人之市在海中"①，亦即蓬莱山是海洋中的岛屿。顾颉刚先生认为，蓬莱即为神话传说中位于海洋中的神山，代表了古代东方海洋文化。② 战国时期，阴阳家邹衍提出"大九州"的概念，他认为儒家所谓的"九州"，仅为天下的八十一分之一，中国名为赤县神州，内有九州，中国之外尚有九个如赤县神州的地方，共称"九州"。这些地方各有裨海环之，人民禽兽莫能相通，九州之外，乃有大瀛海环绕，也就是天地的边际。张振岳、马士远认为，"大九州"是古人对于

---

① 《山海经》，周明初校注，浙江文艺出版社，2016，第138页。
② 顾颉刚：《〈庄子〉和〈楚辞〉中昆仑和蓬莱两个神话系统的融合》，《中华文史论丛》1979年第2期。

海洋的一次革命性想象，虽所谈过于虚妄，但这表明古代至少沿海地区的人们对于探索和认识海洋有着极大的热情。广大、无边无际是古人对海洋的第一印象，从而形成了"巨大容纳性"的海洋认知。① 总的来说，受生活区域和日常观察所限，上古先民对海洋的认识始终是模糊的，其间掺杂着诸多的主观想象，海洋处于主流认知之外。

秦汉时期，海洋日渐引起人们的关注，秦汉社会的海洋意识也逐渐清晰。秦始皇统一六国后五次出巡，曾四次来到海滨。其间，在琅邪与随行权臣"议于海上"，发布阐述国体与政体的文告，宣示功德，这是秦始皇面对陆上已知世界和海上未知世界、陆上已征服世界和海上未征服世界所发表的政治文化宣言。公元前210年，秦始皇最后一次出巡，曾经"渡海渚""望于南海"的经历，又"并海上，北至琅邪""自琅邪北至荣成山"，皆可视为当时的航海记录。总之，秦始皇东巡海上的表现，刺激了海洋探索和海洋开发的社会热情，中国人的航海能力与早期海洋学的进步，也因此获得了有益的条件。② 从秦始皇采取的具体管理措施看，他显然已经具有海洋经营意识。秦始皇二十八年（前219），东行郡县，南登琅邪，"乃徙黔首三万户琅邪台下，复十二岁"。琅邪台，即越王勾践观台。《吴越春秋》称，"越王勾践二十五年，徙都琅邪，立观台以望东海，遂号令秦、晋、齐、楚，以尊辅周室，歃血盟。即勾践起台处"③。可见，琅邪台即在东海附近，一次性有三万户迁徙到这里，并且蠲免十二年的赋税，这实际上是秦始皇对海洋的经略，以对海洋的占有来宣示"富有四海"的海洋政治观。

两汉时期，帝国版图日渐扩展到海洋，引发了海洋观的巨大变化。汉武帝元封三年（前108），"天子募罪人击朝鲜。其秋，遣楼船将军杨仆从齐浮渤海；兵五万人，左将军荀彘出辽东：讨右渠"④。此次军事行

---

① 张振岳、马士远：《华夏文明早期海洋观探析——以"大禹治水"、"愚公移山"、"精卫填海"为研究对象》，《浙江海洋大学学报》2017年第5期。
② 王子今：《略论秦始皇的海洋意识》，《光明日报》2012年12月13日第11版。
③《吴越春秋》，崔治译注，中华书局，2019，第286—287页。
④ 司马迁：《史记》卷一一五《朝鲜列传》，中华书局，2014，第3619页。

动，占领了朝鲜及其附属地，设置乐浪、真番、临屯、玄菟四郡，在当地实施行政管理，进一步将疆域扩展到海洋。光武帝建武十八年（42），伏波将军马援率大小楼船两千余艘，战士两万余人出海远征交阯，这是目前史料所见中国在南海地区最早的军事行动。两汉时期的东征和南讨，都说明汉代的航海技术达到一定的高度。

从汉代的海外交通可知，当时已经通过海洋与外部世界发生联系。《汉书·地理志（下）》中已经出现关于"倭人"政权的记述："乐浪海中有倭人，分为百余国，以岁时来献见云。"① 颜师古注引如淳曰"在带方东南万里"，又谓"《魏略》云，倭在带方东南大海中，依山岛为国，渡海千里，复有国，皆倭种"。② 所谓"百余国"者，可能是指以北九州为中心的许多规模不大的部落国家。自西汉后期起，这些政治实体与汉王朝已经开始了正式的往来。这样的联系，当然是以海上航行为条件的。③ 在南洋地区，很多国家也与中国有了商贸往来，"自日南障塞、徐闻、合浦船行可五月，有都元国；又船行可四月，有邑卢没国；又船行可二十余日，有谌离国；步行可十余日，有夫甘都卢国。自夫甘都卢国船行可二月余，有黄支国，民俗略与珠厓相类。其州广大，户口多，多异物，自武帝以来皆献见"④。在频繁的对外贸易中，南方已经出现一些重要的海港，位于雷州半岛的徐闻便是典型代表，是汉朝使者"入海市明珠、璧流离、奇石异物，赍黄金杂缯而往"的出海口之一。秦汉时期，海洋已经成为现实的存在，由想象的异域成为"四海归一"的管辖领域。秦汉时期历代君主的海洋行为，都昭示着新的海洋观的产生，即强调对海洋的占有、管理和控制，表明海洋也包含在"天下"和"四海"之内。

魏晋南北朝时期，虽然中国内部战争频繁，社会动荡不安，但仍与

---

① 班固：《汉书》卷二八下《地理志》，中华书局，1962，第 1658 页。
② 同上书，第 1659 页。
③ 王子今：《秦汉时期的海洋开发与早期海洋学》，《社会科学战线》2013 年第 7 期。
④ 班固：《汉书》卷二八下《地理志》，中华书局，1962，第 1671 页。

海外保持了密切的联系,尤其是地处东南地区的吴国,在航线开辟和航海技术方面都有较大的发展。此时的历史文献中,保留了大量与海外国家交流的记载,成为考察这一时期海洋观的重要依据。例如,三国时吴国康泰、朱应受孙权派遣出使南海诸国。回国后,康泰著有《吴时外国传》,朱应著有《扶南异物志》,留下了今日东南亚部分国家的宝贵记载。《吴时外国传》称,扶南国伐木为船,长者十二寻,广肘六尺,头尾似鱼,皆以铁镊露装。大者载百人。① 在中日交流方面,除传统经朝鲜到达日本的北方航线外,还开辟了对马、壹岐至福冈、松浦的南方航线。更为重要的是,魏国人刘徽的《海岛算经》第一次提出了测算海岛高度和距离的方法,这显然和人们对海洋认识的深化有密切的关系。

唐代是我国历史上空前强大的朝代,唐都长安是当时世界上最大最繁华的国际性都市,其对外关系之密、对外贸易之广,更是远超前代。唐太宗即强调"自古皆贵中华,贱夷、狄,朕独爱之如一"②,这体现了民族关系认知上的重大变化。唐太宗的这一认识,体现了唐代平等对待周边民族和国家的开放态度,也为唐代的对外开放和贸易奠定了基础,反映在海洋观上,就是对海外世界和海外贸易的日益重视。

在贸易政策上,唐朝采取了积极扶持的基本策略。显庆六年(661),唐高宗曾下诏,"南中有诸国舶,宜令所司,每年四月以前,预支应须市物,委本道长史,舶到十日内,依数交付价值,市了任百姓交易"。③唐文宗大和八年(834),又诏令必须抚恤番商,不得任意增加税收,"南海番舶,本以慕华而来,固在接以恩仁,使其感悦。如闻比年长吏,多务征求,嗟怨之声,达于殊俗。况朕方宝勤俭,岂爱遐琛,深虑远人未安,率税犹重,思有吟恤,以示绥怀。其岭南、福建及扬州番客,宜委节度观察使,除舶脚收市进奉外,任其来往,自为交易,不得重

---

① 转引自郭守田主编《世界通史资料选辑 中古部分》,商务印书馆,1981,第110页。

② 司马光:《资治通鉴》,胡三省音注,中华书局,1956,第6247页。

③ 周绍良主编《全唐文新编(第1部第1册)》,吉林文史出版社,2000,第180页。

加率税"。① 在航海知识上,浙江人窦叔蒙的《海涛志》对潮汐进行了非常全面的研究,指出"潮汐作涛,必符于月"。他采用天文历算法,计算出半日潮潮汐周期率为12时25分14.02秒,与当今通用的周期为半个太阳日的半日潮基本吻合。他根据自己的测量结果,还制作了十二时辰潮汐变化图表,创立了潮汐预报方法。此外,唐朝政府还主动派使者出访各国,加强彼此之间的联系,礼遇外国朝贡贸易使团,设法提升中外贸易的便利性和自由度,对于来中国贸易的外商,尊重他们的习俗和信仰,甚至对外商提供超国民待遇,保障他们的合法权益。上述情况说明,唐代已经以一种比较开放的态度推动海外贸易,充分认识到海洋的社会经济属性。唐人张九龄称:"海外诸国,日以通商,齿革羽毛之殷,鱼盐蜃蛤之利,上足以备府库之用,下足以赡江淮之求。"② 海洋对发展国家经济、增加国家财富、促进民间互通有无发挥了重要的作用。

二、宋元时期中国海洋观的新变化

如前所述,长期以来,"四海归一"的天下观是人们认识和解读外部世界的依据。这里的"四海"是一个具有自然性、政治性、文化性和民族性的地理概念,一般指世界或天地的边际,"天地四方皆海水相通,地在其中盖无几也"。顾颉刚、童书业认为"最古的人实在是把海看作世界的边际的"。③ 由于海将陆地包围,古人根据方位将环绕陆地的四海称为东海、南海、西海、北海,并为之配置了四海之神,南海神名祝融,北海神名玄冥,东海神名勾芒,西海神名蓐收,其具体位置并不明确。宋元时期,随着频繁的海洋实践,人们对海洋的认知进一步清晰,开始区分"东海""南海""北海""西海"。

---

① 宋敏求编《唐大诏令集》,收入《景印文渊阁四库全书》第426册,台湾商务印书馆,1986,第98页。
② 李世亮:《张九龄年谱》,广东高等教育出版社,1994,第42页。
③ 顾颉刚、童书业:《汉代以前中国人的世界观念与域外交通的故事》,《禹贡》1936年第5卷第3、4合期。

关于东海,早期的华夏世界中只有东方一面临海,其建构的四海也有东海,东海在当时人们的心目中有实际的概念。《荀子·王制篇》言:北海则有走马吠犬焉,然而中国得而畜使之;南海则有羽翮、齿革、曾青、丹干焉,然而中国得而财之;东海则有紫、绀、鱼、盐焉,然而中国得而衣食之;西海则有皮革、文旄焉,然而中国得而用之。①《孟子·离娄》云:"太公辟纣,居东海之滨。"这里的南海、北海、西海都不是指海域,只有东海指山东附近的渤海。不过,战国时期越王勾践已经自称"东海役臣勾践",可见此时人们已经将渤海以南的吴越地区称为东海。南宋乾道五年(1169),太常少卿林栗言:"国家驻跸东南,东海、南海,实在封域之内。自渡江以后,惟南海王庙,岁时降御书祝文,加封至八字王爵。如东海之祠,但以莱州隔绝,未尝致祭,殊不知通、泰、明、越、温、台、泉、福,皆东海分界也。绍兴中金人入寇,李宝以舟师大捷于胶西,神之助顺,为有功矣。且元丰间尝建庙于明州定海县,请依南海特封八字王爵,遣官诣明州行礼。"② 这段文字清晰表明,宋人视野中东海的界线已经从吴越扩展到福建泉州等地,所以东海海神的祭祀,选择居于中间地段的明州定海县。

关于南海,先秦时期已经有南海的说法。《诗·大雅·江汉》称,周宣王时召公平定淮夷,"于疆于理,至于南海"。当然这里的南海并非今天南海的地理范围。大致而言,秦汉以前,根据语境的不同,南海或泛指南方之海,或指今东海,或指今南海。汉代以后,南海一度称"涨海"。"涨海崎头,水浅而多磁石。徼外人乘大舶,皆以铁叶锢之"。③ 隋唐时期,南海的地理范围又涵盖了东南亚海域,甚至包括了印度洋及爪哇岛,乃至澳大利亚一带。

宋元时期,关于南海的记载日渐增多,其指涉的范围也大致与今日南海相当,并出现"长沙""石塘""千里长沙""万里石塘"等名目繁多的称谓。根据林金枝的统计,宋代记载南海诸岛的图籍有7种,有5种

---

① 《荀子》,方勇、李波译注,中华书局,2015,第125页。
② 脱脱等:《宋史》卷一〇二《礼五·岳渎》,中华书局,1985,第2488页。
③ 杨孚:《异物志辑佚校注》,吴永章辑佚校注,广东人民出版社,2010,第212页。

称呼；元代图籍4种，有3种称呼。南海称为"石塘"最早见于宋代文献。"天禧二年九月乙丑，占城国王尸哩排摩牒，遣使罗皮帝加等，以方物来贡。罗皮帝加言：国人诣广州，或风漂船至石堂（塘），则累岁不达矣。"① 真里富国，"欲至中国者，自其国放洋，五日抵波斯兰，次昆仑洋，经真腊国，数日至宾达椰国，数日至占城界，十日过洋傍，东南有石塘，名曰万里，其洋或深或浅，水急礁多，舟覆溺者十七八，绝无山岸"。② 这里"石塘"究竟为何处，历来争论不一，有南沙群岛说、中沙群岛说、西沙群岛说。我们认为，由于具体位置不明，这一问题目前也很难具体考证。李金明指出，从相关史籍而言，宋代"石塘"的位置，无论是在崖州东海面，或者是从占城到交趾航线的东南，抑或在交趾洋东部的大洋海中，指的都是我国南海诸岛中的西沙群岛和中沙群岛，又因其范围广大，故以"万里"或"数万里"名之。③ 这一观点是可以接受的。

南海以"长沙""石塘"并称，见于南宋周去非的《岭外代答》："传闻东大洋海，有长砂石塘数万里，尾闾所泄，沦入九幽。昔尝有舶舟，为大西风所引，至于东大海，尾闾之声，震汹无地。俄得大东风以免。"④ 宋代文献还出现"千里长沙、万里石塘"的说法，《正德琼台志》引宋代《琼莞志》云，海南岛"外迎大海，接乌里苏密吉浪之洲，南则占城，西则真腊、交趾，东则千里长沙、万里石塘，北至雷州徐闻"。⑤ 韩振华在整理南海诸岛史料时曾对以上材料加以注解，认为所谓"长沙、石塘数万里""千里长沙、万里石塘"，系泛指南海诸岛范围广阔，并无具体指代对象。其后，他又改变了自己的看法，认为"长沙"指今天西沙群岛上的上七岛，石塘指今天西沙群岛的下八岛。⑥ 文献对"万

---

① 转引自孙廷林、王元林编《广东海上丝绸之路史料汇编（宋元卷）》，广东经济出版社，2017，第36页。
② 同上书，第72页。
③ 李金明：《南海争端与国际海洋法》，海洋出版社，2003，第160—161页。
④ 周去非：《岭外代答》，陈小平点校，浙江古籍出版社，2015，第267页。
⑤ 《岭南古代方志辑佚》，骆伟、骆廷辑注，广东人民出版社，2002，第461页。
⑥ 韩振华：《韩振华选集》，长征出版社，2008，第217页。

里石塘"也有专门的记载:"石塘之骨,由潮州而生。迤逦如长蛇,横亘海中,越海诸国。俗云万里石塘。以余推之,岂止万里而已哉!舶由岱屿门,挂四帆,乘风破浪,海上若飞。至西洋或百日之外。以一日一夜行百里计之,万里曾不足,故源其地脉历历可考。一脉至爪哇,一脉至勃泥及古里地闷,一脉至西洋遐昆仑之地。"① 综合林金枝、韩振华等人的观点,万里石塘的界线既然从潮州至爪哇等地,则肯定包括了南海诸岛中各群岛。

关于西海,《山海经》第一卷《南山经》载:"南山之首曰䧿山。其首曰招摇之山,临于西海之上。"②《山海经》第十八卷《海内经》载:"西海之内,流沙之中,有国名曰壑市;西海之内,流沙之西,有国名曰泛叶。"③ 一般认为,西海泛指中国西部湖泊或西部地区。因语境的不同,秦汉至隋唐时期不同文献中记载的西海,如以今日已经明确的地理位置印证,其含义有很大的差异。如汉武帝置护羌校尉,"羌乃去湟中,依西海、盐池左右",④ 这里的西海指青海湖。"条枝在安息西数千里,临西海",⑤ 这里的西海指波斯湾、红海和阿拉伯海一带。隋唐时期,大秦又称拂菻,"西枕西海,南枕南海",这里的西海应为地中海。关于北海,古代典籍中也有不同记载,其指代的范围或为渤海,或为贝加尔湖,或为巴尔喀什湖,或为黑海。⑥ 揆诸早期史籍的各种记载,有关"西海""北海"的概念多系臆测,其指代的具体位置也是今人根据已知的地理知识推断而来的。由于中国西部和北部皆为陆地,东部和南部皆为大海,在长期的海洋实践中,北海和西海逐渐演变为四海的文化概念,成为虚指的地理名词。宋代洪迈指出,所谓四海者,"北至于青、沧,则云北海,南至于交、广,则云南海,东渐吴、越,则云东海,无

---

① 汪大渊:《岛夷志略校释》,苏继庼点校,中华书局,1981,第318页。
②《山海经》,方韬译注,中华书局,2011,第1页。
③ 同上书,第341页。
④ 范晔:《后汉书》卷八七《西羌传》,中华书局,1965,第2877页。
⑤ 司马迁:《史记》卷一二三《大宛列传》,中华书局,2014,第3841页。
⑥ 赵中亚选编《王庸文存》,江苏人民出版社,2014,第107页。

由有所谓西海者"。① 《古今图书集成·山川典》卷三七《海部》所言："水大至海而极，从古皆言四海。而西海、北海远莫可寻，传者亦鲜确据。惟东海、南海列在职方者，皆海舶可及，前代资为运道。"②

随着对大海认识的加深，两宋之际，"洋"的概念应运而生。陈佳荣认为，对于今日世界上浩瀚的大海洋，中国古代最初只统称"海"，作为"海洋"意义理解的"洋"名，两宋之际应是"海""洋"并用，并且逐渐以"洋"代"海"的时期。③ 宋元时期的相关文献中，已经出现"东洋""南洋""北洋"等概念。真德秀的《申枢密院措置沿海事宜状》，以泉州为基点划分各洋，关于东洋，"永宁寨去法石七十里……其地阚临大海，直望东洋，一日一夜可至彭湖""巡绰海道合令诸寨分认地界……自岱屿门内外直至东洋，法石主之，每巡至永宁止"。关于南洋，真德秀指出，"自南洋海道入州界，烈屿首为控扼之所，围头次之"。④ 关于北洋，真德秀言，"贼……今窜入北洋，泉漳一带盗贼屏息，番舶通行"⑤ "小兜寨，取城八十里，海道自北洋入本州界，首为控扼之所"。⑥ 因福建西侧为陆地，故真德秀没有"西洋"的概念。根据以上所列各地点的方位，这里的北洋指福建以北的浙江海域，南洋指福建以南的广东海域，东洋指福建以东的台湾海峡。

如果再结合宋代的其他材料，可以看出宋人视野中的"南洋""北洋"等概念，都是基于自身的认知和所处的地理方位来界定的，并没有公认的确切位置。例如，文天祥称"淮海本东海，地于东海。中云南洋

---

① 洪迈：《容斋随笔》，孔凡礼点校，中华书局，2005，第33页。
② 转引自时平编《中国民间海洋信仰研究》，海洋出版社，2013，第187页。
③ 陈佳荣：《宋元明清之东西南北洋》，《海交史研究》1992年第1期。
④ 真德秀：《西山文集》卷八《申枢密院措置沿海事宜状》，收入《景印文渊阁四库全书》第1174册，台湾商务印书馆，1986，第129—131页。
⑤ 真德秀：《西山文集》卷八《申枢密院乞推海盗赏状》，收入《景印文渊阁四库全书》第1174册，台湾商务印书馆，1986，第124页。
⑥ 真德秀：《西山文集》卷八《申枢密院措置沿海事宜状》，收入《景印文渊阁四库全书》第1174册，台湾商务印书馆，1986，第132页。

北洋。北洋入山东，南洋入江南"。① 生活于两宋之际的姚宽说："今自二浙至登州与密州，皆由北洋，路极险恶。"② 很显然，这里的北洋与上述所指并非同一个区域。在福州，连江县附近的海域则有"西洋"的称呼，"连江县海名西洋……西洋在巨海中，四顾惊涛，莫知畔岸，自廉山驾舟两潮始达，风或逆旬月莫至"。③ 这是目前所见唯一一条称中国境内某地为西洋者。周去非的《岭外代答》云："海南四郡之西南，其大海曰交阯洋。中有三合流，波头溃涌而分流为三……其一东流，入于无际，所谓东大洋海也。"④ "三佛齐之南，南大洋海也。海中有屿万余，人莫居之。愈南不可通矣。阇婆之东，东大洋海也。"⑤ 这里的南大洋、东大洋则包含今东南亚的部分国家和地区。

宋元时期的"南洋"也没有特定的区域，随着语境的变化，或指广东、海南海域，或指中国之外的东南亚甚至包括南亚的部分地区，或者两者皆包括在内。值得注意的是，元代对"东洋"和"西洋"有了明确的划分。大德年间的《南海志》罗列了与中国通商的海外诸国名单，并首次区分了东、西洋，如"单马令国管小西洋""东洋沸坭国管小东洋""单重布罗国管大东洋""阇婆国管大东洋"等等。陈佳荣曾逐一考释了《南海志》中记载的东南亚地名，并结合学界的研究，认为元代东、西洋的分界是浡泥，大、小西洋的分界是蓝无里。大东洋西起爪哇岛西岸的巽他海峡，中经爪哇岛、加里曼丹岛南部、苏拉威西岛、帝汶岛，直至马鲁古群岛一带。小东洋指今加里曼丹岛北岸及菲律宾一带，小西洋包括马六甲海峡及以东部分海域，相当于南海的西部。他还推测尽管《南海志》没有记载，但当时可能也已经有了现代地理意义上的"西洋""大西洋"的概念，元代的西洋或大西洋就是今天的印度洋，包括从苏

---

① 文天祥：《指南录》，吴海发校注，黑龙江人民出版社，1993，第191页。
② 姚宽：《西溪丛语》，中华书局，1993，第94页。
③ 梁克家：《淳熙三山志》卷一九《兵防类二·南湾巡检》，收入《景印文渊阁四库全书》第484册，台湾商务印书馆，1986，第282页。
④ 周去非：《岭外代答》，陈小平校注，浙江古籍出版社，2015，第267页。
⑤ 同上书，第2821—282页。

门答腊岛西岸至阿拉伯海一带。① 元人汪大渊的《岛夷志略》也是研究这一时期东、西洋的重要史料。该书共出现"西洋"19次，出现"东洋"2次，"小东洋"1次。苏继庼在校注该书时，认为元代称吕宋群岛、苏禄群岛等一带海面为小东洋，加里曼丹、阇婆、孟嘉失、文鲁古、琶离、地漫等一带海面属大东洋范围，西洋则有广义狭义之分，就元代而言，西洋指南中国海西部榜葛剌海、大食海沿岸与东非沿岸各地。②

宋元时期，随着海洋实践的发展，宋元人获得丰富的海洋知识，海洋在他们的视野中呈现出丰富多彩的意象。宋代对"洋"的解释从"水盛貌"衍生而指海中的水域，即"今谓海之中心为洋，亦水之众多处"，又称"海深无际曰洋"。宋元时期"东海"和"南海"被划分成众多的洋，这是古人在海洋地理空间认知上的显著变化。推动这一变化的主要因素是海洋实践。宋元时期，政府大力鼓励外国商人来华，同时也鼓励本国民众的海上活动。一方面，人们在海洋实践活动中对海洋地理空间的认识日益清晰；另一方面，航海实践也需要加强对具有不同水情和地理标识的海域加以区分。宋元给予命名的"洋"有一显著特点，即它们主要集中在重要航路沿线和海洋活动最频繁的海域。③ 在宋元人的视野中，海洋既是由尾闾、洋流、潮汐和季风构成的动态世界，也是险恶而奇异的世界，更是一个充满财富和商机的世界。④ 总之，宋元时期，无论是官方还是民间，海洋意识都发生了新的变化，追求经济利益成为海洋贸易的主要目的，并最终推动中国海洋贸易时代的确立。

三、宋元时期的海神信俗

海神信俗历史悠久，它源于先民对大海的无知和敬畏。早在先秦时

---

① 陈佳荣：《宋元明清之东西南北洋》，《海交史研究》1992年第1期。
② 汪大渊：《岛夷志略校释》，苏继庼点校，中华书局，1981，第137、138、195、281页。
③ 黄纯艳：《宋元海洋知识中的"海"与"洋"》，《学术月刊》2020年第3期。
④ 黄纯艳：《宋代海洋知识的传播与海洋意象的构建》，《学术月刊》2015年第11期。

期，已经出现了海神的传说，并进而形成海神信俗的雏形。《山海经·大荒东经》曰："东海之渚中，有神，人面鸟身，珥两黄蛇、践两黄蛇，名曰禺䝞。黄帝生禺䝞，禺䝞生禺京。禺京处北海，禺䝞处东海，是为海神。"①《大荒北经》记载："北海之渚中，有神，人面鸟身，珥两青蛇，践两赤蛇，名曰禺强。"②《大荒南经》曰："南海渚中，有神，人面，珥两青蛇，践两赤蛇，曰不廷胡余。"③《大荒西经》曰："西海渚中，有神，人面鸟身，珥两青蛇，践两赤蛇，名曰弇兹。"④《山海经》借用上古传说人物，最早记载了东海、北海、南海海神的由来，说明中国的海神信俗从一开始就具有人神合一的特点。《太公金匮》明确提出了"四海之神"的说法，"四海之神，南海之神曰祝融，东海之神曰句芒，北海之神曰玄冥，西海之神曰蓐收"。⑤以上四神本为传说中的方位神，这里将海神与方位神融合在一起。

秦汉时期，海神信俗纳入国家正典，进入官方的祭祀体系。有趣的是，民间还将海神的姓名具体化，并为之婚配夫人，体现了更为浓厚的人文色彩。"东海君姓冯名修青，夫人姓朱名隐娥；南海君姓视名赤，夫人姓翳名逸寥；西海君姓勾大名丘百，夫人姓灵名素简；北海君姓是名禺帐里，夫人姓结名连翘。"⑥海神专门设立祠堂祭祀，始于汉代，但直到隋代才成为定制。隋开皇十四年（594）闰十月，"东海于会稽县界，南海于南海镇南，并近海立祠"。⑦唐朝初年，朝廷建立起完整的四海祭祀体系，《旧唐书·礼仪志》记武德、贞观之制，五岳、四镇、四海、四渎，年别一祭，各以五郊迎气日祭之。东岳岱山，祭于兖州；东镇沂山，祭于沂州；东海，于莱州；东渎大淮，于唐州。南岳衡山，于衡州；南镇会稽，于越州；南海，于广州；南渎大江，于益州。中岳嵩

---

① 《山海经》，方韬译注，中华书局，2011，第292页。
② 同上书，第331页。
③ 同上书，第302页。
④ 同上书，第319页。
⑤ 林剑鸣、吴永琪主编《秦汉文化史大辞典》，汉语大词典出版社，2002，第219页。
⑥ 李昉等：《太平御览》卷八八二《神鬼部二·神下》，中华书局，1960，第3918页。
⑦ 魏徵等：《隋书》卷七《志第二》，中华书局，1973，第140页。

山，于洛州。西岳华山，于华州；西镇吴山，于陇州；西海、西渎、大河，于同州。北岳恒山，于定州；北镇医巫闾山，于营州；北海、北渎、大济，于洛州。① 据此，唐初已建立起一个完整的岳渎祭祀系统，四海神立祠祭祀，成为国家祭典的重要组成部分。天宝六年（747），封河渎为灵源公、济渎为清源公、江渎为广源公、淮渎为长源公。天宝十年（751），封东海神为广德王、南海神为广利王、西海神为广润王、北海神为广泽王。从此，岳海得封为王，镇渎得封为公，形成等级鲜明的山岳海渎神明系统。

不过，正如鲁西奇指出的，在汉唐时期，王朝国家包括海神祭祀在内的岳渎祭祀，基本上属于国家以意识形态为核心的政治文化系统，是王朝国家的"政治统一性"与"文化统一性"的构成部分，基本上孤立或疏离于包括滨海人群在内的民众文化之外。四海神是国家祭祀的海神，却并不一定是滨海民众信奉的海神。滨海人群所信奉的海神，才是真正的"海洋之神"。中古时代滨海人群所信奉的海神，主要有三种：一是由大鱼蛟龙演化而成的海龙或海龙王，二是女性海神，三是强盗型海神。这些海神没有受到国家的青睐而未列入祀典，也未得到赐封或其他形式的表彰，但也没有受到特别的压制或打击。可以说，滨海人群信奉的海神及其演化，是在基本上没有受到王朝国家力量影响的环境下，独立形成并发展的。② 在民间社会的海洋祭祀中，一般不祭祀国家正典化的四海神，而是祭祀四海龙王、麻姑、蒲姑、郝女君、东海神、东海君、天门都督等民间传说中的海神或地方性海神。

宋初沿袭了唐代对四海神的称号，东海称广德王、西海称广润王、北海称广泽王、南海称广利王。至仁宗时期，宋朝廷开始加封四海神为王。康定元年（1040），仁宗诏加东海为渊圣广德王，南海为洪圣广利王，西海为通圣广润王，北海为冲圣广泽王。③

乾德六年（968），有司请祭东海于莱州，南海于广州，西海于河中

---

① 刘昫等：《旧唐书》，中华书局，1975，第909—910页。
② 鲁西奇：《汉唐时期王朝国家的海神祭祀》，《厦门大学学报》2017年第6期。
③ 脱脱等：《宋史》卷一〇二《礼五·岳渎》，中华书局，1985，第2488页。

府,北海于孟州。随着吴越、南唐、漳泉逐渐纳入宋代版图,宋太宗开始着手建立四海常祭日与祭所制度。淳化二年(991)二月,秘书监李至指出:"按五郊迎气之日,皆祭逐方岳镇、海渎。自兵乱后,有不在封域者,遂阙其祭。国家克复四方,间虽奉诏特祭,未著常祀。望遵旧礼,就迎气日各祭于所隶之州,长吏以次为献官。"其后,宋朝廷规定:立春日祀东海于莱州,立夏日祀南海于广州,立秋日祀西海河渎并于河中府,西海就河渎庙望祭,立冬日祀北海济渎并于孟州,北海就济渎庙望祭。① 淳祐十二年(1252)十二月癸亥,理宗诏海神祭祀升格为大祀,"诏海神为大祀,春秋遣从臣奉命往祠,奉常其条具典礼来上"。② 这说明宋朝廷已经彻底认识到海洋的重要性,将海神祭祀提到最高祭祀等级。

元朝至元三年(1337),世祖确定四海祭日及祭祀的地点。至元三年夏四月,定岁祀岳镇海渎之制。正月立春日祀东海于莱州界,三月立夏日遥祭南海于莱州界,七月立秋日遥祭西海于河中府界,十月立冬日遥祭北海于登州界。祀官,以所在守土官为之。既有江南,乃罢遥祭。从具体规制而言,元代的海神祭祀与宋代基本相同。

在四海神祭祀中,宋元时期都特别重视东海神和南海神的祭祀。宋开宝五年(972)诏:自今岳渎并东海、南海庙,各以本县令兼庙令,尉兼庙丞,专掌祀事。关于东海神祭祀,太祖微时,"至海上,每获奇应。及即位,乾德六年,有司请祭东海,使莱州以办品物"。③ 开宝六年(973),大修海庙,规制焕然一新。贾黄中《新修东海广德王庙碑文》,称颂在东海广德王的庇护下,"九译来庭,不睹扬波之兆;三时多利,屡臻大有之年""若夫成二圣之丕绩,冠乎古今,解万方之倒悬,免其垫溺,满而不溢,大无不包,其惟东海广德王乎"!④ 北宋时期,由于通过登州抵

---

① 脱脱等:《宋史》卷一〇二《礼五·岳渎》,中华书局,1985,第2485—2486页。
② 脱脱等:《宋史》卷四三《理宗三》,中华书局,1985,第847页。
③ 转引自曲永义主编《山东海洋贸易与海洋文化研究》,山东人民出版社,2014,第126页。
④ 转引自浙江省地方志编纂委员会编《宋元浙江方志集成(第8册)》,杭州出版社,2009,第3516页。

达高丽的航道被契丹人阻碍，明州成为中国和朝鲜半岛往来的重要通道。元丰元年（1078），左谏议大夫、史馆修撰安焘言："东海之神已有王爵，独无庙貌。乞于明州定海、昌国两县之间建祠宇，往来商旅听助营葺。从之。"① 在明州设立东海神庙宇主要是为了庇护海上交通的安全。宋大观四年（1110）六月，宋使王襄出使高丽，海中遭遇黑风，后祈祷海神得安，遂上奏请加东海广德王封号，遂诏加"助顺渊圣广德王"。南宋时期，因莱州府不在管辖区域内，祭祀东海神从山东半岛迁至钱塘江口的定海县。定海也成为南宋官方祭祀的主要场所。宋建炎四年（1130），高宗逃避于海上，金兵"破定海，以舟师来袭御舟，张公裕以大舶击退之"②，以车驾巡幸特加封东海之神为"助顺佑圣渊德显灵王"。元代对东海广德王庙不断重修，"而奉使致祭者，或赍金幡，或赍金银盒，每为不绝"。③ 人们通过这种方式确保了东海神信仰的延续性。

关于南海神祭祀，宋太祖开宝四年（971）六月，宋廷"遣使祀南海"。④ 大中祥符六年（1013）九月辛卯，修南海庙。皇祐五年（1053），因在平定广西侬智高叛乱中显灵，英宗诏令加封南海神，"朕念显灵佑顺，靡德不酬，其加王以昭顺之号。神其歆兹显宠，万有千载，永庇南服，宜特封南海洪圣广利昭顺王。仍令本州差官往彼严洁致祭，及仰制造牌额安挂"。⑤ 至此，南海神获封"洪圣广利昭顺王"称号。神宗熙宁年间，全国各地水患灾荒严重，从熙宁六年（1073）十二月至熙宁七年（1074）七月半年左右时间，广州知府程师孟率领地方属员先后五次祭拜南海广利昭顺王求雨，颇为灵验。师孟也数次奉诏行致谢之礼。熙宁九年（1076）春正月庚辰，神宗"遣使祭南岳、南海，告以南伐"。⑥ 南宋

---

① 曾枣庄、刘琳主编《全宋文·第五册》，上海辞书出版社、安徽教育出版社，2006，第337—338页。
② 脱脱等：《宋史》卷二六《高宗三》，中华书局，1985，第475页。
③ 雍正《山东通志》卷三五之一七《艺文·海庙祀典考》，收入《景印文渊阁四库全书》第541册，台湾商务印书馆，1986，第628页。
④ 脱脱等：《宋史》卷二《太祖二》，中华书局，1985，第33页。
⑤ 广州市地方志办公室编《南海神庙文献汇辑》，广州出版社，2008，第102页。
⑥ 脱脱等：《宋史》卷一五《神宗二》，中华书局，1985，第289页。

绍兴七年（1137），加封南海神为洪圣广利昭顺威显王。元朝时，仍保留对南海神的岁祭制度，且"祀必有记"，为研究元代南海神信俗留下了宝贵的资料。

宋元时期官方祭祀的海神中，无论南海神还是东海神，都存在民间化和地方化的趋势。随着朝廷不断加封和护国保民的宣扬，从山东至广东沿海的东海和南海区域，各地民间都自行建立了数量不菲的神庙，使得海神信俗从国家祭祀层面逐渐向地方扩展。

与官方海神信俗民间化、地方化相对应，宋元时期也出现了地方海神信俗国家化的趋势。其中，最典型的便是妈祖信俗。关于妈祖信俗，学术界已经做了非常充分的研究，本文不再赘述，仅就其如何进入海神系统并经由国家的屡次加封成为超越地域性的海神信俗略作探讨。

历史上有关妈祖显灵护佑苍生，救助过往船只的传说很多。妈祖初次受封，始于宋宣和五年（1123），"给事中路允迪出使高丽，道东海，值风浪震荡，舳舻相冲者八，而覆溺者七，独公所乘舟，有女神登樯杆为旋舞状，俄获安济。因诘于众，时同事者保义郎李振，素奉圣墩之神，具道其祥，还奏诸朝，诏以顺济为庙额"。① 这是妈祖第一次受封，在妈祖信俗发展史上具有重要的地位。正如明人邱濬所言，"中国地尽四海，自三代圣王莫不有祀事。在宋以前，四海之神，各封以王爵。然所祀者海也，而未有专神。宋宣和中朝遣使航海于高句骊，挟闽商以往。中流适有风涛之变，因商之言，赖神以免难。使者路允迪以闻，于是中朝始知莆之湄洲屿之神之著灵验于海也"。② 护佑路允迪出使，是妈祖作为海神第一次进入官方系统，也是妈祖从地方神祇走向国家正祀的起始点。

据统计，两宋时期加封妈祖共十五次，具体如下：

---

① 廖鹏飞：《圣墩祖庙重建顺济庙记》，载郑振满、丁荷生编纂《福建宗教碑铭汇编：兴化府分册》，福建人民出版社，1995，第16页。
② 邱濬：《重编琼台稿》卷一七《天妃宫碑》，收入《景印文渊阁四库全书》第1248册，台湾商务印书馆，1986，第342页。

绍兴十六年（1146），封灵惠夫人。

绍兴三十年（1160），封灵惠昭应夫人。

乾道二年（1166），封灵惠昭应崇福夫人。

淳熙十一年（1184），加封善利，称灵惠昭应崇福善利夫人。

绍熙元年（1190），易爵为妃，号惠灵，称惠灵妃。

庆元四年（1198），封惠灵助顺妃。

嘉定元年（1208），封惠灵助顺显卫妃。

嘉定十年（1217），封惠灵助顺显卫英烈妃。

嘉熙三年（1239），封惠灵助顺嘉应英烈妃。

宝祐二年（1254），封惠灵助顺嘉应英烈协正妃。

宝祐三年（1255），封惠灵助顺嘉应英烈慈济妃。

宝祐四年（1256），封惠灵协正嘉应慈济妃。

宝祐四年（1256），封惠灵协正嘉应善庆妃。

景定三年（1262），封惠灵显济嘉应善庆妃。

元代加封妈祖共六次，具体如下：

至元十八年（1281），封护国明著天妃。

至元二十六年（1289），封广佑明著天妃。

大德三年（1299），封护国庇民明著天妃。

延祐元年（1314），封护国庇民广济明著天妃。

天历二年（1329），封护国庇民广济福惠明著天妃。

至正十四年（1354），封护国辅圣庇民广济福惠明著天妃。

从宋代妈祖受封的情况看，她在宋金战争、旱涝灾荒、疫病猖獗、潮汐决堤、海寇入侵时，保佑人们平安等方面十分灵验，每次加封都是妈祖形象不断完善的过程。如宋嘉定元年（1208）加封"显卫"，源于"金人寇淮甸，宋兵载神主战于花靥镇，仰见神兵布云间，竖灵惠妃旗，大捷；及战紫金山，复见神像，又捷；三战，遂解合肥之围。封'灵惠

助顺显卫妃'"。① 嘉定十年（1217）加封"英烈"的缘由是，"莆之水市，朔风弥旬，南舟不至，神为反风，人免艰食。海寇入境，将掠乡井，神为胶舟，悉就擒获。积此灵贶，郡国部使者陆续奏闻"。② 妈祖在宋代获封的最后一个称号是"显济"，据《天妃降诞本传》云，陈长五兄弟纵横海上，去来兴、泉、漳之间，杀掠逞凶，家无安宁，郡守徐公目睹三郡之困，请命于妈祖，妈祖示之曰当殄此贼，以靖地方。徐公素敬信神妃，即率军迎击之，顺利将贼寇绞杀。"徐公具陈神妃庇助之功，宪使奏上天子，敕议典礼，进封'显济妃'，两司捐万楮助修宫殿，以报神贶"。③ 通过这些封号，妈祖一步步从莆田民间传说中的"神女"走向国家祭祀的神坛，其司辖阴职也逐渐扩大，从地方神灵逐步演变为国家神灵。

从元代妈祖受封的情况看，其封号由人间世界的"妃"上升为神灵世界的"天妃"，主要因在海洋漕运过程中保护海道、护漕有功。元世祖至元十八年（1281），晋封妈祖为"护国明著天妃"，诏令云：唯尔有神，保护海道，舟师漕运，恃神为命，威灵赫濯，应验昭彰。自混一以来，未遑封爵，有司奏请，礼亦宜之。今遣正奉大夫宣慰使左副都元帅兼福建道市舶提举蒲师文，册尔为护国明著天妃。④ 这是元代妈祖因海洋漕运第一次受封。此后，妈祖因"水行受职""以漕运效灵""海不扬波"等陆续被加封。可以说，与宋代加封不断、扩展妈祖的职能不同，元代由于漕运的因素，妈祖从区域性的海神一跃成为全国沿海各地的海神，并由此奠定了明清以来妈祖作为"海上女神"的历史地位。

宋元时期，妈祖不断被加封的过程，也是妈祖信俗从福建莆田一隅向沿海区域扩展的过程。根据陈政禹的统计，浙江地方志中有记载的妈祖庙共有140多处。该信俗最早传入浙江的时间在绍兴初年或更早，艮

---

① 转引自蒋维锬、朱合浦主编《湄洲妈祖志》，方志出版社，2011，第451页。
② 曾枣庄、刘琳主编《全宋文·第三百四册》，上海辞书出版社，安徽教育出版社，2006，第185—186页。
③ 转引自徐晓望：《妈祖信仰史研究》，海风出版社，2007，第86页。
④ 蒋维锬、周金琰辑纂《妈祖文献史料汇编》（第1辑档案卷），中国档案出版社，2007，第2页。

山、嘉兴和宁波都有可能是妈祖信俗的最早传入地。① 元代浙江的妈祖庙都分布在沿海，显然和上述漕运有关，如《延祐四明志》："天妃庙，在县甬东隅……顾东南之漕引，实左右其凭依。"② 在元代国家祭祀中，浙江庆元、温州、台州是遣使致祭妈祖的重要地点。福建与广东毗邻，海路交通便利。据《永乐大典》所录《南雄路志》记载，南宋宁宗时期，粤北韶州地区已有妈祖行祠数座。在粤东地区，明末成书的《东里志》载："天后宫，一在大城东门内；一在柘林守备营后；一在深澳，宋时番舶建……皆祀天后圣母之神，凡航海者必谨事之。"③ 嘉熙四年（1240），刘克庄任广东提举及转运使，观察广州当地风俗，其《到任谒诸庙·谒圣妃庙》云："某持节至广，广人事妃，无异于莆。"④ 北宋元祐年间，江苏最早的妈祖庙在苏州建立。根据统计，江苏宋代修建妈祖庙7处，元代修建妈祖庙有4处，妈祖成为漕运的保护神。此外，宋元时期山东、天津也都建立了数量不等的天妃庙，或为助绞杀海寇，或为护海商安全，或为保漕运平安。

宋元时期，伴随着日益增多的海商赴海外经商贸易及华人出国之潮流，妈祖信俗顺势传播、根植海外各地。纵观妈祖信俗兴起和传播的历史过程，虽然期间历经曲折，但整体趋势是由陆至海、由近及远。透视其背后推动的力量是多元且复杂的，其中最重要的因素显然是宋元时期航海活动的高度活跃。

如果说南宋是妈祖信俗由莆仙地域走向全国的过渡时期，那么元代则是其空前繁荣的拓展期，而元代恰恰是中国古代历史上航海事业最为发达的时期。如前文所述，元代国内航线从刘家港（今江苏太仓）出发，沿东海北上，到达直沽，再转运大都，而海外航线主要有两条：一

---

① 陈政禹：《宋元以来浙江妈祖信仰研究初探》，《中国海洋大学学报（社会科学版）》2015年第3期。
② 马泽：《延祐四明志》卷一五《祠祀考》，收入《景印文渊阁四库全书》第491册，台湾商务印书馆，1986，第585页。
③ 汕头市地方志编纂委员会等编《东里志》卷一《祠庙》，汕头市地方志编纂委员会办公室等，1990，第48页。
④ 刘福铸、王连弟主编《历代妈祖诗咏辑注》，中国文史出版社，2005，第11页。

是东海航线,可达今朝鲜、韩国、日本;二是南海航线,可达今东南亚各国,南亚与西亚各国,非洲北部及东岸沿海地区。宋元时期随着海运的兴盛而勃兴,妈祖信俗沿着这些航线及港口逐步播迁,直至传播到全世界。当时,福建因为具有世界第一大港——泉州港以及众多的天然良港,并且拥有优良的航船、卓越的航海技术、丰富的航海经验、出色的航海队伍,所以海上交通活动日益频繁兴盛。也正因如此,海上交通的精神支柱妈祖信俗得以诞生,经历民间流播,然后获得朝廷利用与认可,最终传播到全球诸多国家和地区。总而言之,妈祖信俗作为中华民族传统文化的有机组成部分,其最初诞生和传播嬗变与中国古代海上交通活动的拓展历史密不可分,是海上交通活动文化的必然现象。同一时期,沿海各地诸如"通远王""真武大帝""东海龙王""南海观音"等信俗,与妈祖信俗的传播规律大体类似,都是随着海洋贸易、航运与海洋渔业的发展而得到更大范围的传播。

第二节　宋元时期的市舶司制度

一、市舶司的设置

市舶司制度兴起于唐代,是宋、元、明时期在沿海地区设置"掌番货、海舶、征榷、贸易之事,以来远人、通远物"的外贸外事管理机构。宋朝是中国古代市舶司制度发展的重要时期,对宋代海外贸易的发展产生了重要的作用。宋代在广南东路、两浙路、福建路以及京东东路四路设立了市舶司,其中两浙路市舶司的变迁比较复杂。

宋开宝四年(971),宋军挥师南下,占领广州,随即在当地设立市舶司,隶属于广南东路。根据《宋会要辑稿》记载,宋朝廷"初于广州置司,以知州为使,通判为判官""太祖开宝四年六月,命同知广州潘美、尹崇珂充市舶使"。① 由朝廷重臣潘美、尹崇珂担任市舶使，体现了北宋政府对海外贸易管理的重视。宋朝政府之所以如此迅速地在广州建立市舶司，一方面说明了统治阶级对海外贸易的重视；另一方面亦说明广州对外贸易发达，所处地位重要。广州为中国南方的门户，印度及东南亚、阿拉伯国家来华贸易，均以此为最理想之碇泊地点。广州水陆交通发达，对于进口物资的疏运和出口物资的集中，条件均比其他地方优越。宋太祖深知舶货之利，对国家财政有很大的裨益，所以重视在广州设司。②

与其他各路市舶司屡废屡设相比，广南东路市舶司相对稳定。宋神宗熙宁七年（1074）因"亏岁课二十万缗"，北宋政府曾一度准备撤销该司，终因广州贸易繁盛、事务繁杂而作罢。大观三年（1109）八月，市舶司并入转运司，由广东转运副使兼任，至建炎四年（1130）复置。广南东路市舶司除了管辖本路的海外贸易和海外事务外，还兼管广南西路和泉州未设市舶司之前的海外贸易事宜。元丰五年（1082），广西转运副使吴潜奏："雷、化发船之地，与琼岛相对，今令例下广州约五千里请引，不便。欲乞广西沿海一带州县，如土人、客人以船载米谷、牛、酒、黄鱼及非市舶司抽解之物，并依旧更不下广州请引。"诏孙迥相度于市舶法有无妨碍。③ 这段话虽然重在论述从广南西路赴广州请引路途遥远诸多不便，但恰恰说明了广南西路的海外贸易归属广东市舶司管理的事实。并且，经过讨论，该建议因与法度不符遂作罢，依然维持旧制。出海贸易涉及大量的税收，加强管控势在必行。熙宁年间，朝廷亦令泉州商船出海必须到广州市舶司请给公引，才能外出贸易。熙宁中，始变市舶法，泉州商人赴海外贸易往复必使东谒广州，不到广州请引者没其货。可见泉州的海外贸易也一度受到广东市舶司的管控。

南宋中后期，还在广南西路的海南设立市舶机构。方豪先生认为："宋时琼州有设立市舶司之议，而未见实施。《会要》记孝宗乾道九年

---

① 徐松辑《宋会要辑稿》，职官四四之一，中华书局，1957，第3364页。
② 邓端本：《宋代广州市舶司》，《岭南文史》1986年第1期。
③ 李焘：《续资治通鉴长编》卷三三一，中华书局，2004，第7989页。

(1173) 七月十二日，诏广南路提举市舶司申，乞于琼州置主管官指挥，更不施行。"① 赵汝适《诸番志》载，琼州"属邑五：琼山、澄迈、临高、文昌、乐会，皆有市舶……（舶舟）至则津务申州，差官打量丈尺，有经册以格税钱，本州官吏兵卒仰此以赡"。② 这里不但指出海南设有市舶机构，而且强调市舶税收对于当地财政开支的重要性。从宋代海南岛经济发展和贸易往来情况看，当地设立市舶机构是可能的。首先，海南岛是南洋岛国和阿拉伯国家商人进入中国的必经之地，这里港口优良，是天然的船只休息场所，如琼州所属的神应港、石栏港、调懒港、冯家港和博敖港等均是聚舶之处。"神应港，一名白沙津……淳祐戊申忽飓风作，自冲成港……宋于此置渡。""石栏港，商贾舟过，最为险要。""博敖港……中有大石拦阻倭船，俗呼圣石。"③ 其次，海南商业贸易发达，"省民以盐、铁、鱼、米转博，与商贾贸易。泉舶以酒、米、面粉、纱绢、漆器、瓷器等为货"。④ 发达的贸易提供的税收数额相当可观，设立市舶机构加以管理是顺理成章的事情。南宋乾道九年（1173），广南提举市舶黄良心建议朝廷创置"广南提举市舶司主管官一员，专一觉察市舶之弊，并催赶回舶抽解，于琼州置司"。⑤ 这一建议当时被否决，方豪也正是根据这条材料说明海南未设立市舶司。要注意的是，乾道九年的提议未被允准，只能说明当时未能成为定案，并不能证明此后宋政府未在海南设立市舶机构。

浙江路市舶司的设置以元丰三年（1080）为节点，分前后两个时期。元丰三年（1080）之前，宋政府在两浙路设立杭州、明州两处市舶司。杭州市舶司设于何时，未见记载。日本学者藤田丰八指出《宋会要》《玉海》《宋史·食货志》都提到宋朝在广州设置市舶司后，又在杭州设置市舶司，但都没有说出具体年代。不过根据《宋会要》"端拱二年

---

① 方豪：《中西交通史》，岳麓书社，1987，第229页。
② 赵汝适：《诸番志》卷下，清《学津讨原》本，第18页。
③ 唐胄：《正德琼台志》卷六《山川下》，《天一阁藏明代方志选刊》本，上海古籍书店，1964年。
④ 赵汝适：《诸番志》卷下，清《学津讨原》本，第17页。
⑤ 徐松辑《宋会要辑稿》，职官四四之二九，中华书局，1957，第3378页。

(989）五月，昭自今商旅出海外番国贩易者，须于两浙市舶司陈牒，请官给券以行，违者没入其宝货"来看，端拱二年杭州已有两浙市舶司之设。他认为，"以广州之例推之，（杭州市舶司）或者在太平兴国三年（978）吴越纳土的一年就设司了罢。不过据《宋史》本纪太宗雍熙二年（985）九月已有'禁海贾'之令，则至少内地商舶往海外贸易在禁止之例，因此到端拱二年解放此禁令之后，即在杭州设置市舶司，命往海外贸易者于此陈牌，请官给券亦未可知"。① 目前，学术界普遍接受端拱二年（989）设立杭州市舶司的观点。至于明州市舶司的设立时间，"浙务初置杭州，淳化元年徙明州"。② 其后时废时置，"淳化中，徙置于明州定海县，命监察御史张肃主之。明年，肃上言非便，复于杭州置司。咸平中，又命杭、明州各置司"。③

　　元丰三年（1080）八月，以两浙路转运副使兼提举两浙市舶司的方式，于杭州置司，杭州、明州市舶司变更为两浙路市舶司下属的市舶务。至此，两浙路市舶司下辖五处市舶务：杭州、明州、秀州、温州、江阴。杭州市舶务，在保安门外诸家桥之东，后来又有新务，在梅家桥之北，以受舶纲。杭州市舶务后改为临安府市舶务，存续百余年的时间。明州市舶务于绍熙五年（1194）改称庆元府市舶务，一直存续到宋朝末年。秀州市舶务设立于政和三年（1113）。庆元元年（1195）秀州升级为嘉庆府后，禁止海船从该地起航赴海外贸易，秀州市舶务遂废。绍兴十五年（1145），从两浙路提举市舶司之请，诏江阴军依温州例置市舶务，以一现任官员兼管。可见，温州市舶务在绍兴十五年（1145）之前已经设立，其"故址在鹿城西，今温州市工人文化宫附近，温州市舶务旁就设有待贤驿和来远驿"。④ 根据前引文献，江阴军市舶务设立于绍兴十五年（1145）。两浙路五处市舶务历经兴衰成败，"浙务初置杭州，淳

---

① 藤田丰八：《宋代之市舶司与市舶条例》，魏重庆译，商务印书馆，1936，第37页。
② 罗濬等：《宝庆四明志》卷六《郡志六·叙赋下·市舶》，收入《景印文渊阁四库全书》第487册，台湾商务印书馆，1986，第82页。
③ 徐松辑《宋会要辑稿》，职官四四之一，中华书局，1957，第3364页。
④ 倪尔爽：《南宋时温州海外贸易发达的原因》，《海交史研究》1998年第2期。

化元年徙明州，六年复故。咸平二年杭、明二州各置务。其后又增置于秀州、温州、江阴军。在浙者凡五务。光宗皇帝嗣服之初，禁贾舶至澉浦，则杭务废。宁宗皇帝更化之后，禁贾舶泊江阴及温、秀州，则三郡之务又废。凡中国之贾高丽，与日本诸番之至中国者，惟庆元得受而遣焉"。① 到宋宁宗时期，浙江路的市舶司只剩下庆元府市舶司仍在运作。直到元朝时，庆元府市舶司仍为一大市舶机构所在。

福建路的泉州市舶司设置时间较晚。"太宗时，置榷署于京师，诏诸番香药宝货至广州、交阯、两浙、泉州，非出官库者，无得私相贸易。"② 说明在北宋初期，福建路泉州地区已经成为海外贸易的重要港口之一。不过，由于福建崇山峻岭交通困难，宋初并没有在福建设立市舶司，福建路海外贸易事务由其他市舶司进行管理。如"端拱二年五月诏：自今商旅出海外番国贩易者，须于两浙市舶司陈牒，请官给券以行，违者没入其宝货"。③ 福建市舶司成立之前，福建路海商必须到两浙路市舶司进行申报，其后又改为到广州市舶司申报。泉州船只海外贸易，无论是到两浙申报，还是到广州申报，都不利于海商的贸易活动，福建的海外贸易发展亟须在当地设立市舶司来打破这个桎梏。

随着泉州海外贸易的日渐发达，当地有人提出在泉州设立市舶司。北宋政府也认识到设立专门机构管理泉州商船对增加税收和加强管理都非常有利。熙宁五年（1072），诏发运使薛向讨论此事。《皇宋通鉴长编纪事本末》对此相关记载更为详细，"上手诏向曰：东南利国之大，舶商亦居其一焉。昔钱、刘窃据浙、广，内足自富，外足抗中国者，亦由笼海商得术也。卿宜创法讲求，不惟岁获厚利，兼使外藩辐辏中国，亦壮观一事也"。④ 泉州市舶司的最终设立，和曾任泉州知府的陈偁与户部尚书李常有密切的关系。陈偁曾担任泉州知府，对当地海商的困境非常

---

① 罗濬等：《宝庆四明志》卷六《郡志六·叙赋下·市舶》，收入《景印文渊阁四库全书》第487册，台湾商务印书馆，1986，第82页。
② 脱脱等：《宋史》卷一八六《食货下·互市舶法》，中华书局，1985，第4559页。
③ 徐松辑《宋会要辑稿》，职官四四之六，中华书局，1957，第3366页。
④ 杨仲良：《皇宋通鉴长编纪事本末》（第2册），李之亮校点，黑龙江人民出版社，2006，第1161页。

熟悉，十分怜悯他们的处境，奏疏置市舶于泉。他说："自泉之海外，率发一往，复令遵诣广（州），必两驻冬，越三年而后返，又道有礁石浅沙之险，费重利薄，舟之南日少，而广（州）之课岁亏。重以拘拦之弊，民益不堪，置市舶于泉（州），可以怠弊止烦。"① 陈偁的奏疏虽然最终没有下文，但设立泉州市舶司事宜引起朝廷的高度关注。元祐二年（1087）十月，"泉州增置市舶，从户部尚书李常请也"。② 说明泉州市舶司的设立与李常的进言密不可分。据有关学者的实地调查，宋代泉州市舶司设在府治南水仙门内，即今泉州市水门巷内，现附近还有市舶司的水关；又有一条名叫"舶司库巷"的小巷，很可能就是当时市舶司的库房所在地。③

泉州市舶司在设立后变化比较频繁，屡次罢置和重设。建炎元年（1127），泉州市舶司合并于转运司，由转运司管理后，"亏失数多"，导致福建地区商贸零落，市井萧索，"土人以并废为不便"。次年，"依旧复置两浙、福建路提举市舶司"，为促进其贸易发展，还为之筹集贸易本金，"赐度牒，牒值三十万缗，为博易本"。④ 绍兴年间，泉州市舶司相继为福建路转运司、提刑司和茶盐司兼领，至绍兴十二年（1142），市舶司才摆脱茶盐司的管理，重新独立出来。

密州市舶司是宋代政府在北方设立的一处海外贸易管理机构。始设于唐武德六年（623）的密州在北宋时期崛起，成为当时北方第一大港，密州板桥镇凭借自身的优势积极发展和高丽、日本，乃至东南亚各国的海外贸易。板桥镇以其优越的地理环境、广阔的经济腹地、频繁的中外使者往来，发展成为东方海上丝绸之路的重要港口。⑤ 同时，随着南北贸易的畅通和北方经济的发展，密州更多地承担起中转站的作用，往来船只繁多，业务日渐庞杂，也需要设立专门的机构加强管理。

---

① 转引自郑有国：《中国市舶制度研究》，福建教育出版社，2004，第64页。
② 李焘：《续资治通鉴长编》卷四〇六，中华书局，2004，第9889页。
③《泉州港与古代海外交通》编写组编《泉州港与古代海外交通》，文物出版社，1982，第63—64页。
④ 徐松辑《宋会要辑稿》，职官四四之一二，中华书局，1957，第3369页。
⑤ 王可佳：《北宋密州市舶司兴起原因考略》，《黑龙江史志》2018年第8期。

元丰六年（1083）十一月，密州知州范锷系统阐述了设立市舶司的必要性，"辖下板桥镇隶高密县，正居大海之滨，其人烟市井交易繁伙，商贾所聚，东则二广、福建、淮、浙之人，西则京东、河北三路之众，络绎往来。然海商至者，类不过数月即谋还归，而其物货间有未售，则富家大姓往往乘其急而以贱价买之。在海商者十止得其四五之直，而富姓乃居积俟时，以邀倍称之利。欲乞于本州置市舶司，于板桥镇置抽解务，笼贾人专利之权，以归之公上"。① 在范锷看来，设立密州市舶司有六大好处，可以开拓财源，便于管理，促进北方经济的发展。不过，都转运使吴居厚认为，设立密州市舶司，将"牵制明、广二州已成之法"，此建议遂作罢。元祐三年（1088）三月，范锷再次上奏，重申设立市舶司的益处，"凡此皆利源所出，莫非自然，无所侵扰，实为经久百世之利。今相度板桥镇委堪兴置市舶司"。② 此建议经户部讨论后上奏皇帝并得到批准。至此，元祐三年（1088）市舶司正式设立。政和四年（1114），宋朝政府鉴于密州接近登州、莱州界，系南北商贾所会去处，遂禁止番舶及海南舟船到彼，密州市舶司的功能大大下降。北宋灭亡后，密州地区为金人占领，市舶司亦不复存在。

与宋代泉州市舶司设立比较晚不同，元代设立的第一个市舶司即在泉州。"至元十四年，立市舶司一于泉州。"③ 元代之所以在泉州设立第一个市舶司，和当时泉州的重要地位有关。从南宋开始，泉州已经发展起非常发达的海上贸易。元朝政府亦看重福建，泉州成为元朝对外扩张的重要基地。此后，元朝在各地陆续设立市舶司。至元十四年（1277），立市舶司于庆元、上海、澉浦；二十一年（1284），陆续增设杭州、温州市舶司；二十三年（1286），复设广州市舶司。正如《元典章》记载：元朝提举市舶分别设立在杭州、庆元、泉州、广州、上海、温州、澉浦七处，职品为外任官从五品。

元代市舶司设置前后变化比较频繁，常有废置或合并的现象发生。

---

① 李焘：《续资治通鉴长编》卷三四一，中华书局，2004，第8199页。
② 李焘：《续资治通鉴长编》卷四〇九，中华书局，2004，第9957页。
③ 宋濂等：《元史》卷九四《食货二·市舶》，中华书局，1976，第2401页。

以泉州市舶司为例，至元二十二年（1285），福建市舶司并入盐运司，领福建漳泉盐货市舶。至元二十三年（1286）十二月，复置泉州市舶提举司（市舶司）。至大元年（1308），泉州市舶司隶属泉府院。至大二年（1309），因泉府院罢废，改隶行省。至大四年（1311），泉州市舶司罢废，于延祐元年（1314）复设。延祐七年（1320）又罢，至治二年（1322）再设。《通志条格》记载："中书省奏：'在前设立市舶，下番博易，非图利国，本以便民。比闻禁止以来，香货、药物销用渐少，价直陡增，民用阙乏，乞开禁事。'准奏，仰于广东、泉州、庆元复立市舶提（举）司，杭州依旧设立市舶库，专知市舶公事，直隶行省管领，诸人不得搅扰沮坏。"① 这表明元初设立的广东、泉州、庆元市舶司应曾被废置一段时间，在元仁宗时期又陆续复置。元成宗元贞二年（1296），"并澉浦、上海入庆元市舶提举司"②。延祐七年（1320），庆元路提举市舶司例革。至治二年（1322）七月，钦依复立提举司，专知市舶，"直隶行省给降公验公凭，填付舶商，发船下番博易，次年回帆温州白汰门封舶，到水次抽分"。庆元路提举市舶司还设有市舶库，位于城东南隅车桥东。市舶库内有敖房二十八间，用"天开瀛海藏珍府，今日规模复鼎新。货脉流通来万宝，福基绵远庆千春"二十八字为编号。土库屋并前轩共六间，至元元年（1264），创盖外门楼三间，以备关防。③

二、市舶司的官制

两宋时期市舶司官制有三次比较大的变革，"旧制虽有市舶司，多州郡兼领。元丰中，始令转运司兼提举，而州郡不复预矣。后专置提举，而转运亦不复预矣。后尽罢提举官，至大观元年续置。"④ 廖大珂先生据此将

---

① 《通制条格校注》，方龄贵校注，中华书局，2011，第533页。
② 宋濂等：《元史》卷九四《食货二·市舶》，中华书局，1976，第2403页。
③ 王元恭等：《至正四明续志》卷第三《城邑·在城·公宇》，收入《宋元浙江方志集成》，杭州出版社，2009。
④ 马端临：《文献通考》，中华书局，2011，第1868页。

宋代市舶司官制演变分为三个时期："州郡兼领"时期［宋初至元丰三年（1080）］、"漕臣兼领"时期［元丰三年至崇宁二年（1103）］、"专置提举"时期（崇宁二年至南宋末）。① 本部分主要根据廖先生的研究进行简要归纳总结。

市舶司的主官在宋初成为市舶使，最初为知州兼任，即"州郡兼领"。"太祖开宝四年六月，命同知广州潘美、尹崇珂充市舶使，以驾部员外郎通判广州谢处玭兼市舶判官。"② 咸平四年（1001）六月，丁顾言担任明州市舶使，其身份为"朝奉郎、尚书虞部员外郎、知明州军州兼市舶、上骑都尉、赐绯鱼袋、借紫丁顾言"③。天禧五年（1021）三月，杭州市舶使王随的身份为"朝奉大夫、给事中、知杭州军州兼管内堤堰桥道劝农市舶使、提举杭苏路兵甲巡检公事、护军、太原县开国男、食邑三百户、赐紫金鱼袋王随"④。知州兼领市舶司，多数情况下仅具有形式意义，真正具体负责者为知州的下属通判，宋初通判主会计州郡财赋，"诸州通判官到任，皆须躬阅账籍，所列官物，吏不得以售其奸"⑤。通判兼任市舶司，又称管勾市舶司，熟悉财务，成为市舶司日常事务的管理者。"广州通判系审官院差，缘兼市舶公事，望自今中书选差，候得替日，如不亏递年课额，特与改官，优加任使。"⑥

宋太宗时期，进一步加强对市舶司的管控，更是直接以中央派遣专员的方式取代州郡主官对市舶司的管理权，"又遣京朝官、三班、内侍三人专领"。⑦ "太平兴国二年（977）正月，命著作佐郎李鹏举充广南市

---

① 廖大珂：《试论宋代市舶司官制的演变》，《历史研究》1998年第3期。这里的"崇宁二年"廖大珂先生作"崇宁初"。李埴《皇宋十朝纲要》卷十六"崇宁二年八月甲子"条有明确的记载。
② 徐松辑《宋会要辑稿》，职官四四之一，中华书局，1957，第3364页。
③ 曾枣庄、刘琳主编《全宋文》（第5册），巴蜀书社，1989，第544页。
④ 同上书，第495页。
⑤ 脱脱等：《宋史》卷一七九《食货下一·会计》，中华书局，1985，第4348页。
⑥ 徐松辑《宋会要辑稿》，职官四四之四，中华书局，1957，第3365页。
⑦ 梁廷枏：《粤海关志》，广东人民出版社，2014，第19页。

舶使"。① 淳化中，徙置两浙市舶司"于明州定海县，命监察御史张肃主之"。② 所谓"三班"，系低级武人的职名。宋初承唐代旧制，有东头供奉官、左右班殿直、殿前承旨凡三班，隶宣徽院，第其任使。雍熙四年（987），始别置三班院，以崇仪副使蔚进掌之，较其劳绩，授以内外之任。内侍，即宦官。两者都是皇帝的亲信侍从，虽品位卑微，却是皇帝的特命使臣，权势很大，实际控制着市舶大权。如杨允恭，"太平兴国中，以殿直掌广州市舶"；"淳化中，明州初置市舶司，与番商贸易"，太宗命宦官石知颐"往经制之"。③ 当然，这些都是非常态的情况。作为一种制度设计，州郡兼领依然是市舶官员的主要任命方式。多头共管固然可以在一定程度上防止专权之弊，但在市舶司管理上，知州、通判和使臣等都自称"管勾市舶司"，也导致了混乱不堪的局面。景祐五年（1038），太常少卿直昭文馆任中师言："臣在广州奉敕管勾市舶司，使臣三人、通判二人亦是管勾市舶司名衔，并同勘会，所使印是市舶使字。"④ 他建议除"少卿监以上、知广州并兼市舶使"外，其他各员均不能称市舶使，此议得到批准，再次恢复了州郡兼领制度。

为有效牵制地方官对市舶司的控制，宋太祖又命"转运使司掌其事"。咸平二年（999），两浙转运副使王渭"奉敕相度杭、明州市舶司"。大中祥符九年（1016），太常少卿李应机言"广州勾当市舶使臣，自今望委三司使、副使、判官，或本路转运使奏廉干者充选"⑤。转运使又称"漕臣"，始设于唐玄宗开元二十一年（733），掌东南水陆运输。后又置诸道转运使，掌全国谷物调拨，常兼盐铁使，故通称盐铁转运使。宋初有随军转运使、水陆计度转运使，供办军需。宋太宗以后，分设于各路，成为地方长官，经度一路财赋，监察各州官吏。⑥ 也就是说，转运使的重要职责之一在于监督地方官员，尤其是地方财政，对于地方各项

---

① 梁廷枏：《粤海关志》，广东人民出版社，2014，第19页。
② 龚延明：《宋史职官志补正》，中华书局，2009，第451页。
③ 转引自廖大珂：《试论宋代市舶司官制的演变》，《历史研究》1998年第3期。
④ 藤田丰八：《中国南海古代交通丛考》，商务印书馆，1936，第292页。
⑤ 徐松辑《宋会要辑稿》，职官四四之三，中华书局，1957，第3365页。
⑥ 张政烺主编《中国古代职官大辞典》，河南人民出版社，1990，第604页。

事务,"悉条以上达,及专举刺官吏之事"①,这样就有效防止地方州郡官员专权,将各地财富收归中央。

早期转运使参与市舶司业务,仅具有监督性质。宋神宗时期任用王安石变法,"讲求市舶之利,以助国用",海外贸易成为关注的重点之一。为此,宋政府组织制定《市舶法》,旨在更好地管理市舶司,增加政府的财政收入。元丰三年(1080),"中书言,广州市舶条已修定,乞专委官推行。诏广东以转运使孙迥,广西以转运使陈倩,两浙以转运副使周直孺,福建以转运判官王子京,迥、直孺兼提举推行,倩、子京兼觉察拘阑,其广南东路安抚使更不带市舶使"②。由此,市舶司管理进入"漕臣兼领"时期。"漕臣兼领"不同于"州郡兼领",它不是一种地方官兼管的制度,而是向专职管理制度发展的一种过渡形态。在转运使主持下的市舶司是一个权力集中的机构,它不受州郡官吏的牵制,直接听命于中央,从而加强了朝廷对市舶的控制。尽管这种制度还有不少缺陷,但可以比较有效地协调各方面的关系,有利于贯彻朝廷的各项决策,排除地方官吏的侵扰,便于对海外贸易实行统一的管理。"漕臣兼领"与"州郡兼领"还有一个很重要的区别,即在转运使的领导下,市舶司开始成为一个常设的专门机构。③

"漕臣兼领"下的市舶司组成人员大致如下。提举市舶司,由转运使或转运副使兼,全面负责市舶司事务。"提举市舶简称市舶使,又简则曰舶使。宋代制置使简称制置,招抚使称招抚,经略安抚使称经略安抚,提举市舶司称市舶司或舶司,提举市舶官称市舶官或舶官。据此以推,则所谓提举市舶、市舶使、舶使者,恐皆提举市舶使之简称。唯当时记录中不见提举市舶使之名,姑以存疑可也。"④ 日本研究市舶司的专家藤田丰八也认为,"市舶司和提举市舶司不是一回事。市舶司是管理

---

① 脱脱等:《宋史》卷一六七《职官七》,中华书局,1985,第3964页。
② 李焘:《续资治通鉴长编》卷三〇七,中华书局,1995,第7472页。
③ 廖大珂:《试论宋代市舶司官制的演变》,《历史研究》1998年第3期。
④ 桑原骘藏:《蒲寿庚考》,陈裕菁译,中华书局,1954,第6页。

海舶一切事务之衙署，提举市舶司则为官名，与市舶使同义"①。监官，"主管抽买舶货，收支钱物"，每市舶司或务，"抽解博买，专置监官一员"。州郡兼领时期监官大多由通判兼任，转运使主管市舶司后，监官的任用情况不明，藤田丰八认为可能由知县兼任。勾当公事，又称干办公事，简称"舶干""提干""干官"等，主持市舶司的日常公务。监门官，主管市舶库逐日收支，以杜绝侵盗之弊。除了上述官员之外，市舶司还有吏十一员，职掌如下：主管文字，负责点检账状，但有时也由官员兼任。孔目，负责对海商申请的审核、验实，然后发予公凭。手分，管"钱帛案"，即负责钱物的收支工作；贴司、书表，制作账簿、文字档案；都吏，负责巡视、检查和安全；专库，负责市舶库内舶货的保管和发纳；专秤，负责临场抽解和买的具体工作；客司，负责贡使和番商的接待工作；前行、后行，负责警卫。②

宋徽宗时期，继续对市舶司的管理制度加以改革，设立专门的管理机构，即"专置提举"。崇宁二年（1103）八月，"置提举广南路市舶官"③，转运使兼领为专职提举官取代。南宋建立之后，宋高宗继续对市舶制度进行调整。他即位之初，即诏令提举市舶除广南外，余路并归转运司，但翌年即因"尚书省言，并废以来，土人不便，亏失数多"④，恢复了市舶司机构。当然，这并不是说南宋时期没有特例。淳熙年间，"进直宝文阁知泉州兼提举市舶司"，张坚出任福建提举市舶，"在泉南措置舶司极齐整"，深为孝宗赏识。乾道二年（1166）罢两浙市舶专官，将逐处市舶职事"委知通、知县、监官同行检视，而总其数令转运司提督"⑤。在宋理宗时期，甚至一度还出现了"以守兼舶"的情况。但总的来说，南宋"专置提举"是市舶司的基本制度。

另外，要注意的是，以上所述为市舶司的基本官制，具体到某地市

---

① 藤田丰八：《宋代之市舶司与市舶条例》，魏重庆译，商务印书馆，1936，第76页。
② 廖大珂：《试论宋代市舶司官制的演变》，《历史研究》1998年第3期。
③ 李埴：《皇宋十朝纲要校正（上册）》，中华书局，2013，第440页。
④ 徐松辑《宋会要辑稿》，职官四四之一二，中华书局，1957，第3369页。
⑤ 同上，第3369页。

舶司，其变化还是比较复杂，也并非一定与上述情况完全相符。以杭州市舶司为例，《宝庆四明志》载："初以知州为使、通判为判官，既而知州领使如劝农之制，通判兼监而罢判官之名。元丰三年，令转运使兼提举。大观元年，专置提举官。三年罢之，领以常平司而通判主管焉。政和三年再置提举，建炎元年再罢，复归之于转运使，二年复置，乾道三年乃竟罢之，而委知通、知县、监官同行检视，转运司提督。宝庆三年，尚书胡榘守郡捐币，以属通判蔡范重建市舶务，并置厅事于郡东南之戚家桥。"① 同时，虽然我们将市舶司官制划分为三个时期，但并不意味着三个时期截然不同。到了南宋后期，依然存在知州兼任市舶使的情况，如福建路市舶提举，赵汝适、李韶、赵彦侯、赵师耕等均系"以郡兼舶"或"摄郡兼舶"。

元代市舶司的人员配置基本延续宋制，设置提举市舶司进行管理。如宋代所置，市舶司长官除专职的市舶提举外，也有安抚使等官员兼任。例如世祖至元十四年（1277），朝廷"立市舶司三于庆元、上海、澉浦，令福建安抚使杨发督之。每岁招集舶商"②。元代市舶司与宋代相比有两个特点：一是早期市舶司的设立与元代推崇的军事征服密切相关，甚至一度以军事主官兼任市舶馆员，例如至元十五年（1278），令百家奴为"镇国上将军、海外诸番宣慰使，兼福建道市舶提举，仍领本翼军守福建"③；一是盐事与市舶事并举，例如"十四年，立市舶司，兼办盐课"④，"二十二年，并福建市舶司入盐运司"⑤，这些都证明了元代市舶事务与盐务的重要关联。

---

① 罗濬等：《宝庆四明志》卷六《郡志六·叙赋下·市舶》，收入《景印文渊阁四库全书》第487册，台湾商务印书馆，1986，第82页。
② 宋濂等：《元史》卷九四《食货二·市舶》，中华书局，1976，第2401页。
③ 宋濂等：《元史》卷一二九《唆都·百家奴》，中华书局，1976，第3155页。
④ 宋濂等：《元史》卷九四《食货二·盐法》，中华书局，1976，第2391页。
⑤ 宋濂等：《元史》卷九四《食货二·市舶》，中华书局，1976，第2402页。

三、市舶司的职能

宋元时期，市舶司"掌番货海舶征榷贸易之事，以来远人，通远物"，① 这句话基本上说明了市舶司的主要职能。概而言之，其职能主要包括抽解、纲运、禁榷、公凭发放、外商接待、货币流通等等。

抽解就是按照一定的比例对商船贸易的货物征税，古代又称"抽分"。"凡舶至，帅漕与市舶监官莅阅其货而征之，谓之抽解"。② 日本学者藤田丰八认为，"抽是抽分之义，即抽出几分之几之谓，收买舶货几分之几，亦称抽买。解是取义于解发中央之意。抽解本为由抽取解发中央一转而为征税之义"。③ 抽解的前提是"阅货"，即检查进口船舶货物。每当有船只进入港口，地方政府配合市舶司，将船上货物抽样选送市舶司，有管理人员对货物加以"阅实"，经核验后才开始抽解。

宋代抽解按照货物粗细来划分。当然，何为细货、何为粗货，并没有固定的标准。北宋初期，无论粗细、精粗，都是"十五取一"。宝元间"凡番货之来，十税其一"。但市舶官员往往挑选那些贵重物品抽解，无形中让海商蒙受了重大的损失。王丝出任广南东路转运按察使兼本路安抚提举市舶司后，适时调整了相关政策，"令精粗兼取"，时其人称为"金珠御史"。"海外舶舸岁至，犀珠、玳瑁、诸香奇物，官取十一。"④《宋会要辑稿》也记载道："大抵海舶至，十先征其一。"

抽解不分货物粗细是不合理的。北宋晚期，抽解的比例发生变化，根据货物的种类，对细色物品和粗色物品分别征收不同比例的税收。

---

① 脱脱等：《宋史》卷一六七《职官七》，中华书局，1985，第3971页。
② 朱彧、陆游：《萍洲可谈 老学庵笔记》，李伟国、高克勤校点，上海古籍出版社，2012，第28页。
③ 藤田丰八：《宋代之市舶司与市舶条例》，魏重庆译，商务印书馆，1936，第68页。
④ 蔡襄：《端明集》卷四〇《光禄卿致仕张公墓志铭》，收入《景印文渊阁四库全书》第1090册，台湾商务印书馆，1986，第683页。

"以十分为率，真珠、龙脑凡细色，抽一分；玳瑁、苏木凡粗色，抽三分。"① 可知当时细色物品的抽解比例是抽一分，粗色物品的抽解比例是抽三分。绍兴六年（1136）十二月，户部言："两浙市舶司申，看详到泉州相度，乞今后番商贩到诸杂香药除抽解外，取愿不以多少博买外，其抽解将细色值钱之物依法十分抽解一分，其余粗色并以十五分抽解一分。若依所乞，即于本路委是利便等事。"送户部勘当，本部言："欲下三路市舶司更切契勘，如委实可行，不致亏损课息，即依所乞施行。仍仰今后博买物货，照应前后节次已降指挥博买施行，毋致枉有占压本钱。除象牙、乳香、真珠、犀系是实宝货之物，合依旧分数抽解外，其诸杂香药物货，欲依已勘当事理施行。"诏依。② 根据这里的记载，宋代对细色物品和粗色物品的抽解比例是有明确规定的，细色物品为十分抽解一分，粗色物品为十五分抽解一分。

事实上，各市舶司的情况不尽相同。在实际的执行中，受各种因素的影响，抽解的比例还是有相当大的变化，时高时低，并无一定的规律。上述绍兴六年（1136）的抽解比例为细色物品十分抽解一分。粗色物品十五分抽解一分。绍兴十四年（1144）的香药就改为十分抽取四分，"十四年，命番商之以香药至者，十取其四"③。这显然是比此前的抽解比例高出了许多，为此"番商陈诉抽解太重"。针对这一诉求，朝廷于绍兴十七年（1147）十一月四日发布诏令，"诏三路市舶司自今番商所贩丁沈沉香龙脑白豆蔻四色。各止抽一分。先是十取其四。朝廷闻商人病其重也。故裁损焉"④。隆兴初年，出现了细色物品抽解加重的情况，近来"抽解既多，又迫使之输，致货滞而价减。择其良者，如犀角、象齿十分抽二，又博买四分；珠十分抽一，又博买六分。舶户惧抽买数多，

---

① 朱彧、陆游：《萍洲可谈 老学庵笔记》，李伟国、高克勤校点，上海古籍出版社，2012，第28页。
② 陈彬强、陈冬珑、王万盈主编《泉州海上丝绸之路历史文献汇编：初编》，厦门大学出版社，2020，第73页。
③ 李心传：《建炎以来朝野杂记》，商务印书馆，1937，第217页。
④ 李心传：《建炎以来系年要录》，中华书局，1988，第2544页。

止贩粗色杂货"①。

关于两宋时期市舶司抽解比例的变化，漆侠先生总结道：从北宋淳化二年（991）到宋神宗熙宁初年，市舶司的抽分是下降的，即从宋太宗淳化二年的"十分取二"，即20％的舶税；到宋真宗、宋仁宗的时候"十取其一"，即10％的舶税；最后到宋神宗熙宁初年的"十五取一"，即6％的舶税，下降的幅度是可观的。从宋徽宗以来到南宋，抽解分数又是逐步增大的，宋徽宗崇宁以后恢复了宋神宗熙宁以前的"十取其一"的抽解制度，同时还扩大了犀象的榷买。宋高宗绍兴六年（1136），按以前的抽解，细色十取其二，又提到20％以上，粗色十五取一。中间绍兴十四年（1144）抽解比例又大幅提高至40％，到绍兴十七年（1147）又恢复了绍兴六年（1136）以前的制度。此后对高丽、日本的舶船抽解为十九取一、十五取一的制度，实际上能否执行，则殊成问题。抽解分数提到北宋淳化二年时的规定，甚至还要略高一些。② 他还援引南宋末年刘克庄的话，"彼愚民以命，易货于鲸波万里之外，幸登丁岸，重征焉，强买焉，或陷之罪而干没焉"。③ 说明南宋市舶司税率相当高。

纲运实际上就是转运，是宋朝将各地物资钱粮运送到京师的基本制度设计。纲运起源于唐代，主要用以运送所征赋米，亦运送食盐及其他物产。唐代分批运送江南漕粮，每批编立字号，分为若干组，一组称"一纲"。广德二年（764），刘晏从扬州运米到河阴，用船二千艘，每艘载米千斛，十船编为一纲，为最早的官纲。唐代的纲运只实行于水路运输。宋代则全面推广，由水运扩展到陆运，由漕粮扩展到其他物资。宋代纲运名目繁多，按照种类分，有粮纲、布纲、香药纲、花石纲、马纲等。按货色分，分为粗色纲、细色纲。按运送方式和地区分，有转般纲与直达纲、外河纲与里河纲之别。此外也有以纲物用途命名的，如生辰纲等。

市舶司把抽解的舶货，按规定时间编纲转运到京师。"闽、广市舶旧法

---

① 脱脱等：《宋史》卷一八六《食货下·互市舶法》，中华书局，1985，第4566页。
② 漆侠：《宋代市舶抽解制度》，《河南大学学报（社会科学版）》1985年第1期。
③ 刘克庄：《刘克庄集笺校》，辛更儒笺校，中华书局，2011，第3233页。

置场抽解,分粗细二色,般运入京""细色香药物货遵陆路前去……其粗色物货系雇船乘载泛海"①,因而,有"细色陆路纲""粗色海道纲"的说法。当然,这里的粗色、细色,依然没有固定的标准,"龙脑、珠之类,每一纲五千两,其余犀象、紫矿、乳檀香之类,为粗色,每纲一万斤……大观以后,张大其数,象犀、紫矿皆作细色起发"②。这种分类主要基于成本的考量,陆路运输成本高,只能运送细货,海运成本低,可以运大量的粗货。

纲运必须在限定的时间内到达,政府根据各地距离京师的远近,限定各地纲运到达京师的时间,若延迟则会受到相应的处罚。以浙江为例,"相度得浙西秀、湖、常州、平江府、江阴军地里远近,约计在路合破日分,秀、湖州至行在地里。秀州至行在计二百九十八里,计四日二时。平江府至行在计三百六十里,计八日。湖州至行在计三百七十八里,计八日二时。常州至行在计五百二十里,计一十一日四时。江阴军至行在计七百三十八里,计一十六日"③。纲运必须依期到达,"市舶司应有番船到舶,抽收香货,将全解数目,按月具申,遇便起发,照立定程限行运,如所押官物至交卸出违限日,将纲官从条根究,亦不推赏"④。"从条根究",就是按所定的程限作依据,进行惩罚。

关于纲运之弊及其解决办法,南宋嘉定十一年(1218),户部对泉州市舶司的纲运问题进行了系统总结。由于监察不力,泉州纲运物品弊端百出,"纲运交装之初,监官不能皆廉,下逮专库,各有常例,隐瞒斤两,以高为次,弊幸百端"⑤。为此,户部建议,"差官吏监视行人,先次分色额等第。伺交装日,提举官同本司官属公共下库,再监无干碍行人重验色额,仍差泉州无干碍官监视。以省降铜陶法物对纲官两平秤制斤两,当官封角。每包作封头两个:一系印提举官阶位,小书,用本司

---

① 徐松辑《宋会要辑稿》,食货四四之一九,中华书局,1957,第3373页。
② 脱脱等:《宋史》卷一八六《食货下·互市舶法》,中华书局,1985,第4566页。
③ 徐松辑《宋会要辑稿》,食货四四之一,中华书局,1957,第3364页。
④ 徐松辑《宋会要辑稿》,食货四四之一九,中华书局,1957,第3373页。
⑤ 刘克庄:《玉牒初草集证》,王瑞来集证,中华书局,2018,第5页。

铜朱印记；一系监装官名衔印记。外檀香窊木，并数计条截两头，各用提举官押字雕皮记，责付纲官下船"①。为防止纲官中途捣鬼，交装纲运时，需先以色样申解户部，不许随纲将带，以防换易。"日后起纲，于所发香货逐件抽取色样封角，专人先次赍赴户部投下寄留，候到库，唤集行众，当官开拆封样看验，一同即与交收。"②

所谓发放文凭，即海商欲到海外贸易，必须获得市舶司允许其出海的凭证，只有拿到官方的公文，才能出海贸易，否则将被没收货物。宋太宗端拱二年（989）规定，"自今商旅出海外番国贩易者，须于两浙市舶司陈牒，请官给券以行，违者没入其宝货"③。崇宁三年（1104）五月诏令："番国及土生番客愿往他州或东京贩易物货者，仰经提举市舶司陈状，本司勘验诣实，给与公凭，前路照会。"④ 然而，所谓的"券""公凭"具体指什么，宋代史书中并没有相关记载。

幸运的是，在苏轼的《乞禁商旅过外国状》中保存了发给海商出海的各种编敕，基本可以再现元丰至元祐年间官方发放海商公文的详貌，具体条文如下：

> 《庆历编敕》：客旅于海路商贩者，不得往高丽、新罗及登、莱州界。若往余州，并须于发地州、军，先经官司投状，开坐所载行货名件，欲往某州、军出卖。许召本土有物力居民三名，结罪保明，委不夹带违禁及堪造军器物色，不至过越所禁地分。官司即为出给公凭。如有违条约及海船无公凭，许诸色人告捉，船物并没官，仍估物价钱，支一半与告人充赏，犯人科违制之罪。
>
> 《嘉祐编敕》：客旅于海道商贩者，不得往高丽、新罗及至登、莱州界。若往余州，并须于发地州、军，先经官司投状，开坐所载行货名件，欲往某州、军出卖。许召本土有物力居民三名结罪，保明委不夹带违禁及堪造军器物色，不至越过所禁地分。官司即为出给公凭。

---

① 刘克庄：《玉牒初草集证》，王瑞来集证，中华书局，2018，第6、7页。
② 徐松辑《宋会要辑稿》，食货四四之一八，中华书局，1957，第3372页。
③ 徐松辑《宋会要辑稿》，职官四四之二，中华书局，1957，第3364页。
④ 徐松辑《宋会要辑稿》，职官四四之八，中华书局，1957，第3367页。

如有违条约及海船无公凭，许诸色人告捉，船物并没官，仍估纳物价钱，支一半与告人充赏，犯人以违制论。

《熙宁编敕》：诸客旅于海道商贩，于起发州投状，开坐所载行货名件，往某处出卖。召本土有物力户三人结罪，保明委不夹带禁物，亦不过越所禁地分。官司即为出给公凭。仍备录船货，先牒所往地头，候到日点检批凿公凭讫，却报元发牒州，即乘船。自海道入界河，及往北界高丽、新罗并登、莱界商贩者，各徒二年。

《元祐编敕》：诸商贾许由海道往外番兴贩，并具人船物货名数所诣去处，申所在州，仍召本土有物力户三人，委保物货内不夹带兵器，若违禁及堪造军器物，并不越过所禁地分。州为验实，牒送原发舶州，置簿抄上，仍给公据。方听候回日，许于合发舶州住舶，公据纳市舶司。即不请公据而擅行，或乘船自海道入界河，及往新罗、登、莱州界者，徒二年，五百里编管。①

上述历年的编敕，尽管措辞各有差别，实际上都涉及海商出海的几个问题：出海申报、出海担保、公文发放、违规处罚办法。海商欲出海贸易，即于出发地先行向官方呈递文状，申报装载货物及目的地，同时选择本地有经济实力者三人担保。市舶司接到申报后，经过规定的审核程序后给予颁发出海的公义。

为更好地对市舶司加以管理，元丰年间宋政府组织编撰了"元丰市舶条例"，对市舶司的运行机制进行了全面的总结。章深根据散见各书的材料，将"元丰市舶条例"的主要内容整理为以下九个方面。

1. 只有广州、明州、杭州能放行外贸商船，非以上三州而放行外贸商船者，以违背皇帝命令论罪。

2. 所有前往东南亚及其以西地区（南番）的商船均由广州市舶司放行，一切到日本、高丽经商的船只皆由明州市舶司放行。非广州市舶司而放行前去南番的船舶，非明州市舶司而放行往日本、高丽的商船，以

---

① 苏轼撰，茅维编《苏轼文集》卷三一《乞禁商旅过外国状》，孔凡礼点校，中华书局，1986，第888—890页。

违背皇帝命令论罪,即使是大赦和官员离任,也不得减罪。

3. 外贸商船返回时,必须先到原放行市舶司纳税贸易。

4. 各市舶司负责管理各贸易区域内的外国朝贡船舶、贡使及其活动,贡船、贡使也应在主管市舶司的设置地点登岸和离港。

5. 各国的进贡物品不再运送京师,一律就地变卖。

6. 两广沿海前往海南岛的船只必须事先向广州市舶司申领出海凭证。

7. 违法撤职的官员,贬谪、管制和充军的犯人,不得随商船赴海外。

8. 市舶司最高长官改称"市舶提举",由本路转运副使兼任。广南东路经略安抚使不再兼任市舶使。

9. 本条法由广南东路转运副使孙迥,两浙路转运副使周直孺提举推行。广南西路转运使陈倩、福建路转运判官王子京负责对所管路分进行监督,并对违法人员进行惩处。①

元朝建立后,一直沿用宋代的相关条例管理市舶司。至元三十年(1293),元中书省召集各机构制定市舶管理法则。这就是现存最早的一部市舶司贸易法规《至元市舶则法》,共计22条。延祐元年(1314),元政府对《至元市舶则法》修订后重新执行,即《延祐市舶则法》。这两份法规是考察元代市舶司职能的最原始材料,同时也是最为详细的材料。喻常森对这两份法规的具体内容逐条加以诠释,将元代市舶司的船舶货物进口税征收、官员从事海外贸易、公派出国人员经商、宗教人士从事海外贸易、商船出国贸易手续办理和遵循规章、防范走私货物、不经程序擅自出海贸易、海商自卫条例、商船人员招募、贸易货物检查和偷漏税处罚、私带违禁品处罚、市舶司货物和买与转运、政府优待海商、外商来华贸易、抽解纲运办法等梳理得非常清楚。

通过以上对元代市舶则法内容的具体分析,我们可以看出,其适用范围非常广泛,既可用于海外贸易,又可用于沿海贸易;既有官方贸易,也有私人贸易;既针对华商,也可行于外商。市舶则法的总体内容可以分为以下六个方面。

---

① 章深:《北宋"元丰市舶条"试析——兼论中国古代的商品经济》,《广东社会科学》1995年第5期。

1. 有关舶货进口抽分（税）的一系列规定。《至元市舶则法》又名《市舶抽分杂禁》，表明它的主要内容分为"抽分"与"禁令"两大部分。抽分原则及如何保证抽分原则的顺利实施是市舶则法的最重要部分。

2. 有关舶商从事海外贸易许可证公验、公凭的申请、审批、发放及管理一系列规定。许可证制度，是元政府为保证海外贸易在政府控制下有秩序开展的根本制度。

3. 有关舶货的发卖、转运及解纳的规定。《至元市舶则法》第十六条和《延祐市舶则法》第十二条对如何处理市舶司抽收到的舶货作了详细规定。

4. 有关外商来华贸易特别规定。外商来华贸易除了遵守市舶则法按例纳税外，元政府为保护外商利益，鼓励他们来华贸易，还提供了某些特别的优惠政策。

5. 有关保护舶商合法权益，维护海外贸易正常秩序，以及优待舶商、水手家属的规定。

6. 有关禁止出口物品的查处。元代市舶则法本着"以有余易不足，以无用换有用"的原则，严格统制出口货物，对国内紧缺物资或对国内政治经济生活有重大影响的物资，严禁出口。①

可以发现，元代市舶司的职能在宋代的基础上既有继承也有发展。例如发放海商出海凭证，元代规定依据船舶规模，大船请领"公验"，小船则请"公凭"，每只大船准许带柴水船一只。《延祐市舶则法》改为每只大船可带柴水船和八橹船各一只，小船的情况须分别在公凭及公验内详细写明。关于货物抽解，元代舶税分"抽解"与"舶税钱"两种，抽解前期承袭宋例，后多经修改，舶税钱是元代新增税目。至元十四年（1277）初置市舶司时，基本上沿袭了宋代市舶抽解条例，舶船回港"依例抽解，然后听其货卖"。至元十七年（1280）元政府采纳上海市舶司官员王楠的建议，将国内生产的土货与海外贸易的番货分开抽税。至元二十年（1283）确定抽解的基本比例，"舶货精者取十之一，粗者十五之一"。至元三十年（1293）的《至元市舶则法》再次确认了这一比例。

---

① 喻常森：《元代海外贸易》，西北大学出版社，1994，第50页。

《延祐市舶则法》将抽解比例提高一倍，即"细物十分抽二，粗物十五分抽二"。这一比例直到元朝结束未再发生变化。总的来看，元代的市舶司运作管理和职能的发挥，对元代海外贸易起到了巨大的推动作用。

第三节　宋元时期的海外贸易政策

一、宋元时期的海外贸易政策

自汉代以来，中国即开辟了陆地和海洋两条对外贸易路线。陆路贸易路线即传统意义上的丝绸之路，中国和地中海、西亚、南亚之间通过西域互通有无，构建起陆路贸易的经济圈。与此同时，从西汉开始中国也开通了雷州半岛到南洋诸国的航线。东汉桓帝时，"大秦、天竺皆由此道遣使贡献"①。魏晋南北朝至隋唐时期，海上贸易也有了较大发展，显著的变化表现在几个方面：一是贸易的港口从徐闻、合浦转移到经济条件更好的交州和广州，唐代形成交、广、泉、扬四大港并立的状况，贸易条件得到改善；二是出现了新的航线，至迟到东晋时期，已经出现从东南亚经过海南岛以东直达广州的航线；三是通过海路来华的外国商人和使节更多了。但是，有两个基本因素决定了两汉直至隋唐时期，西北丝路在中国对外贸易路线中占据主导地位。一是中国经济重心在北方，政治重心处于关中一带，南方沿海地区经济尚不发达，对外贸易的商品供给来自北方，以奇珍异宝为主的进口物品的消费市场也在北方，其中京城是最大的市场。二是当时与中国贸易的主要是西域及中亚和西亚诸国，这些商人是中国与各方贸易的主要贸易力量，成了中国与欧洲之间贸易的中间商。②总之，从贸易规模而言，唐代以前尽管海洋贸易已经日渐发展，但还远远不如陆路贸易。从国家政策而言，唐代以前的

---

① 李延寿：《南史》卷七八《海南诸国》，中华书局，1975，第1947页。
② 黄纯艳：《论宋代南海贸易体系的形成》，《国家航海》2012年第2期。

海外贸易不管多么发达，其政治目的都远远大于经济目的。

北宋时期，随着契丹、女真和党项各族的崛起，中国与中亚、西亚各陆路通道被阻断，迫使统治者必须开拓新的交通路线，以发展与海外国家的关系。南宋偏于东南一隅，海洋贸易更成为现实的需求和无奈的选择。同一时期，阿拉伯人的海洋贸易日渐发达，他们纵横于亚欧之间的海洋，通过中间贸易获取了巨大的利润。鉴于与中国贸易传统的陆路无法进行，阿拉伯人也积极寻找到达中国的海路。

与唐代相比，宋代对海外贸易的重要性有了新的认知。宋朝鼓励海洋贸易，设立专门的管理机构，主动追求经济利益，"国家之利莫盛于市舶""于国计诚非小补""富国裕民之本"①，"市舶之利最厚，若措置合宜，所得动以百万计，岂不胜取之于民"②。在这种主导思想之下，宋代采取了积极的海外贸易政策，主动遣使海外，招徕外商。宋太宗雍熙四年（987），宋廷派出官方使团前往东南亚各地招徕外商，这在中国海外贸易史上是空前的举措。史称："雍熙四年五月，遣内侍八人赍敕书、金帛，分四纲，各往海南诸番国，勾招进奉，博买香药、犀牙、真珠、龙脑。每纲赍空名诏书二道，于所至国赐之。"③ 天圣六年（1028），仁宗针对广州番舶罕至而下诏：令本司与转运司招诱安存之。从历代统治者颁行的诏书分析，宋代政府特别注重招徕外商，发展对外贸易。

宋代政府设立一套激励机制，鼓励和促进中国人出海贸易和招诱外商，对于那些招商有力者，根据实际情况给予不同的奖励。徽宗政和五年（1115）福建市舶司就曾专门派人到占城、罗斛两国劝说当地政府和商人来华贸易。"礼部奏福建提举市舶司状，昨自兴复市舶，已于泉州置来远驿，与应用家事什物等，并足定犒设馈送则例，及以置使臣一员监市舶务门兼充接引干当来远驿，及本司已出给公据，付刘著等收执前

---

① 李心传：《建炎以来系年要录》卷一八六，绍兴三十年十月己酉条，收入《景印文渊阁四库全书》第 327 册，台湾商务印书馆，1986，第 569—570 页。
② 李心传：《建炎以来系年要录》卷一一六，绍兴七年闰十月辛酉条，收入《景印文渊阁四库全书》第 326 册，台湾商务印书馆，1986，第 659 页。
③ 徐松辑《宋会要辑稿》，职官四四之二，中华书局，1957，第 3364 页。

去罗斛、占城国说谕诏纳，许令将宝货前来投进"。① 招募商人组纲出海，这种纲船的主要任务并非经商盈利，而欲招徕外夷，以示柔远之意。

宋朝重视海外贸易，鼓励外商来华贸易，指派市舶司官员、使臣到海外"招诱"番商来华贸易。对积极参加"招诱"的商人，可补官。"招诱"成绩卓著的市舶官员可晋升官职。绍兴六年（1136），泉州知州连南夫奏请，诸市舶纲首能招诱舶舟，抽解货物累价及五万贯、十万贯者，补官有差。泉州番舶纲首蔡景芳，即因招诱贩到物货，自建炎元年（1127）至绍兴四年（1134），收净利钱九十八万余贯，补承信郎。对于在贸易中做出重大贡献的外商，同样予以荣誉奖励。据记载，南宋绍兴年间（1131—1162）大食番商蒲罗辛"造船一只，般载乳香投泉州，市舶计抽解价钱三十万贯，委是勤劳，理当优异，诏蒲罗辛特补承信郎"。这是一位大食商人因积极从事海外贸易，朝廷予以补官的奖励。② 马亮以右谏议大夫知广州，"海舶久不至，使招来之，明年，至者倍其初，珍货大集，朝廷遣中使赐宴以劳之。"③ 可见官吏有招徕外商多者，政府可赐宴慰劳，以示褒奖。宋朝对海外贸易的重视和对外商的关照，有利于促进海外贸易的发展。这一举措集中显示了宋朝发展海外贸易的强烈意愿，增进了外商对中国鼓励海外贸易政策的了解。

在对待民间海外贸易问题上，宋代也经历了从严谨到开放的政策性转变。宋初雍熙二年（985）颁布"禁海贾"令，严禁民间力量与海外商人直接贸易，实行禁榷制度，政府独占高额利润。不过，东南沿海省份的民间商人出海贸易，绝非一纸禁令能够禁绝。面对这种情况，北宋政府迅速调整了相关政策。端拱二年（989），规定"自今商旅出海外番国贩易者，须于两浙市舶司陈牒，请官给券以行，违者没入其宝货"④。从

---

① 徐松辑《宋会要辑稿》，职官四四之一○，中华书局，1957，第3368页。
② 泉州市人民政府地方志编纂委员会编《外国人在泉州与泉州人在海外》，海风出版社，2007，第18页。
③ 脱脱等：《宋史》卷二九八《马亮》，中华书局，1985，第9916页。
④ 徐松辑《宋会要辑稿》，职官四四之二，中华书局，1957，第3364页。

条文分析，这实际上是以法律的形式，肯定了民间私人在履行一定的程序后出海贸易是合法的。"商贾许由海道往外番兴贩，并具入船物货名数，所诣去处，申所在州，仍召本土有物力户三人委保。物货内不夹带兵器，若违禁以堪造军器物，并不越所禁之地分，州为验实，牒送原发舶州，置簿抄上，仍给公据，方听行。"① 熙宁七年（1074），"诸舶船遇风信不便，飘至逐州界，速申所在官司。城下委知州，余委通判或职官，与本县令、佐，躬亲点检。除不系禁物税讫给付外，其系禁物即封堵，差人押赴随近市舶司，勾收抽买。诸泉、福缘海州，有南番海南物货舶到，并取公据验认。如已经抽买，有税务给到回引，即许通行。若无照证，及买得未经抽买物货，即押赴随近市舶司，勘验施行。"② 从历年出台的相关规定看，民间商船只要在程序上合法，其外出经商贸易都是畅通无阻的。在《元丰市舶条例》中，专门增加了民间商人海外经商的规定，明确规定国内商人可以前往番国通商。在政策的推动下，闽粤商人兴起了海外贸易的高潮。

元代的海外贸易实行"官本船"制度。政府垄断了海外贸易，严禁民间私人海外经商，多次颁布"禁海商"的命令，禁止民间海商的发展。"官本船"制度的实质是元朝统治阶级以权力介入海外贸易，贵族官僚合谋独享海外贸易中的商业利润。但是，如果仔细分析海商官僚的身份，可以发现他们都是早期活跃在东南沿海的民间富商。澉浦的杨家父子，从杨发、杨梓到杨枢，三代人都从事元朝的海运和海外贸易，在澉浦纵横数十年。杨发曾任南宋利州刺史、殿前司先锋军统制官、枢密院副都统，归降元朝后，改授明威将军、福建安抚使，领浙东西市舶总司事。至元三十年（1293），史弼率军二万、海舶五百艘进攻爪哇时，杨梓为先锋官随军出征。大德五年（1301）杨枢"年甫十九，致用院俾以官本船，浮海至西洋"，这是官本船制度下的海外贸易活动。清代学者钱大昕献其墓志铭，对照史籍证实杨氏家族确实是当时江浙巨族。③ 泉

---

① 李焘：《续资治通鉴长编》卷四五一，中华书局，1995，第10823页。
② 徐松辑《宋会要辑稿》，职官四四之六，中华书局，1957，第3366页。
③ 郑有国：《中国市舶制度研究》，福建教育出版社，2004，第181页。

州的蒲氏家族更是闽南巨贾，在当地拥有巨额财富。也就是说，相对于宋代鼓励民间海外贸易，"官本船"制度固然与唐宋以来海外贸易政策对立，但实际控制海洋贸易的，依然是沿海地区的富商，只不过他们的身份有所转变，民间的海外贸易并未因为政府的禁令而萎缩。

二、宋元来华外商的优待措施

对于海外商人往返中国，宋代政府建立起一整套迎送制度，名之曰"犒设"，即地方官为到达或即将远去的外商设盛宴接风洗尘或饯别。"番舶初来。有下碇税。有阅货宴。所饷犀象香琲。下及仆隶"①。为做好犒设工作，市舶司开列专门的经费。绍兴二年（1132）六月，广南东路经略安抚、提举市舶司言："广州自祖宗以来兴置市舶，收课入倍于他路。每年发舶月份，支破官钱管设津遣，其番汉纲首、作头、梢公等人，各令与坐，无不得其欢心。非特营办课利，盖欲招徕外夷，以致柔远之意。旧来或遇发船众多，及进贡之国并至，量增添钱数，亦不满二百余贯，费用不多，所悦者众。今准建炎二年七月敕，备坐前提举两浙市舶吴说札子，每年宴犒，诸州所费不下三千余贯，委是枉费。缘吴说即不曾取会本路设番所费数目，例蒙指挥寝罢。窃虑无以招怀远人，有违祖宗故事，欲乞依旧犒设。从之。"②泉州市舶司也依广州的规制，宴设诸国番商。提举福建路市舶楼寿言："臣昨任广南市舶司，每年于十月内依例支破官钱三百贯文，排办筵宴，系本司提举官同守臣犒设诸国番商等。今来福建市舶司，每年止量支钱，委市舶监官备办宴设，委实礼意，与广南不同。欲乞依广南市舶司体例，每年于遣发番舶之际，宴设诸国番商，以示朝廷招徕远人之意。"③周去非在其著作中也说："岁十月，提举市舶司大犒设番商而遣之。"④如某一时期外商集中抵达中国，

---

① 屈大均：《广东新语》卷一五《货语·黩货》，中华书局，1985，第432页。
② 徐松辑《宋会要辑稿》，职官四四之一四，中华书局，1957，第3370页。
③ 徐松辑《宋会要辑稿》，职官四四之二四，中华书局，1957，第3375页。
④ 周去非：《岭外代答校注》，杨武泉校注，中华书局，1999，第126页。

中央政府还会特地派出特使进行抚问犒劳。大中祥符二年（1009），"广州番商凑集"，真宗皇帝特遣内侍赵敦信驰驿抚问犒设。

宋元时期，对于居住在中国的外商，政府特别注重保护他们的权益，甚至给予种种优待。

首先，为促进贸易，宋朝政府一度免除或降低外商的进口税。"倭船到岸，免抽博金子，如岁额不可阙，则当以最高年分所抽博之数，本司代为偿纳"①。由于税收优惠，商人有利可图，这一措施刺激更多商人参与到贸易中来。宋室南渡后，经费困乏。绍兴十四年（1144），南宋政府一度临时将税率提高到十分之四，引起外商不满。他们认为抽解太重，三佛齐国王甚至写信给市舶官，指出近年商贩乳香颇有亏损，要求降低税率。鉴于市舶税须有利于"招徕远人，阜通货贿"，绍兴十七年（1147）朝廷诏令三路市舶司恢复细货依旧抽解一分，余数依旧法施行，也就是重新降低了税率。

其次，严禁地方官员损害外商利益。绍兴五年（1135），"诏市舶务监官并见任官，诡名买市舶司及强买客旅舶货，以违制论。仍不以赦降原减，许人告赏钱一百贯，提举官知通不举劾，减犯人罪二等"②。绍兴十六年（1146），"亏损番商物价"的袁复一被降官一级，嘉定六年（1213）"多抽番舶"的赵不熄均被降官一级；嘉泰三年（1203），"借法济贫"而"移易乳香"的曹格被"放罢"。③

第三，保护外商的合法财产及其继承权。番商死后，其后代有继承财产的权利。"元符二年五月十二日，户部言，番舶为风飘着沿海州界，若损败及舶主不在，官为拯救，录物货，许其亲属召保认还，及立防守盗纵诈冒断罪法。从之。"④ 只有那些没有合法继承人的舶商遗产，才依据宋朝的相关法律充公处置。"诸国番客，到中国居住，已经五世，其

---

① 曾枣庄、刘琳主编《全宋文·第三百三十七册》卷七七七三《奏乞免倭金抽博》，上海辞书出版社、安徽教育出版社，2006，第225页。
② 徐松辑《宋会要辑稿》，职官四四之十九，中华书局，1957，第3373页。
③ 孙玉琴、常旭：《中国对外贸易通史（第1卷）》，对外经济贸易大学出版社，2018，第90页。
④ 徐松辑《宋会要辑稿》，职官四四之二四，中华书局，1957，第3375页。

财产依海行无合承分人,及不经遗属者,并依户绝法,仍入市舶司拘管"①。乾道元年(1165),岁大歉,真里富国大商死于明州,遗赀巨万,吏请没入。王曰:远人不幸至此,忍因以为利乎!遂为具棺殓,属其徒护丧以归。明年戎酋致谢曰:吾国贵近亡没,尚籍其家。今见中国仁政,不胜感慕,遂除籍没之例矣。② 这些规定对于海外客商的财产权起到很好的保护作用,也使得他们在华贸易少了后顾之忧,大大利于中外贸易的开展。

更为重要的是,对于居住在中国的外商,宋元政府还划定了集中居住区,保障他们的生产和生活。宋元时期,随着中外贸易的发展,各国之间的人员往来日渐频繁。"北人过海外,是岁不还者,谓之住番;诸国人至广州,是岁不归者,谓之住唐"③。从唐代开始,"住唐"的海外商人即被称为"番客"或"番獠"。"土人与蛮獠杂居,婚娶相通"。④ 随着海外商人不断增多,广州、泉州等部分外商较多的城市自然而然地形成了一些集中居住区。

泉州的番坊称"番人巷",海外巨商不断来闽,有许多番商在泉州定居。泉州"闽山佳处,封疆阔远,人物庶繁,驿道四通,海商辐辏,夷夏杂处"⑤。"诸番有黑、白二种,皆居泉州,号番人巷。每岁以大舶浮海往来,致象、犀、玳瑁、珠玑、玻璃、玛瑙、异香、胡椒之属。"⑥根据泉州海外交通史调查组的调查,泉州海外番客的居住区,大致位置在"南门城附近的地区,东起青龙聚宝,经车桥市,西至富美与风炉

---

① 方豪:《中西交通史·上册》,商务印书馆,2021,第276页。
② 楼钥:《攻愧集》卷八六《皇伯祖太师崇宪靖王圭行状》,收入《景印文渊阁四库全书》第1153册,台湾商务印书馆,1986,第337页。
③ 朱彧、陆游:《萍洲可谈 老学庵笔记》,李伟国、高克勤校点,上海古籍出版社,2012,第30页。
④ 刘昫等:《旧唐书》,中华书局,1975,第4592页。
⑤ 郑侠:《西塘集》卷八《代谢仆射相公》,收入《景印文渊阁四库全书》第1117册,台湾商务印书馆,1986,第476页。
⑥ 祝穆:《方舆胜览》卷一二《福建路·泉州》,施和金点校,中华书局,2003,第208页。

埕，北从横巷起，南抵聚宝街以南的宝海庵止"①。有些番商长期居住在中国，最后在中国去世，泉州还出现了一些番商的墓地。林之奇说："泉之征舶通互市于海外者，其国以十数，三佛齐其一也。三佛齐之海贾以富豪宅生于泉者，其人以十数，试郍围其一也。试郍围之在泉，轻财急义，有以庇服其畴者，其事以十数，族番商墓其一也。番商之墓建发于其畴之蒲霞辛，而试郍围之力，能以成就封殖之。其地占泉之城东东坂，既鬻剃其草莱，夷铲其瓦砾，则广为之窀穸之坎，且复栋宇，周以垣墙，严以扃钥，俾凡绝海之番商，有死于吾地者，举于是葬焉。经始于绍兴之壬午，而卒成乎隆兴之癸未。"② 这里讲述了三佛齐外商试郍围在泉州为去世的海外商人修建墓地的事情，一方面可以说明在泉州已经有相当多的外商居住，另一方面也可以说明这些人在泉州居住的时间相当长。

随着宋代对外贸易的扩大，广州的番商越来越多，有的番商长期居住下来，与华人共处。"番禺有海獠杂居，其最豪者蒲姓，号白番人，本占城之贵人也。既浮海而遇风涛，惮于复反，乃请于其主，愿留中国，以通往来之货。"③ 有些外商甚至已经在广州娶妻生子，前后延续长达五代人。宋代广州外商的居住区称为"番坊"，"广州番坊，番人衣装与华异，饮食与华同"④；也称作"番巷"，"郑德素侍其父将漕广中，能言广中事，谓素馨唯番巷种者尤香，恐亦别有法耳。龙诞以得番巷花为正云"⑤。

在外商集中居住区，基本已经形成一个相对独立的社会单元。番坊

---

① 泉州海外交通史调查组：《泉州宋元时代"番坊"遗址的调查》，载中国海外交通史研究会、福建省泉州海外交通史博物馆编《泉州海外交通史料汇编》，1983。
② 林之奇：《拙斋文集》卷一五《泉州东坂葬番商记》，收入《景印文渊阁四库全书》第1140册，台湾商务印书馆，1986，第490—491页。
③ 岳珂：《桯史》，吴企明点校，中华书局，1981，第125页。
④ 朱彧、陆游：《萍洲可谈 老学庵笔记》，李伟国、高克勤校点，上海古籍出版社，2012，第30页。
⑤ 陈彬强、陈冬珑、王万盈主编《泉州海上丝绸之路历史文献汇编：初编》，厦门大学出版社，2020，第343页。

中"置番长一人",管理番坊事务。关于番长的职责,"广州番坊,海外诸国人聚居,置番长一人,管勾番坊公事,专切招邀番商入贡,用番官为之,巾袍履笏如华人。番人有罪,诣广州鞠实,送番坊行遣。缚之木梯上,以藤杖挞之,自踵至顶,每藤杖三下折大杖一下。盖番人不衣裈裤,喜地坐,以杖臀为苦,反不畏杖脊。徒以上罪则广州决断"①。"在商人云集之地广州,中国官长委任一个穆斯林,授权他解决这个地区各穆斯林之间的纠纷;这是照中国君主的特殊旨意办的。每逢节日,总是他带领全体穆斯林作祷告,宣讲教义,并为穆斯林的苏丹祈祷。此人行使职权,做出的一切判决,并未引起伊拉克商人的任何异议。因为他的判决是合乎正义的,是合乎尊严无上的真主的经典的,是符合伊斯兰法度的。"② 日本学者桑原骘藏认为:"泉州番坊在州城之南,即泉南。泉南地临晋江,便于出海,故置坊于此。广州亦然。其临珠江处,当为其时番客卜居之所。番坊设管理之曰番长司,司置都番长,或称番长,以管勾一切公务。都番长以侨番之最有德望者选充,由中央政府任命之。彼等除管理番坊外,又负为中国招徕海外番商之责。"③ 这三则史料清晰地说明,番长的主要任务是"管勾番坊公事,招邀番商入贡",即管理番坊公共事务,推动外商来中国贸易。其产生的方式"由中国官长委任",并非番商自行推选,显示地方官员意欲通过番长的任命实现对番坊的有效管理。在法律权限上,番长只能解决一般的民众纠纷,一旦上升到法律层面,番长没有审判权,只有执行权。

三、宋元时期的朝贡贸易政策

现有文献证明,建隆元年(960)九月,三佛齐和占城国王就遣使贡献方物,朝贡贸易从宋初就开始发展起来。宋仁宗时期,赐于阗国王诏

---

① 朱彧、陆游:《萍洲可谈 老学庵笔记》,李伟国、高克勤校点,上海古籍出版社,2012,第30页。
② 《中国印度见闻录》,穆根来、汶江、黄倬汉译,中华书局,1983,第7页。
③ 桑原骘藏:《蒲寿庚考》,陈裕菁译,中华书局,1954,第47页。

书云:"朕兼覆天下,至于日出月没。海外之国,辫发弁衣,毡裘之长,莫不绝不测之险,奉琛献币,交臂乎魏阙之下。"① 天朝上国希望万国来朝的心理表露无遗。北宋前期,对朝贡物品一般照单全收,各国贡物也多为本国特产或奇特动植物,如象牙、犀角、龙脑、香药、珍珠以及大象、狮子等。景德三年(1006),宋政府设立怀远驿,用于接待各国贡使。次年大食、占城遣使朝贡,朝廷即指示要"优加馆饩之礼,许遍至苑囿寺观游览"②。大中祥符年间,宋政府举办的历次大型封禅典礼,海外各国均派使者前来祝贺,也携带大量贡物到中国贸易。

大中祥符七年(1014),宋真宗对广州接待外国朝贡使团做出了具体的规定:海外番国贡方物至广州者,自今犀象、珠贝、栋香、异宝听赍持赴阙,其余辇载重物,悉纳州帑,估价闻奏。非贡物悉收税算。每国使、副、判官各一人。其防援官,大食、注辇、三佛齐、阇婆等国勿过二十人,占城、丹眉流、渤泥、古逻、摩迦等国勿过十人,并来往给券料。广州番客有冒代者,罪之。赐予所得,贸市杂物,则免税算,自余私物不在此例。这则材料充分体现了朝贡贸易的基本原则:第一,因为接待朝贡使团费用不菲,朝贡人员有一定的限制;第二,进贡物品根据需要或者径直运送京师,或者就地贸易减轻运输成本;第三,超过朝贡数额和种类的商品若在中国交易,则不享受免税的政策,必须缴纳交易税。为促进朝贡贸易的发展,宋神宗熙宁年间,还提高了各国进贡物品的估价标准。

朝贡贸易有固定的程序,贡使必须以国家的名义携带象征臣服和君臣关系的"奉表",才能进入京师朝贡。一些海外贡使、商人借宋朝政府招徕朝贡之机,不论有无表章,纷纷涌入京城,以自己的私货作为朝贡品,赚取差额利润。元丰初,宋政府诏于阗,"惟赍表及方物马驴乃听以诣阙,乳香无用不许贡"③。对于西南诸族,"西南五姓蕃,每五年

---

① 郑獬:《郧溪集》卷八《赐于阗国王诏》,收入《景印文渊阁四库全书》第 1097 册,台湾商务印书馆,1986,第 180 页。
② 脱脱等:《宋史》卷四九〇《外国六·大食》,中华书局,1985,第 14120 页。
③ 脱脱等:《宋史》卷四九〇《外国六·于阗》,中华书局,1985,第 14109 页。

许一贡"。① 绍圣年间，秦州知州游师雄称："于阗、大食、拂菻等国贡奉，般次踵至，有司惮于供贲，仰留边方，限二岁一进。外夷慕义，万里而至，此非所以来远人也。"② 如果反面解读这则材料的话，可见朝贡制度的确给地方政府和管理造成了不小的负担，才有了"二岁一进"的限制，甚至还有"三年一贡""五年一贡"等更为严格的控制。

南宋初年，对于朝贡贸易的利弊，朝廷上下产生了很大的争议。建炎三年（1129），大食国贡使照例上贡珠玉，高宗即强调，这些物品非服食器用之物，"大观、宣和间，茶马之政废，故武备不修，致金人乱华，危亡不绝如线。今复捐数十万缗以易无用之珠玉，曷若惜财以养战士"③，遂拒绝了这次朝贡。可见由于财政拮据，南宋初期对朝贡贸易明显不像以前那么热衷。绍兴元年（1131）十一月，安南修章表、备土宜，贺皇帝登极。此时朝廷并没有照单全收，而是下令将贡物分成十份，只接受一份，其余依市舶贸易规则进行抽买，实际上是更注重获得经济效益。这种只收受贡物十分之一的做法以往从未在航海而来的国家中使用。贡物减少90%，回赐物自然相应减少。这意味着贡赐贸易的规模受到更严格的控制。这种做法后来虽然没有成为固定不变的模式，但常被采用。例如，乾道三年（1167），只收受占城进贡物的10%。淳熙四年（1177），安南入贡，在贡使的要求下通融收受30%。几年后，安南再次入贡，收受比重又降为10%。④ 总的来说，南宋时期，朝贡贸易明显萎缩。

宋朝主管朝贡贸易事务的机构主要是鸿胪寺，掌四夷朝贡、宴劳、给赐、送迎之事。"凡四夷君长、使价朝见，辨其等位，以宾礼待之，授以馆舍而颁其见辞、赐予、宴设之式，戒有司先期办具；有贡物，则具其数报四方馆，引见以进。诸番封册，即行其礼命……其官属十有

---

① 脱脱等：《宋史》卷一一九《礼二十二·诸国朝贡》，中华书局，1985，第2813页。
② 脱脱等：《宋史》卷四九〇《外国六·于阗》，中华书局，1985，第14109页。
③ 脱脱等：《宋史》卷四九〇《外国六·大食》，中华书局，1985，第14122页。
④ 章深：《宋朝与海外国家的贡赐贸易》，《学术研究》1998年第6期。

二：往来国信所，掌大辽使介交聘之事。都亭西驿及管干所，掌河西番部贡奉之事。礼宾院，掌回鹘、吐蕃、党项、女真等国朝贡馆设，及互市译语之事。怀远驿，掌南番交州，西番龟兹、大食、于阗、甘、沙、宗哥等国贡奉之事……同文馆及管勾所，掌高丽使命。已上并属鸿胪寺。"① 综合上述资料，鸿胪寺的主要职责是主持对朝贡国的封册、赏赐和贡使的朝觐，按等级身份确定对四夷君长和贡使的接待规格，翻译朝贡文书，验收贡物，迎送、馆饩、宴享贡使等。

元朝建立后，元世祖忽必烈即告诫沿海官员："诸番国列居东南岛屿者，皆有慕义之心，可因番舶诸人宣布朕意。诚能来朝，朕将宠礼之。其往来互市，各从所欲"。② 元朝初年，遣使至海外出访达到30多次。至元十五年（1278），"诏谕沿海官司通日本国人市舶"③，及时化解了因征服日本导致的两国危机。至元二十三年（1286），先后有马八儿、马兰丹、那旺等十个国家携带大量贡品到元朝朝贡。同元朝政府有朝贡关系的海外国家分布于亚、非、欧三大洲，尤以东亚的高丽，东南亚的安南、缅、占城、爪哇、暹、真腊，南亚的马八儿、俱蓝，西亚的西域诸王国关系最为密切。

朝贡贸易以元世祖在位时期最为兴盛，后期渐衰。有元一代的朝贡贸易，总计不下百余次。④ 从具体史料分析，元代的朝贡贸易还是非常发达的。元初一段时间，杭州驿半岁之间，使人过者千二百人。"海外诸番进呈狮、虎、豹、汉马、犀牛、猿猴，并江浙四省押运。"⑤ 海外朝贡频次之繁、贡物之多和人员之众，由此可知一二。朝贡物品包括奇珍异兽、名贵药材、生产生活及文艺用品、军事用品等。元朝文人也对朝贡贸易有非常生动的记载："文身雕额阻南荒，稽颡来观上国光。日月中天千万祀，越裳荣染汉庭香。牂牁越巂不须开，坐享年年职贡来。厚

---

① 脱脱等：《宋史》卷一六五《职官五·鸿胪寺》，中华书局，1985，第3903页。
② 宋濂等：《元史》卷一〇《世祖七》，中华书局，1976，第204页。
③ 同上书，第206页。
④ 喻常森：《元代海外贸易》，西北大学出版社，1994，第84页。
⑤ 同上书，第90页。

往薄来蒙圣惠，从今南海净无埃。"① "万国贡献岁靡息，琛瑶瑰异陋金锡。岂须征讨费兵革，文怀远人尽臣服。"② 与历代一样，朝贡贸易对元朝来说，尽管经济上有不小的损失，但是通过"厚往薄来蒙圣惠"，实现万国来朝、"文怀远人尽臣服"的目标，才是统治者最主要的追求。

朝贡贸易一般在京师举行。元朝专门设置了安置外国贡使的机构——四方馆。关于四方馆之设，"伏见远方朝贡使人每岁至京师者，既无馆舍之安，辄于民间豪贵之家仓皇安置，似有未便者三：堂堂大国，不以全盛之势昭示远人，一也；既择朝官馆伴，岂非示其文物有人？然处之民家，殆非得体，又兼不无窥测民间事情以见浅深，二也；至于腾移房室，纷争与夺之际，致被窃笑，三也。如近日交趾使人通侍大夫黎仲陀、中散大夫丁拱垣等馆于王子华宅，此及安置，使贡物狼藉于外者是也。合无建立四方馆，以一切奉使处之。如此不惟圣朝尽怀远遇下之礼，抑使远方来者观上国之光，我免夫三者之虞，实为便当"③。四方馆又称会同馆。"会同馆，秩从四品。掌接伴引见诸番蛮夷峒官之来朝贡者。至元十三年始置……元贞元年，以礼部尚书领馆事，遂为定制。礼部尚书领会同馆使一员，正三品；大使二员，正四品；副使二员，从六品。提控案牍一员，掌书四人，蒙古必阇赤一人，典给官八人。"④ 至元二十五年（1288）定制，"会同馆番夷使者时至，宜令有司，仿古《职贡图》绘而为图，及询其风俗、土产、去国里程，籍而录之，实一代之盛事"⑤。大德二年（1298），礼部又令秘书监："凡诸国朝贡使客虽是经由行省，必须到部于会同馆安下，除已令本馆将已起见在使客询问本国国主姓名、土地广狭、城邑名号、至都里路程、风俗衣服、贡献物件、珍禽异兽，具报本部，移咨贵监以备标录。"⑥ 这种做法，实际

---

① 胡祗遹：《胡祗遹集》卷七《八蛮来朝诗》，吉林文史出版社，2008，第186页。
② 顾嗣立编《元诗选三集》，中华书局，1987，第643页。
③ 王恽：《王恽全集汇校·第一册》，杨亮，钟彦飞点校，中华书局，2013，第3648—3649页。
④ 宋濂等：《元史》卷八五《百官一》，中华书局，1976，第2140页。
⑤ 宋濂等：《元史》卷一五《世祖十二》，中华书局，1976，第310页。
⑥ 喻常森：《元代海外贸易》，西北大学出版社，1994，第88页。

上为了解海外国家具体情况保存了非常珍贵的资料。

朝贡贸易是双方行为，海外国家贡献方物的同时，宋朝政府也必须回赐物品。宋朝对朝贡国的回赐，包括贡物折价和贡物折价以外的各种赏赐等。

贡物折价是将贡物按照实际价格估算后，按照折算后的价格或者高于该价格回赐各种物品。正常情况下，回赐的价值不能低于估价，而是要加价回赐。"诸番贡物，咸令估价酬之；如闻左藏库减抑所直，目曰润官，自今宜禁之"①"诸番所进物，三司初估例不尽当价，必再估增价，然后支赐。及马价亦如之。其自今于初估即定实价，并马价亦以暗添钱就作添赐"。② 天圣二年（1024），"交州人使进纳香药价钱二千七百六十贯，诏回赐五千贯，以其示怀远也"。③ 三佛齐朝贡，元丰年间宋政府曾给予钱六万四千缗、银一万五百两的巨额回赐。乾兴元年（1022），交阯贡方物白蜡、紫矿、玳瑁、瓶香等，贾人计价钱千六百八十二贯。诏回赐钱二千贯以其直。④ 天圣六年（1028），交阯贡"香药价钱三千六十贯，诏回赐四千贯"。元祐二年（1087），"交州进奉人乞进卖象牙等，估九千四百九十贯有奇，""诏特添赐并估支钱一万贯"。⑤ 南宋时期，依然实行加价回赐政策。绍兴元年（1131），大食"复遣使贡文犀、象齿，朝廷亦厚加赐与而不贪其利""其所贡多无用之物，赐答之费数倍所得"。⑥ 这种做法是中国朝贡贸易的基本模式。

至于贡物折价以外的各种赏赐，更是名目繁多，所赐物品五花八门。以绍兴二十五年至二十六年三佛齐朝贡回赐为例，具体如下：贡品回赐部分，生绫 1170 匹、生压罗 300 匹、生克丝 600 匹、生樗蒲绫 600

---

① 李焘：《续资治通鉴长编》卷七一，中华书局，2004，第 1601 页。
② 同上书，第 5642 页。
③ 黎崱：《安南志略》，武尚清点校，中华书局，2000，第 296 页。
④ 转引自林士民、沈建国：《万里丝路——宁波与海上丝绸之路》，宁波出版社，2002，第 235 页。
⑤ 李焘：《续资治通鉴长编》卷四〇一，中华书局，2004，第 9773 页。
⑥ 张守：《毗陵集》卷六《论大食故临国进奉札子》，收入《景印文渊阁四库全书》第 1127 册，台湾商务印书馆，1986，第 129 页。

匹、杂色绫 6000 匹、江南绢 25000 匹、锦 600 匹、青锦 300 匹、红锦 300 匹、银 2100 两；国王礼物部分，宽衣 1 对 6 件、紫罗夹公服 1 领、小绫宽汗衫 1 领、勒帛 1 条、熟白大绫袜头裤 1 腰、红哆软绣夹三襜 1 副、抱肚 1 条、20 两金腰带 1 条、银 50 两素腰带匣 1 具、杂色衣着绢 200 匹、金花银器 200 两、钞锣 2 面、马 1 匹、80 两闹装银鞍辔 1 副，缨绂全；别赐部分，翠花红法锦袄子 1 领、24 两金腰带 1 条、银器 200 两、衣着绢 300 匹、白马 1 匹、80 两闹装银鞍辔 1 副，缨绂全。自前来朝贡的贡使及随行使团人员分朝见和朝辞给予两次回赐。其中，正使朝见回赐包括紫罗宽衫、小绫宽衫、大绫夹袜头裤、小绫勒帛、10 两金腰带 1 条、幞头丝鞋、衣着 30 匹、紫绮被褥毡 1 副，朝辞回赐包括紫罗窄衫子、小绫窄汗衫、小绫勒帛、银器 50 两、衣着 30 匹。副使朝见回赐包括紫罗宽衫、小绫宽汗衫、大绫夹袜头裤、小绫勒帛、7 两金腰带 1 条、幞头丝鞋、衣着 20 匹，朝辞回赐包括紫罗窄衫子、小绫窄汗衫、小绫勒帛、银器 30 两、衣着 20 匹，判官朝见回赐包括紫罗宽衫、绢宽汗衫、小绫夹袜头裤、10 两金花银腰带 1 条、幞头丝鞋、衣着 10 匹，朝辞回赐包括紫罗窄衫子、银器 10 两、衣着 10 匹。防援官朝见回赐包括紫罗绸衫、紫绢汗衫、丝夹袜头裤、绢勒帛、幞头麻鞋、衣着 7 匹，朝辞回赐包括银器 7 两、衣着 5 匹。① 从这里罗列的回赐物品看，回赐的种类包括对上贡贡品的回赐、所在国国王的回赐、别赐和朝贡使团各级人员的回赐。

　　元政府在收到贡品以后，同样本着"厚往薄来"的原则进行回赐。回赐物品除了大量的中国特产以外，还有金银钞币。至治二年（1322），安南人入贡，赐金四百五十两，金币九，帛如之。元贞二年（1296）正月，回纥不剌罕献狮子、药物，赐钞千三百余锭。至元三十年（1293），赐信合纳帖音酋长三珠虎符。大德三年（1299），赐暹番世子虎符。

　　朝贡贸易是古代中国与周边各族和海外诸国之间进行的一种特殊贸易。历代王朝秉持中国传统的"天下观"，在处理与别族、别国的经济

---

① 黄纯艳：《宋代朝贡贸易中的回赐问题》，《厦门大学学报（哲学社会科学版）》2011 年第 4 期。

关系时,将双方之间的商业往来以朝贡的方式进行,这种贸易即为朝贡贸易。对方用来贸易的商品称为"贡品",中国用来交换的东西称为"回赐"。"厚往薄来"是朝贡贸易的指导思想。朝贡贸易具有政治和经济的双重功能。从政治上来说,朝贡贸易是中国历代王朝维系同海外国家外交关系的重要手段;从经济上来说,朝贡贸易是海外珍奇异宝进入中国和海外国家获取中国商品的重要途径。

第二章
千舶竞集：宋元时期中国的主要海港

第一节　宋元时期的山东海港

一、登州港

登州古港，负山控海，连接南北，是中国古代北方地区重要的海上交通枢纽。登州位于山东半岛的尖端，介于渤海和黄海之间，具备成为良好港湾的优势。明人宋应昌称，登州"东扼岛夷，北控辽左，南通吴会，西翼燕云。艘运之所达，可以济咽喉；备倭之所据，可以崇保障"①。这句话道出了登州优越的自然条件和重要的地理位置。纵观登州港的发展历史，曾为南北海上交通要冲，对促进中日、中朝的政治、经济、文化和科技交流起过重要作用。

据考古资料发现，早在先秦时期，登州附近先民的海洋活动已经比较频繁，已具备了一定的造船能力，登州港的海外交通有了初步的发展。秦汉时期，秦皇汉武的东方海上巡视均曾到达登州。这一时期，汉朝经由登州通往日本和朝鲜半岛的航道逐渐畅通。隋唐时期，登州成为全国重要的港口之一。唐代的海运航线，主要有南北两条，南方航线是"广州通海夷道"，北方航线是"登州海行入高丽渤海道"。这条北方航线

---

①《蓬莱阁诗文选粹》，高英选注，山东省出版总社烟台分社，1985，第156页。

的起始点就是登州。唐代贞元年间曾任宰相的贾耽曾记载:"登州东北海行,过大谢岛、龟歆岛、末岛、乌湖岛三百里。北渡乌湖海,至马石山东之都里镇二百里。东傍海壖,过青泥浦、桃花浦、杏花浦、石人汪、橐驼湾、乌骨江八百里。乃南傍海壖,过乌牧岛、贝江口、椒岛,得新罗西北之长口镇。又过秦王石桥、麻田岛、古寺岛、得物岛,千里至鸭绿江唐恩浦口。乃东南陆行,七百里至新罗王城。自鸭绿江口舟行百余里,乃小舫溯流东北三十里至泊汋口,得渤海之境。又溯流五百里,至丸都县城,故高丽王都。又东北溯流二百里,至神州。又陆行四百里,至显州,天宝中王所都。又正北如东六百里,至渤海王城。"① 这条航线由来已久,被称为中国北方最古老的航线。

隋唐时期,中国和朝鲜半岛的百济、高丽、新罗以及日本的往来十分频繁,其主要出海口就是登州。据不完全统计,遣唐使经由登州港往返朝鲜半岛三国达30余次,至于往来的学生、商贾、僧侣则难以计数。唐和新罗的交往是主流,新罗在南北朝时期尚依附百济船舶往返于唐。唐灭百济和高丽后,新罗开始了统一朝鲜半岛的事业,把唐帝国在高丽、百济的政治、军事势力逐出朝鲜半岛。新罗统一后,积极和唐帝国发展关系,航海入贡。唐和新罗的贸易交往,"多由山东登州到辽东半岛,更沿海岸到朝鲜",登州一时成为唐朝海外交通的枢纽。②

北宋建立之初,在地方行政建制上沿袭唐朝制度,把天下分为关内道等10道。至道三年(997),北宋政府改"道"为"路",把全国分为15路。神宗元丰年间(1078—1085),将京东路、京西路、河北路、淮南路各分出1路,陕西路分为永兴路、秦凤璐,即全国分为23路。③ 登州于至道三年(997)之前属于河南道,之后属京东路、京东东路,是渤海湾重要港口城市。登州郡名东牟郡,为上等州,军事等级方面属于防御州。其属县有蓬莱、文登、黄县、牟平4县。其中,蓬莱县、黄县为望县,牟平县为紧县,文登县为中县。崇宁年间,登州户数、人口数分

---

① 欧阳修、宋祁:《新唐书》卷四三下《地理七下》,中华书局,1975,第1147页。
② 《登州古港史》编委会编《登州古港史》,人民交通出版社,1994,第89页。
③ 脱脱等:《宋史》卷八五《地理一》,中华书局,1985,第2093—2095页。

别为"户八万一千二百七十三,口一十七万三千四百八十四"①。

蓬莱县在登州为最北,临海最近,有数个岛屿相连。宋人云,从登州海岸出发,第一次涨潮渡海,就可以到达沙门岛等岛屿。这些岛屿有5个,就是《禹贡》提到的羽山。这些岛屿前后呼应,构成一条从渤海湾南岸到北岸的捷径。登州北三里海滨有海神庙,与田横寨相对,始建时间不详。至北宋治平年间(1064—1067),朱处约任登州知州时还有庙基。朱处约在登州西边平地新建海神庙,在原海神庙的基础上兴建蓬莱阁。据《太平寰宇记》所载,登州东边距离文登县界大海490里,西边距离大海4里,为中国从渤海通往新罗的海上航路,北边距离大海3里,正北偏东距离渤海北岸马石山都里镇530里。

曾公亮的《武经总要》对登州的记载很详细:"登州,古东牟郡,汉黄县也,唐建州于蓬莱镇,即今治所也。东、西、北三面距大海各五里,一路至女真界,扬帆一日一夜至马石山。按《皇华四达记》,(登州)北渡海至马石山五百里,旧女真国,今契丹界。开宝年以前,女真内附,产良马,通中国贸易。诏登州大谢岛人户等,特免地租,令许置舟船,渡女真马往来。淳化中,契丹去海岸四百里建寨,置兵三千,女真朝贡遂绝。一路往三韩,海行,东北历大谢、灶歌、乌湖等岛,约三百里。又傍海岸青泥铺、桃花铺、杏花铺、骆驼湾,约八百里,自其江口,即新罗界。东控高丽诸国,唐置东牟、东莱二郡守,悉兼守捉使。本朝隶京东路,领水军舠鱼船、入海战舰数百,教习水战。知州兼海内战棹都巡检使。"② 曾公亮说明了登州的地理形势,唐至北宋时期登州与女真的交通路线、贸易情况,唐宋朝廷在登州、莱州设立水上军事管理机构。

登州周围海域常常会产生蜃景的现象,成为宋代文人墨客的向往之地。元丰八年(1085)苏轼任登州知州期间,目睹登州蜃景的美景,题写《登州海市》诗:

---

① 脱脱等:《宋史》卷八五《地理一》,中华书局,1985,第2108页。
② 曾公亮等:《武经总要(上)》,陈建中、黄明珍点校,商务印书馆,2017,第258页。

东方云海空复空，群仙出没空明中。
荡摇浮世生万象，岂有贝阙藏珠宫。
心知所见皆幻影，敢以耳目烦神工。
岁寒水冷天地闭，为我起蛰鞭鱼龙。
重楼翠阜出霜晓，异事惊倒百岁翁。
人间所得容力取，世外无物谁为雄。
率然有请不我拒，信我人厄非天穷。
潮阳太守南迁归，喜见石廪堆祝融。
自言正直动山鬼，岂知造物哀龙钟。
信眉一笑岂易得，神之报汝亦已丰。
斜阳万里孤鸟没，但见碧海磨青铜。
新诗绮语亦安用，相与变灭随东风。①

苏轼采用避实击虚的写法，指出登州蜃景景观的景象与实质。他的《鳆鱼行》诗云，"东随海舶号倭螺，异方珍宝来更多"②，更反映登州在军事和贸易方面起到的作用。军事方面，它有助于防范契丹；贸易方面，它成为国内转口贸易基地，且载有外国珠宝的海舶来此交易。

关于登州在宋代的地位，章巽说："登州为和北方以及国外交通的主要海港……沿渤海湾以及渤海湾以东的海上交通，也并不曾断绝过，例如北宋和女真人之间，就常常越海相通。沿渤海湾的登州、莱州、沧州、平州、都里镇诸地，仍为继续通航的海港。"③《宋史·地理志》载："登、莱、密州，负海之北，楚商兼凑。"登州港作为中转港口，它是中原地区的主要出海口，其交通路径南及闽、广，北至津、辽，交通贸易极为活跃。总的来说，隋唐以来，登州港在全国航运港口中的位置日渐重要，到北宋时期已经达到比较高的地位。在国内南北交通中，它一度处于中枢港的地位，甚至堪称五代和北宋的首都门户港。在对外交往方

---

① 《苏轼选集》，刘乃昌选注，齐鲁书社，2005，第99页。
② 张志烈、马德富、周裕锴主编《苏轼全集校注》卷二六《古今体诗五十首》，河北人民出版社，2010，第2909页。
③ 章巽：《我国古代的海上交通》，商务印书馆，1986，第30页。

面，尤其与日本、朝鲜半岛和南洋诸国长期保持往来，登州港在相当时期内成为北方最重要的对外交往港口。

靖康之变后，宋朝的京东东路全境陷落，为女真政权掌控，更名为山东东路，统领益都府、莒州、潍州、密州、莱州、登州、宁海州，皆临海道分，其中，以密州、莱州、登州、宁海州的航运最为发达。金朝登州为中等州，也是刺史州，户数"五万五千九百一十三"户，下辖四县两镇，即蓬莱县、福山县、黄县、栖霞县。其中，蓬莱县有巨风盐场，福山县有福山盐场、孙夼镇，黄县有马停镇。福山县是伪齐时期由登州两水镇升格而来，栖霞县是由伪齐时期杨疃镇升格而来。① 金朝非常注重登州的军事作用。"宋金分据南北，一水可通，故金设重兵于登州，以防海道，勋戚大臣久镇海疆。"② 女真统治时期，受战乱影响，登州的商业贸易往来衰落比较严重。

元朝初期登州隶属于益都路。世祖中统五年（1264），元朝廷"别置淄莱路，以登州隶之"。世祖至元二十四年（1287），元朝廷将登州改隶般阳路。登州所管辖的蓬莱、黄县、福山、栖霞四县都是下县，治所设于蓬莱县。时人于钦（1283—1333）指出，当时原齐国国境东南有日照县（元朝莒州属县）、即墨县（胶州属县）、胶州，正东方向则有宁海州（属般阳府路管辖）、登州（属般阳府路管辖），都濒临黄海（即大海）；而原齐国东南则有莱州、潍州及其属县昌邑县，正北方有博兴州、寿光县（属益都府路管辖），西北方的滨州、棣州，都濒临渤海。登州为元朝下州，"北至海三里"③。

于钦对登州附近的海岛、海市有较详细的记载："沙门岛，登州北海中九十里，上置巡检司。海舶南来转帆入渤海者，皆望此岛以为表志。其相联属，则有鼉矶岛、牵牛岛、大竹岛、小竹岛。"他详细记录

---

① 宋濂等：《元史》卷五八《地理一·般阳府路》，中华书局，1976，第1373—1374页。

② 光绪《增修登州府志》卷六八《补遗》，收入《中国地方志集成·山东府县志辑》第49册，上海书店出版社，2000，第386页。

③ 于钦：《齐乘》卷三《郡邑·般阳府路》，明嘉靖刻本。

了自己看到的蜃景:"钦以中秋后至海滨,天已微寒,知州事李述之,诗人也,亦相与祷于广德王之祠。越二日,忽报云:今晨风色云气,海市当现。同登宾日楼候之。日初出,大竹岛上横一巨艘,长余百寻,述之指以示余,余曰:此海舟耳。述之曰:谛观之,何故不动?须臾,前后曳数旗,剑戟纷纭,忽不见,唯有空舟,渐变如长廊而灭。述之曰:风稍急而寒,不然现未已也。呜呼,神哉!"① 于钦指出沙门岛在元朝海运中的重要性,并对元朝登州海市的描述比较详细,指出"今人航海,远泛黑水洋外"。这应该是指将财政物资从浙江一带以海运的方式通过登州运输到大都。

元朝建立后,定都于大都,即今天的北京,这种情况导致元朝的政治、军事中心和经济、文化中心出现分离,北方的经济不足以支持政治、军事需求,必须仰赖于南方经济上的支持。"元都于燕,去江南极远,而百司庶府之繁,卫士编民之众,无不仰给于江南。"② 北方聚集大量人口,需要南方源源不断的粮食输送补给。元代运河不畅,遂建立起比较有效的海运制度,无论南方的粮食从哪里起运,登州都是必经之地,由此也成为南北海运的枢纽。至元年间,南方的粮食从江苏刘家港出发,先后摸索出三条海运路线,都要经过登州。也正因为如此,登州还一度成为粮食储备库和集散地。

二、莱州港

莱州历史悠久,根据考古发现,远古时期即有"莱夷"活动在这个区域,《尚书·禹贡》称"潍淄其道,莱夷作牧"。商周时,莱夷建立"莱子国",在齐国东邻,故又称为"东莱"。《国语·齐语》云:"通齐国之鱼盐于东莱……以为诸侯利。"汉初在莱州地区设立东莱郡,以掖县为治所,其政区范围囊括了胶东半岛大部分地区。隋朝以后改称莱州。

---

① 于钦:《齐乘》卷一《山川》,明嘉靖刻本。
② 宋濂等:《元史》卷九三《食货一》,中华书局,1976,第2364页。

"莱自三代以来，夷于夏，国于周，郡于秦汉，自时厥后，屹然为东方巨镇矣。"①

作为莱州治所，掖县城邑亦由来已久。从历史上来看，除了东汉短暂一段时期外，掖县始终是莱州东莱郡的治所地点。掖县紧邻莱州湾，北通渤海，东入成山，南下胶澳，地理地位十分重要。"莱郡拥负山海，走青登两郡之冲，雄跨七邑，而掖其首也。流峙环复，势固金汤，洎渤澥之名疆，三齐之巨镇。"② 唐朝对登莱地区的行政设置重新划分，将莱州一分为二，登州独立出来。重新设立的莱州纵贯山东半岛中部，南北濒海，西接青州，东邻登州。"莱郡两面距海，环掖县、昌邑、潍县界者，为北海；环即墨、胶州界者为东海。北海东接招远，西联寿光。东海北接海阳，南通诸城。其间岛屿参差，口岸罗布，商船出入，鱼筏往来，咸假道焉。"③

莱州、青州、登州三州互为犄角，莱州地处登、青之间，从海防的角度而言，其地理位置非常重要。"莱虽山左僻郡，而巉岩幽阻，溟渤汪洋，形势为东邦之冠。戚继光称为内屏青齐，外控辽碣，不虚也夫。"④ 莱州海岸良港众多，环掖周围，即虎头崖、海庙后、刁龙嘴、石虎嘴、太平湾、三山岛、海仓口等，海道直通辽东和朝鲜。顾祖禹称："自古海道有事，登莱为必出之途，而密迩辽左，尤为往来津要。"⑤ 十六国时期，朱修之流落北燕，就从辽东"泛海至东莱"。隋唐两代6次东征高丽，均由莱州港起锚扬帆。大业初，炀帝有取辽东之意，遣弘嗣往东莱海口监造船。贞观十八年（644），张亮为平壤道行军大总管，率领

---

① 乾隆《莱州府志》卷一《沿革》，收入《中国地方志集成·山东府县志辑》第44册，上海书店出版社，第26页。
② 乾隆《掖县志》卷一《形胜》，收入《中国地方志集成·山东府县志辑》第45册，上海书店出版社，2000，第178页。
③ 乾隆《莱州府志》卷一《山川》，收入《中国地方志集成·山东府县志辑》第44册，上海书店出版社，第38页。
④ 乾隆《莱州府志》卷一《形势》，收入《中国地方志集成·山东府县志辑》第44册，上海书店出版社，第34页。
⑤ 顾祖禹：《读史方舆纪要》，商务印书馆，1937，第1551页。

官兵4万余人，战舰500艘，自莱州泛海趋平壤。隋唐时期，莱州已经成为当时对外交往的重要港口之一。

莱州于至道三年（997）之前属于河南道。之后先后属京东路、京东东路，是渤海湾重要港口城市。莱州郡名东莱郡，为中等州，军事等级方面属于防御州，其属县有4个，即掖县、莱阳县、胶水县、即墨县。其中，前三县为望县，即墨县为中县。太平兴国年间，莱州有主户15523户、客户16508户，共计32031户。崇宁年间，莱州户数、人口数分别为97427、198980。①

莱州多面临海，东南方距离大海252里，西边距离大海29里，北边距离大海50里，西南方距离青州边界129里，其西北方距离大海21里。西北临渤海莱州湾，莱州州治所在地为掖县。掖县北面临渤海，有浮游岛（后又称芙蓉岛）、海仓镇；同时，莱州东南临近黄海，南至大海100里。其属县即墨县东至大海43里，海岸线曲折，有两个良好的港湾，即今崂山湾和胶州湾，还有田横岛、大劳山、小劳山。田横岛四周为海水环绕，距离陆地25里，西南方距离即墨县100里。有胶水，发源于掖县西南75里处，北流，经土山，西注于海。掖县西北17里有一座海神祠，据说自汉代开始兴建。至北宋开宝六年（973），宋太祖诏令在此兴建东海渊圣广德王庙，并指定参知政事贾黄中撰文刻碑。这是宋朝官方建立的东海神祠庙。朱彧的《萍洲可谈》也有记载，东海神庙在莱州府东门外15里处，距离大海很近，向东可以看到芙蓉岛，距离陆地40里，而芙蓉岛西边的海水是白色，东边海水为碧绿色，水天一色。"东海神庙在莱州府东门外十五里，下瞰海咫尺，东望芙蓉岛，水约四十里。岛之西水色白，东则色碧，与天接。岛上有神庙，一茅屋，渔者至彼则还。屋中有米数斛，凡渔人阻风，则宿岛上，取米以为粮，得归，使载米偿之，不敢欺一粒。稍北与北番界相望，渔人云，天晴时夜见北人举火，

---

① 乐史：《太平寰宇记》卷二〇《河南道二十·莱州》，收入《景印文渊阁四库全书》第469册，台湾商务印书馆，1986，第175—180页。

度之亦不甚远。"① 按照朱彧的论述，莱州有两处东海神庙，另外一处在蓬莱阁西侧。

莱州原为宋朝的东莱郡，后为金朝上州，因没有定海军节度，而又名"定海军"，"户八万六千六百七十五"，下辖掖县、莱阳县、即墨县、胶水县、招远县五县。其中，莱阳县旧有"海仓、西由、移风三镇"②，后来只有衡村镇。莱州莱阳县有西由盐场和衡村盐场，其中西由盐场的海盐在莱州录事司和招远县辖区销售，衡村盐场的海盐在即墨县和莱阳县辖区销售。元朝初年莱州属于益都路管辖，至世祖中统五年（1264），划归淄莱路。原设有录事司，世祖至元二年（1265），省录事司入掖县，同时又把即墨拆分，分别划入掖县和胶水县，仍然隶属于般阳路。莱州下辖掖县、胶水县、招远县、莱阳县四县，其中掖县为倚郭县、中县，其他3个县为下县。莱州在元朝海运大都航线中是一个重要的海陆中转站。周密在《癸辛杂识》中指出，一般往大都运输米粮，从莱州三神山下海再次进入大洋，泛海航行7天，转到沙门岛，从沙门岛可以到达直沽，而直沽离大都只有180里。他还提到一个实际的例子，世祖至元二十八年（1291），朱宣慰使从江南运送大米进入大都，从登州、莱州之间的海口再入大洋，经过三神山转运过去。后者可以印证前面的说法。

现有史料未见宋元时期莱州海市的记载。不过，从明清时期的相关记载看，莱州海市也非常神奇。"仙人太乙祀东莱，不信蓬瀛此地开。虹跨断崖通羽盖，鱼吞倒景出楼台。碧城烟合青葱树，赤岸霞蒸绛雪堆。闻道秦皇近南幸，舳舻千里射蛟回。"③ 惟妙惟肖的描写令人十分神往。

---

① 朱彧、陆游：《萍洲可谈 老学庵笔记》，李伟国、高克勤校点，上海古籍出版社，2012，第39页。
② 脱脱等：《金史》卷二五《地理中·山东东路》，中华书局，1975，第612页。
③ 吴伟业：《梅村家藏集》卷一一《海市四首次张石平观察韵》，收入《景印文渊阁四库全书》第1312册，台湾商务印书馆，1986，第121页。

三、密州港

密州东南濒临黄海，东边胶西县东南即今天的胶州湾，为天然良港，出海口附近有陈家岛、张苍镇等。"胶州湾水域深阔，波平浪静，夏无酷暑，冬无严寒，不冻少淤，具备了天然良港的条件。"[1] 密州所辖各县山水交错，诸城县有琅邪山，其境内主要河流有潍河、荆河、卢河，属镇则有普庆镇、信阳镇、草桥镇；安丘县有安丘山、刘山，主要河流有汶河、潍河、浯河，属镇有李文镇；高密县有砺阜山，主要河流有密水、胶河；胶西县境内的属镇有张仓镇、梁乡镇、陈村镇。密州地区的部分河流与大沽河相连，濒临胶州湾，拥有便利的海运和陆运条件。其地理位置优越，可以连通全国各地，"东则二广、福建、淮、浙，西则京东、河北、河东三路"[2]。唐五代以来，密州为北方临海贸易发达之地，是南北商贩必经之地，是北货、南货的北方集散地。后唐长兴二年（931）七月，"兖州奏，密州淮口准敕放过往来商客一千八十八人"[3]，按后唐时期官方统计数字，密州淮口每天平均有60多个客商往来。

密州为宋朝上州，郡名为高密郡，唐五代时期为防御州。宋太祖建隆元年（960），密州恢复为防御州；开宝五年（972），密州升为安化军节度，不久又降为防御州；开宝六年（973），又恢复为节度州。太平兴国年间，密州属县有诸城、安丘、莒县、高密，主户数14052户，客户数22216户，合36268户；土产有牛黄、细布和海蛤。海蛤"出琅邪台，常以三月候海潮上下方采"[4]。徽宗崇宁年间（1102—1106），其户口数

---

[1] 中国航海史研究会编《青岛海港史（古代部分）》，人民交通出版社，1986，第1页。

[2] 脱脱等：《宋史》卷一八六《食货下·互市舶法》，中华书局，1985，第4560页。

[3] 王钦若等编《册府元龟》卷九八〇《外臣部·通好》，中华书局，1960，第11520页。

[4] 乐史：《太平寰宇记》卷二四《河南道二十四·密州》，收入《景印文渊阁四库全书》第469册，台湾商务印书馆，1986，第208页。

达144567户，人口有327340人。密州进贡的贡品为绢、牛黄。其属县有5个，即诸城县、安丘县、莒县、高密县、胶西县。安史之乱后，特别是唐宋鼎革之际，北方陆上丝绸之路被少数民族政权所阻断。北宋政治、经济、文化中心逐渐南移东倾，经济重心的南移对海外贸易产生了重要影响，出口商品的供给地转移到离港口更近东南沿海及北方沿海的港口城市区。密州成为沟通南北的重要中转站，将来自波斯、阿拉伯、东南亚的货物转运至高丽，浙江地带的货船也时常将从海外进口的小商品和香料转运到板桥镇附近贩卖。① 随着宋朝经济的发展，密州不但积极发展与高丽、日本的海外贸易，更是成为南方商品进入北方的重要中转站，广南、福建、淮浙贾人，泛海贩物，或在密州板桥镇卸船，或自行至京东、河北、河东等路贸易。

转口贸易的发展，对密州经济的促进作用非常明显。以商业税为例，康定元年（1040），密州在城及安丘、高密、莒县、浃沧、板桥六务，岁收29196贯。"熙宁十年（1077），在城：二万八千七百二十七贯二百五十六文；莒县：五千八百八十七贯三百九十文；高密县：三千八百八十五贯八百八十五文；安丘县：六千四百七十四贯九百三十五文；牡叶镇：四百六十一贯二百三十七文；信阳镇：一万五百七十六贯八百一十八文；板桥镇：三千九百一十二贯七十八文；涛洛场：一万九千二百一十一贯四百文。"② 三十年间，密州的税收由29196贯增加到约87137贯，在京东路的17个州军中由第9位上升到第1位。

密州的港口在下属的板桥镇。清代顾祖禹的《读史方舆纪要》"胶州下·胶西废县"记载："胶西废县，今州治。汉黔陬县地，隋开皇十六年置胶西县，属密州。唐武德六年省县入高密，以其地为板桥镇。宋元祐二年复置胶西县，兼领临海军使，仍属密州。金仍曰胶西县。《宋史》'嘉定四年时胶西当登州宁海之冲，百货辐辏，李全使其兄福守之，

---

① 史铭镜：《北宋时期密州板桥镇的兴起》，《荆楚学刊》2016年第3期。
② 毕仲衍：《〈中书备对〉辑佚校注》，河南大学出版社，2007，第84页。

为窟宅，多收互市之利。'元置胶州治此，明初省。"① 至迟从唐代开始，密州已经成为重要的出海口之一。日本佛教史上有名的"入唐八家"之一的法师圆仁，到中国求法。他曾著书记载：唐武宗会昌六年（846），新罗人陈忠曾用船载木炭到密州，准备到江南楚州做生意。圆仁法师在密州登陆后，就是在密州诸城换乘陈忠的贸易船到楚州去的。②

宋神宗元丰三年（1080），密州知州范锷（1035—1117）向朝廷建议："辖下板桥镇隶高密县，正居大海之滨，其人烟市井交易繁伙，商贾所聚，东则二广、福建、淮、浙之人，西则京东、河北三路之众，络绎往来。"③ 板桥镇濒临大海，东边为广东路、广西路、福建路、淮东路、两浙路，西边为京东路、河北路、河东路。这些路分的商贩都集中在密州板桥镇，贸易繁荣，很多海外宝货在此交易，海舶利益都被富家大姓所垄断。诸多官员一起上书，建议在密州设立市舶司，板桥镇设置抽解务。元丰六年（1083），朝廷诏令都转运使吴居厚"条析以闻"。哲宗元祐三年（1088），范锷等又上奏说："广南、福建、淮、浙贾人，航海贩物至京东、河北、河东等路，运载钱帛丝绵贸易，而象犀、乳香珍异之物，虽尝禁榷，未免欺隐。若板桥市舶法行，则海外诸物积于府库者，必倍于杭、明二州。使商舶通行，无冒禁罹刑之患，而上供之物，免道路风水之虞。"乃置密州板桥市舶司。④ 崇宁年间，有人提到密州板桥镇濒海，又有很多海舶出入，带来很多异国珍货。

靖康之变后，密州为金朝控制。《金史·地理志》记述，密州为宋朝高密郡，为安化军节度，户数达 11082 户，下辖诸城、安丘、高密、胶西 4 县及普庆镇等 7 镇。其中，诸城县的行政等级为据县。元朝把原来宋朝的密州拆分为新的密州和胶州，隶属于益都路管辖。密州为元朝下州。元朝初年，密州的属县沿袭金朝的设置。宪宗三年（1253），"省

---

① 顾祖禹：《读史方舆纪要》卷三六《山东七·胶州》，中华书局，2005，第 1672 页。
② 张蕾蕾：《密州板桥镇港口研究》，中国海洋大学硕士学位论文，2009，第 21 页。
③ 李焘：《续资治通鉴长编》卷三四一，中华书局，1995，第 8199 页。
④ 脱脱等：《宋史》卷一八六《食货下·互市舶法》，中华书局，1985，第 4561 页。

司候司入诸城县"①。至世祖至元二十二年（1285），把原属于密州管辖的即墨县和高密县拆开，与胶西县合并，设立新的胶州，密州的属县只保留了诸城县和安丘县两县。诸城县为倚郭县，即密州治所所在地。安丘县为下县。胶州为元朝下州，世祖至元二十二年（1285）辖胶西县、即墨县和高密县，州治设于胶西县。胶西县为倚郭县，即墨县和高密县分别为下县。胶西县的位置非常重要，被誉为"东武据邑"，主要是因为胶西县控东南海道，风帆信宿可至吴楚。

第二节　宋元时期的两浙海港

一、杭州港

　　杭州港地处钱塘江下游，是中国古代内陆水运和外贸海运的著名港口之一。早在良渚文化时期，钱塘地区的先民就开始了水上活动。春秋战国时期，钱塘港的水运已经达到一定的规模，秦汉之际逐渐成为南北商贩活动的枢纽。东晋南迁，大批北方人把先进的生产技术带到南方，开始改善南方的落后面貌，杭州港的腹地经济得以迅速发展。经过两晋南北朝时期的开发，杭州区域的经济发生了前所未有的变化。"江南之为国盛矣……地广野丰，民勤本业，一岁或稔，则数郡忘饥。会土带海傍湖，良畴亦数十万顷，膏腴上地，亩直一金……扬部有全吴之沃，鱼盐杞梓之利，充仞八方，丝绵布帛之饶，覆衣天下。"② 隋唐时期，杭州的农业经济已经达到比较高的水平。天宝年间，杭州地区的粮食年产量约为840万石，其中可剩余量约340万石。与此同时，杭州的纺织业、瓷器业、造纸业、酿酒业、金银制造业、造船业等也发展起来。

　　五代吴越国时期，杭州的沿海航运业开始兴起。唐代以前，虽然杭

---

① 宋濂等：《元史》卷五八《地理一》，中华书局，1976，第1371页。
② 沈约：《宋书》，中华书局，1974，第1540页。

州湾偶有商船海运,但数量非常有限。唐末五代时期,杭州通往北方的大运河先后被吴国、南唐等阻断,吴越国采取各种措施,千方百计发展内河交通和海上贸易,通过海路与北方保持联系,这无形中促进了杭州的近海航运业。僧人契盈,闽中人,通内外学,"广顺初,游戏钱塘,一日,陪吴越王(钱俶)游碧浪亭,时潮水初满,舟楫辐辏,望之不见其首尾。王喜曰:吴越地去京师三千余里,而谁知一水之利有如此耶!契盈对曰:可谓三千里外一条水,十二时中两度潮……时江南未通,两浙贡赋自海路而至青州,故云三千里也"①。这里的"一水之利"就是指杭州的海运。这一时期,杭州的海外交通也发展起来。吴越国时期,杭州港取得的海外交通成就是多方面的:一是交往国家和地区的增多,次数之频繁,超过了五代前的任何一个历史时期;二通过港口开展文化交流,特别是宗教文化的广泛交流;三是港口沟通了海内外的货物贸易;四是通过港口发展了睦邻友好关系。② 为了更好地对海上贸易加以管理,吴越国还设立了专门的机构——博易务。

宋代杭州郡名余杭郡,军事级别为大都督府,为东南一都会。淳化五年(994),宋太宗将杭州更名为宁海军节度。大观元年(1107),徽宗将杭州升格为帅府。建炎元年(1127),宋朝廷下令杭州"带本路安抚使,领杭、湖、严、秀四州"③。建炎三年(1129),杭州升级为临安府。绍兴五年(1135),临安府知府兼浙西安抚使。其属县有钱塘县、仁和县、临安县、余杭县、富阳县、于潜县、新城县、盐官县、昌化县九县。北宋时期至建炎年间,钱塘县、仁和县、临安县、余杭县为望县,富阳县、于潜县为紧县,新城县、盐官县、昌化县各为上县。绍兴年间(1131—1162),钱塘县、仁和县升为赤县,其他七县升为畿县。太平兴国年间户数为主户161600户,客户8857户,小计170457户;崇宁年间(1102—1106)户数为203574户,人口有296615人。

宋代的杭州,水运发达,物产丰富,人口众多。北宋时期,才"参

---

① 薛居正等:《旧五代史》卷一三三《钱俶》,中华书局,1976,第1775页。
② 吴振华编著《杭州古港史》,人民交通出版社,1989,第66页。
③ 脱脱等:《宋史》卷八八《地理四·两浙路》,中华书局,1985,第2174页。

差十万人家"，欧阳修说杭州"乃四方之所聚，百货之所交，物盛人众，为一都会""览人物之盛丽、夸都邑之雄富者，必据乎四达之冲、舟车之会而后足焉"。① 到了南宋，"自高庙车驾由建康幸杭，驻跸几近二百余年，户口蕃息，百万余家。杭城之外城，南西东北各数十里，人烟生聚，民物阜蕃，市井坊陌，铺席骈盛，数日经行不尽，各可比外路一州郡，足见杭城繁盛矣"②。两宋时期，杭州地区经济在各种因素的交互促动下迎来飞速的发展。早熟的占城稻在当地广泛种植，桑麻、茶叶等经济作物日益普及。以茶叶为例，南宋时期，浙江地区合计每年产茶约5535313斤，杭州所在的临安府即达到2190632斤，约占浙江总量的40%。农业经济的发展，带动了杭州丝织业、制瓷业的进步。就丝织业来说，钱塘江地区丝织产品种类和数量都远超前代，两浙路每年输出几十万匹丝织品。就制瓷业来说，北宋时期著名的官窑，如越窑、龙泉窑，以及南宋的官窑都集中在这一地区，生产出大量精美瓷器，向来受到海外青睐。

宋代的杭州港分为海港和内河港，海港即在钱塘江边。杭州湾吸引"闽商海贾，风帆浪舶，出入于江涛浩渺烟云杳霭之间"③。吴自牧也认为，浙江杭州是"通江渡海"的水陆交通要道；杭州湾周围可以停泊5000料（石）的大型海上商舰，可以载运500—600人；2000料至1000料中小型商舰可以运载200—300人；其余的称为钻风，每艘船8橹或6橹，可以承载100多人。这些船舰是杭州港主要的远洋海舶。北宋至和二年（1055），蔡襄在其《杭州新作双门记》中云："杭州，二浙为大州，提支郡数十，而道通四方，海外诸国，物货丛居，行商往来，俗用不一。"④ 宋代，是杭州港走向其海港历史的鼎盛时期，主要表现为：与其

---

① 欧阳修：《欧阳修全集》卷四〇《居士集·有美堂记》，中华书局，2001，第585页。
② 吴自牧：《梦粱录》卷一九《塌房》，中国商业出版社，1982，第167页。
③ 欧阳修：《欧阳修全集》卷四〇《居士集·有美堂记》，中华书局，2001，第585页。
④ 曾枣庄、刘琳主编《全宋文·第四十七册》，上海辞书出版社、安徽教育出版社，2006，第193页。

交往的国家和地区急骤增多，几乎遍布东亚、东南亚和南亚地区；港口的进出口品种和数量大幅度增加，以及因港口的对外开放所带来的更为频繁的友好交流活动，从而使杭州港成为宋代最重要的海港之一，在国内外都产生了积极而重大的影响。① 不过，就海外交往而言，两宋时期杭州港的具体作用还是有差异的。北宋时期的杭州港主要承担海外贸易货物中转站的作用，海外大量商品和珍奇贡物通过杭州经由京杭大运河直通汴京。南宋时期将都城定在杭州，此时的杭州多数情况下成为海外贸易的终点和起点，成为接待各国使臣的友好交往港。

北宋丹阳人葛澧在《钱塘赋》中详细描述了宋代杭州海上贸易的发达景象："其阜通杂，贿懋迁化，居则建垂旌之思，次分朝夕之三市。旗亭五重，俯察百讱列族。聚货通阓，陈次有所……江帆海舶，蜀商闽贾。水浮陆趋……乃有安康之麸金白胶，汝南之菁草龟甲。上党之石蜜赀布，剑南之缟纻笺锦。其他球琳琅玕，铅松怪石。蠙珠屦丝，桃干栝柏。金锡竹箭，丹银齿革。林漆丝枲，蒲鱼布帛。信都之枣，固安之栗。暨浦之三如，奉化之海错。奇名异状，伙够堆积。贸易者莫详其生，博洽者畴克遍识。"② 元代沈幹的《浙江赋》云，杭州"千艘蚁聚，万舶云集。簇沙际之牙樯，舞潮头之画鹢。萃山海之群珍，致川陆之百物。使三吴之富甲于天下者，实此江之力也"③。

在长期的航海贸易中，杭州湾的海商们积累了较为丰富的航海经验。这主要体现在航线的开发、航海技术的进步、航海知识的丰富、航海经验的成熟以及对海洋潮汐的掌握。其一，航线的开发方面，杭州的海洋航线一般可以分为远洋贸易航线与近海贸易航线。远洋贸易航线可以分为北线和南线。北线是指从杭州经过秀州、楚州、海州北上，可以到达朝鲜半岛和日本。南线是指从杭州经过明州、温州、福州、泉州，出洋经过七洲洋，到达南洋诸番国。其二，航海技术方面，最迟到南宋中后期，杭州港的远洋航船在刮风下雨、天色阴暗时可以用罗盘导航，

---

① 吴振华编著《杭州古港史》，人民交通出版社，1989，第128页。
② 朱汝略、池健选编《浙赋选编》，浙江省辞赋学会，2017，第45页。
③ 郑翰献主编《钱塘江文献集成（第2册）》，杭州出版社，2014，第265页。

由航海经验丰富的"火长"掌管。其三，航海知识、经验的丰富、成熟方面，杭州海舶的舟师能够通过观测海洋中日出日入知阴阳；通过验云气知风色逆顺。凡测水之时，必视其底知是何等泥沙，所以知近山有港。其四，海洋潮汐的掌握。南宋施谔纂修《淳祐临安志》时曾搜集整理魏晋以来诸家论潮之议，并加以评论浙江海潮。施谔详细记载了淳祐年间杭州潮汐时间，即时人所说的潮候。这个潮候时刻表是由官府派遣官员去审定的。

至元十三年（1276），元世祖攻占临安府，初定江南地区，改设两浙都督府，不久又改为两浙安抚司。至元十五年（1278），世祖下令把临安府改为杭州路总管府。至元二十一年（1284），元统治者把江淮行省的省治从扬州迁到杭州，并将行省名称改为江浙行省。据至元二十七年（1290）户籍统计，杭州路的户数为360850户，人口为1834710人。杭州掌管左录事司、右录事司2司，及钱塘、仁和、余杭、临安、新城、富阳、於潜、昌化8县，及海宁州一州。其中，钱塘县、仁和县为上县，其他六县皆为中县。钱塘县、仁和县濒临杭州湾，海宁州"东南皆滨巨海"①。

元代的杭州港依然十分繁荣，有"天城"的美誉。关于杭州的商业发展和经济繁荣，马可·波罗有比较详细的记载。杭州的商业和城市布局，"城内，除了各街道上有不计其数的店铺外，还有十个大广场或市场。这些广场每一边长八百多米，大街在广场的前面，宽四十步，从这座城市的一端，笔直地伸展到另一端"；市场的繁荣程度，"每个市场，一周三天，都有四万到五万人来赶集，人们把每一种大家想得到的物品提供给市场""每逢开市集日，市场上摩肩接踵，熙熙攘攘的小商贩满地摆着各种用船运来的货物"。② 至于元代杭州的海外贸易，正如元人黄溍所言："江浙当东南之都会，生齿繁伙，物产丰穰，水浮陆行，纷轮

---

① 宋濂等：《元史》卷六二《地理五·杭州路》，中华书局，1976，第1492页。
② 马可·波罗口述，鲁思梯谦笔录《马可波罗游记》，陈开俊等译，福建科学技术出版社，1981，第176、178页。

杂集，所统勾吴、于越、七闽之聚，讫于海隅，旁连诸番，椎结卉裳。"① 为更好地发展海外贸易，元代在杭州设立了海站。海站，是杭州港通过钱塘江、杭州湾沿海岸线南下至泉州的保护海外贸易、专运舶货的水军防卫性机构。② 至元二十六年（1289），尚书省奏称："行泉府所统海船万五千艘，以新附人驾之，缓急殊不可用。宜招集乃颜及胜纳合儿流散户为军，自泉州至杭州立海站十五，站置船五艘、水军二百，专运番夷贡物及商贩奇货，且防御海道，为便。"③ 海站的设立，确保了杭州至泉州航线畅通无阻，对于外商到杭州贸易也发挥了重要的作用。

杭州是元代对外贸易的重要港口之一。至元十四年（1277），杭州的外港澉浦设立市舶机构，管理外来商船，成为"远涉诸番，近通福广"的"冲要之地"。澉浦位于钱塘江口，是商船出入杭州港的门户。关于澉浦，马可·波罗说这是一个"离该城（指杭州）四十二公里远的地方，沿东北方向，就是大海，这里有一个优良的港湾，所有从印度来的货船，经常都在这里停泊"④。从相关记载看，很多杭州商人出海贸易，遍及当时世界各地，如航海家杨枢的海船从杭州港南下，通过太平洋、印度洋，一直到伊儿汗国的忽鲁模思。意大利旅行家鄂多立克称在威尼斯见到过很多曾经到过杭州的人。同时，元代的杭州港还是中外贸易的中转站。大批海外商品在杭州完成报关、征税后，由杭州组织船舶运往大都等北方城市。为此，杭州专门设有一些客栈等设施用于临时安置客商。当时西方的很多旅行家或商人，如马可波罗、鄂多立克、伊本·白图泰等都留下了关于杭州的记载。

二、明州港

宁波的海上活动，可以追溯到7000年前的河姆渡文化时期。考古发

---

① 丁丙辑《武林坊巷志（第1册）》，浙江古籍出版社，2018，第221页。
② 吴振华编著《杭州古港史》，人民交通出版社，1989，第177页。
③ 宋濂等：《元史》卷一五《世祖十二》，中华书局，1976，第320页。
④ 马可·波罗口述，鲁思梯谦笔录《马可波罗游记》，陈开俊等译，福建科学技术出版社，1981，第186页。

掘结果表明，当时的河姆渡人已经能够制造简易的舟楫在近海航行。春秋战国时期，随着浙东地区的经济发展，宁波所在的甬江流域出现了最早的港口句章古港，其具体位置在今宁波市城山渡一带，是当时越国的出海门户。[①] 秦汉至六朝时期，句章古港屡屡出现于历史文献中，充分显示了其位置的重要性。

唐代初置越州总管府，统辖越、嵊、鄞等11州，宁波即归属鄞州管理。随着甬江流域社会经济的发展，开元二十六年（738），唐政府重新调整了行政规划，将甬江流域从越州分离出来，单独设立明州，州治相继设在小溪、三江口，明州港进入新的历史时期。唐代的明州因港设城，分子城（内城）、罗城（外城）两部分。考古发现证明，外城的东北两侧紧邻江面，建设有很多停泊船只的码头。唐五代时，明州已经建立起通往海外各国的多条航线，北方航线从明州出发经登州通往高丽，南方航线从明州出发经广州通往南洋。东方航线从明州出发横渡东海直达日本。明州的造船业也非常发达。会昌二年（842），明州商人李处人在日本肥前国松浦郡的值嘉岛，用大楠木费时3个月打造了一艘船；咸通三年（862），日本真如法亲王来唐时所乘的船是明州商人张支信在日本肥前国松浦郡柏岛用8个月的时间打造的。[②] 当时的日本船只安全系数不高，日本船不用铁钉和麻筋桐油，只用铁片连接，以草塞隙，费工多，费财大，布帆悬于桅之正中，不似中国之偏，唯使顺风，不能使逆风[③]，遇到风高浪急常常船毁人亡。而明州的中国海商，此时已经掌握了比较高超的航海技术，娴熟于天文气象，善于利用季风操控船只，安全系数比较高。五代时，明州属于吴越国。在这样一个战乱的时代，明州因为贸易口岸的原因反而得到一定程度的发展。

北宋建隆元年（960），明州升为奉国军节度，行政等级为上州。至大观元年（1107），升为望州。北宋崇宁年间，明州户数为116140户，人口为261678人。明州土贡为"绫、乾山蓣、乌贼鱼骨"，属县有鄞县、

---

① 郑绍昌主编《宁波港史》，人民交通出版社，1989，第12—13页。
② 木宫泰彦：《日中文化交流史》，胡锡年译，商务印书馆，1980，第109、112页。
③ 杨正光、朱亚非等：《徐福文化的思索》，山东友谊出版社，1996，第41页。

奉化县、慈溪县、定海县、象山县、昌国县6县。其中，鄞县、奉化县为望县，慈溪县、定海县为上等县，象山县、昌国县为下县。奉化县"管下地名战埼、袁村，皆濒大海，商舶往来，聚而成市。十余年来，日益繁盛，邑人比之临安，谓小江……南隔山岭海滨，习俗素悍，富者开团出船，藏纳亡赖，强招客贩"①。象山县"海环三垂，东南皆大洋，北则巨港，东曰钱塘，南曰大睦，西南曰东门，皆番舶、闽船之所经从"。其中，东门山"惟风平浪息，乘舟可渡，番舶商船，必经从之。潮未平，或有风涛，则蚁聚泊舟山下。此海道之冲要也"②。

明州州境东西长1950里，《太平寰宇记》云"内一千八百入大海，与新罗接界"③，南北长360里，其中有235里"接大海"，都是海岸线。具体而言，明州东南到海中崛门山，东北至大海岸浃口70里，从海际浃口往大海前行750里，可以到达海洋中的检山。明州东南临海，具有较长的海岸线和良好的港湾，吸引海内外商人从海上来这里贸易。北宋胡斡化在《九经堂赋并序》中指出，四明位于"东南之阳，负溟渤，控扶桑，倚巨镇，吞长江"。绍兴七年（1137），胡璜认为，"四明据会稽之东，抱负沧海，枕山蔽江，重阜崇岭，连亘数千里"④。明州乃"带江濒海之地，蛮舶之贾于明。明舟之贩于他郡，率由此出入。鲛门虎蹲，可以舣缆，谓之泊潮"⑤。且明州"东南际海，海外杂国，时候风潮，贾舶交至""南通闽广，东接倭人，北距高丽，商舶往来，物货丰溢"⑥，其"起自篡风亭，北望嘉兴大山"大约200里的海岸线，每年有大量"海商

---

① 罗濬等：《宝庆四明志》卷一四《奉化县志卷一·叙县·官僚》，收入《景印文渊阁四库全书》第487册，台湾商务印书馆，1986，第235页。
② 罗濬等：《宝庆四明志》卷二一《象山县志全·叙水》，收入《景印文渊阁四库全书》第487册，台湾商务印书馆，1986，第333页。
③ 乐史：《太平寰宇记》，中华书局，2007，第1959页。
④ 王象之：《舆地纪胜（第2册）》，赵一生点校，浙江古籍出版社，2012，第432页。
⑤ 罗濬等：《宝庆四明志》卷一八《定海县志卷第一·叙县·风俗》，收入《景印文渊阁四库全书》第487册，台湾商务印书馆，1986，第289页。
⑥ 罗濬等：《宝庆四明志》卷六《郡志六·叙赋下·市舶》，收入《景印文渊阁四库全书》第487册，台湾商务印书馆，1986，第13页。

舶船"在此经过、停靠，也有海商在余姚江面泊船，从余姚江的小江镇换小船，通过运河，把各种货品运输到杭州、越州等地。

北宋时期，明州的造船业非常发达，成为全国造船重要基地之一。元祐五年（1090），诏温州、明州岁造船以六百只为额。明州的海船技术已经非常先进，其制造的"万斛船""神舟""客舟"都达到相当高的水平。如客舟：

> 其长十余丈，深三丈，阔二丈五尺，可载二千斛粟。其制皆以全木巨舫挽叠而成，上平如衡，下侧如刃，贵其可以破浪而行也……船首两颊柱中有车轮，上绾藤索，其大如椽，长五百尺，下垂碇石，石两旁夹以二木钩。船未入洋，近山抛泊，则放碇著水底，如维缆之属，舟乃不行。若风涛紧急，则加游碇，其用如大碇，而在其两旁，遇行则卷其轮而收之……大樯高十丈，头樯高八丈，风正则张布帆五十幅，稍偏则用利篷，左右翼张以便风势。大樯之巅，更加小帆十幅，谓之野狐帆，风息则用之。然风有八面，唯当头不可行，其立竿以鸟羽，候风所向谓之五两，大抵难得正风，故布帆之用，不若利篷，翕张之能顺人意也。海行不畏深，惟惧浅阁，以舟底不平，若潮落则倾覆不可救，故常以绳垂铅硾以试之。①

这里对客舟的外形及其设计原理进行了详细的描述。无论是结构、载重还是航行，客舟都堪称当时造船业的杰作。

对于海洋潮信，当时人们对它也有了比较深入的了解。东海环绕庆元府（1194年，升明州为庆元府），"府境东北，迤于南，潮入城之东北，各有喉""地吞越绝海分深，渺渺平流万马骎。早晚渡船潮有信，往来鸥鸟客无心"。②"早晚渡船潮有信"一句说明明州的海潮是有规律的。宝庆二年（1226），方万里、罗濬等人修《四明志》时，记录当时观

---

① 徐兢：《宣和奉使高丽图经》卷三四《海道一·客舟》，收入《景印文渊阁四库全书》第593册，台湾商务印书馆，1986，第892页。
② 浙江省地方志编纂委员会编《宋元浙江方志集成（第7册）》，杭州出版社，2009，第2947、3163页。

察到明州的潮候：初一日、十六日子末、午末平，初二日、十七日丑初、未初平，初三日、十八日丑正、未正平，初四日、十九日丑末、未末平，初五日、二十日寅初、申初平，初六日、二十一日寅正、申正平，初七日、二十二日卯初、酉初平，初八日、二十三日卯正、酉正平，初九日、二十四日卯末、酉末平，初十日、二十五日辰初、戌初平，十一日、二十六日辰正、戌正平，十二日、二十七日辰末、戌末平，十三日、二十八日巳初、亥初平，十四日、二十九日巳正、亥正平，十五日巳末、亥末平。① 很显然，明州的潮汐也是半日潮型，即每天有两次涨潮、退潮。

明州民众生活在临海之处，多人从事海上生产经营活动。宋代明州慈溪人舒亶（1042—1104）的《题放生池》云："南州几万家，舟楫江湖上。"② 诗文形象展示了明州民众的从业情况。同时，由于港湾优良，物产丰富，因此吸引了南北及海内外商人来此贩运。北宋邵必的《题钱公辅众乐亭（其二）》有云"城外千帆海舶风"。绍兴十七年（1147），潘良贵（1094—1150）在《三江亭记》中提到"四明在浙东，最为濒海""一日送客至东门，循城而行。大江横其前，群山拱其外，岛屿出没，云烟有无，浪舶风帆，来自天际"。③ 其国内外航线包括：东边穿过西庄石马山进入大洋，可以到达高丽和日本；南边通过龙屿南下可以到达温州、福州、泉州，再下南洋；北边经过大七山到达平江路，东北经过神前壁下到达海州，西北通过滩山到达嘉兴路。

南宋时期，宋室迁都杭州，明州港的对外贸易功能进一步凸显。绍熙五年（1194），升明州为庆元府，故明州港又称为庆元港。不仅如此，由于距离临安非常近，南宋的明州港还成为拱卫京师的重要海防要塞。"（明）州濒于海，鳄波吐吞，渺无津涯。商舶之往来于日本、高丽，虏

---

① 罗濬等：《宝庆四明志》卷四《郡志第四·叙水》，收入《景印文渊阁四库全书》第 487 册，台湾商务印书馆，1986，第 56 页。
② 浙江省地方志编纂委员会编《宋元浙江方志集成（第 7 册）》，杭州出版社，2009，第 2928 页。
③ 高宇泰：《敬止录》（点校本），沈建国点校，宁波出版社，2019，第 621—622 页。

舟之出没于山东、淮北，撑表拓里，此为重镇。"① 南宋时期的明州港是当时全国四大港口之一，当时中国和日本、高丽的贸易主要通过明州口岸进行。绍熙元年（1190）后，宋政府陆续将杭州、温州、秀州、江阴市舶务废除后，明州成为两浙路与高丽、日本通商的唯一通道。"光宗皇帝嗣服之初，禁贾舶至澉浦，则杭务废。宁宗皇帝更化之后，禁贾舶泊江阴及温、秀州，则三郡之务又废。凡中国之贾高丽，与日本诸番之至中国者，惟庆元得受而遣焉。"② 日本、高丽的商船和闽广南来的番舶多在明州港停泊。

元至元十三年（1276），改庆元府为庆元宣慰司，次年又改为庆元路总管府。至元二十七年（1290），该府户二十四万一千四百五十七，口五十一万一千一百一十三。下辖庆元路总管府司录司，鄞县、象山县、慈溪县、定海县4县，奉化州、昌国州2州。其中，鄞县为倚郭县、上县，其他三县为中县，奉化州、昌国州为下州。③ 就地理环境而言，元代庆元府与宋代明州基本相同，如象山县"自钱仓而北则定海，自东门而南则台温，此大洋也。其北港则陈山，渡舟之往来，东达于洋，西距鲒埼，由陈山渡一潮至方门，再潮至乌埼，三潮可至府城下"④。

元代明州港是对日本、朝鲜贸易往来最为重要的港口，尤其是对日本的贸易和人员往来，基本为明州港所垄断。1976年，在韩国西南木浦海出土了一只满载瓷器、铜钱等货物的元代沉船，沉船地点正好在宋元时代中国去高丽的"南路航线"附近。从船上打捞出瓷器6463件，主要是浙江窑和景德镇窑的瓷器，未发现泉州港附近的同安窑和安溪窑瓷器。在出土的金属器物中有1个秤锤，上面镌有"庆元路"字样，说明这只船至少到过庆元港，而且极可能就是从庆元港出发，在开往高丽或

---

① 浙江省地方志编纂委员会编《宋元浙江方志集成（第8册）》，杭州出版社，2009，第3689页。
② 罗濬等：《宝庆四明志》卷六《郡志六·叙赋下·市舶》，收入《景印文渊阁四库全书》第487册，台湾商务印书馆，1986，第82页。
③ 宋濂等：《元史》卷六二《地理五》，中华书局，1976，第1496页。
④ 罗濬等：《宝庆四明志》卷二一《象山县志全·叙水》，收入《景印文渊阁四库全书》第487册，台湾商务印书馆，1986，第335页。

日本途中遇难的。① 根据统计，日本到元朝的僧人，有名字可考者，即达到200人，这些僧人多搭乘商船，往来于明州港和日本博多津港之间。"是邦控岛夷，走集聚商舸。珠香杂犀象，税入何其多。"② 元代诗人张翥的这首《送黄中玉之庆元市舶》生动地体现了元代庆元港的繁荣景象，其中"珠香杂犀象"，显然是指来自东南亚和西亚的各种香料和珍奇异宝。

三、温州港

温州的原始居民为瓯越人，属于百越的一支，又称东瓯人，以渔猎为生。春秋时期，当地的水上交通已经有了一定的发展，越人"水行而山处，以船为车，以楫为马，往若飘风，去则难从"③。章巽在《我国古代的海上交通》中认为，东瓯港是战国时期的九大古港之一。三国时期，温州属于吴国管辖，造船业和航海业十分发达。东晋时期，置永嘉郡，辖温州、处州，成为浙江南部经济和文化中心。最迟至魏晋南北朝，温州就成为浙南一大海洋贸易中心。南朝丘迟（464—508）描绘温州"控山带海，利兼水陆，实东南之沃壤，一郡之巨会"④。

隋唐时期，温州港的海外贸易开始勃兴，日本政府常派使团专程来中国朝贡。唐高宗显庆四年（659），日本派使节前来朝贡时，两艘船在途中遇到了逆风，大使坂合部石布乘坐的第一艘漂流到尔加委岛（南海）。船中大部分人被岛上人所害，只有东汉阿利麻、坂合部稻积等5人幸存下来，他们盗取了岛上人的船只，艰难到达了永嘉县，由当地官员予以全力救援和妥善安置，谱写了温州人民和日本人民建立友谊的第一曲。唐开成四年（839）至天祐四年（907）近70年间，温州和日本的民间贸易往来十分密切，港口经常有往来于中日之间的商船进出、停泊。

---

① 李德金等：《朝鲜新安海底沉船中的中国瓷器》，《考古学报》1979年第2期。
② 杨镰主编《全元诗》，中华书局，2013，第121页。
③ 马骕：《绎史》，中华书局，2002，第2551页。
④ 潘善庚主编《历史人物与温州》，作家出版社，1998，第26页。

日本仁明天皇承和九年（842），中国商人李处人在日本值嘉岛花了3个月时间，用楠木建造海船一艘，于八月二十四日出发，二十九日驶抵温州，进行贸易活动。这一次航行，人们正确地利用了正东季节风，全程只用了6天时间，改变了过去沿着中国沿海海岸航行的方法，首次开辟了由日本值嘉岛直达温州的新航线。① 根据史料记载，中国运往日本的商品主要是经卷、佛像、佛画、书籍、药品、香料，日本运往中国的商品主要是砂金、水银、锡、绵、绢等。

太平兴国三年（978），吴越王钱俶（929—988）纳土。吴越归入大宋版图，宋太宗下令将静海军节度降为静海军。至道三年（997），宋朝将天下分为15路，温州属两浙路，下辖永嘉县、瑞安县、平阳县和乐清县4县。政和七年（1117），宋朝将静海军升格为应道军节度。建炎三年（1129），高宗下令除去应道军节度的军额。咸淳元年（1265），度宗赵禥即位为帝，因为赵禥曾被封为永嘉王，所以温州是度宗潜邸之地，循例将温州升格为瑞安府。太平兴国年间，温州主户为16812户，客户为24685户，计41497户，贡品有鲛鱼、蠲纸；崇宁年间，温州户数为119640户，丁口有262710口，土贡为鲛鱼皮、蠲糨纸。四个属县中，永嘉县、瑞安县为紧县，平阳县为望县，乐清县为上县。其中，永嘉县有永嘉盐场，平阳县有天富盐场，瑞安县有双穗盐场。

温州州境"东至大海西八十七里，南北三百里"，东边距离大海86里，"海以外是琉球国""南至福州，水陆路相承一千八百里""东北至台州，泛海行五百里"。② 永嘉县东边距离大海70里，东南距离大海100里，有温州港，东北距离乐清县界馆头55里。建炎四年（1130）正月，高宗皇帝乘坐的御舟停泊在温州港口；两天后，御舟往南航行，停靠在温州的馆头港。馆头港在乐清县界。乐清县东边距离海渡10里，南边距离大海5里，有馆头港，与玉环山南端隔海相望，两者隔着130里的内海。南边距离大海洋135里，东南距离大海10里。瑞安县"东西广三百

---

① 周厚才：《温州港史》，人民交通出版社，1990，第6页。
② 乐史：《太平寰宇记》卷九九《江南东道十一·温州》，收入《景印文渊阁四库全书》第470册，台湾商务印书馆，1986，第83页。

一十里，南北袤六十七里"①，东边距离大海 10 里，有瑞安港，东南距离大海 20 里。

北宋时期，随着占城稻的引进，柑橘、茶叶的种植面积不断增加，温州的农业经济迅速发展。商品经济的发达，也使城市商业日渐繁荣。北宋名臣宋绶诗云："海国瓯乡浙水东，暂烦良守此凭熊。"浙江临海诗人杨蟠《永嘉》诗云："一片繁华海上头，从来唤作小杭州。水如棋局分街陌，山似屏帏绕画楼。是处有花迎我笑，何时无月逐人游？西湖宴赏争标日，多少珠帘不下钩。"② "从来唤作小杭州"一句说明了温州商业的繁荣景象。温州"郡当瓯粤之穷，地负海山之险"，"地近海乡，颇富鱼盐之利"。③ 两宋之际衢州开化人程俱（1078—1144）认为："永嘉闽粤之交，其俗剽悍以啬，其货纤靡，其人多贾，其士风任气而矜节。"④ "其人多贾"即说明温州人有经商的传统，如南宋温州巨商张愿，世为海贾，往来海上数十年。

宋室南渡，为温州港的发展带来良机。以人口而论，由于大量人口南迁，从北宋崇宁年间至南宋淳熙年间，短短七八十年，温州所属各县即由 262710 人增加到 910657 人。以农业而论，温州柑橘技术取得新的进步，第一部柑橘专著《永嘉橘录》在温州产生。其他如漆器、丝织业、制瓷业、造纸业、制盐业、造船业等都比北宋时期有了更大的提升。南宋时期，温州的海运非常繁忙，以木材为例，"良材兴贩，自处至温，以入于海者众"⑤，温州成为浙江木材运输重要的出海口之一。

至元十三年（1276），元世祖将瑞安府升格为温州路。至元二十七年（1290），统计户数有 187430 户，人口为 497848 人，下辖录事司 1 个，永嘉、乐清 2 县，瑞安、平阳 2 州。其中，永嘉县是倚郭县、上县，乐清县是下等县，瑞安州、平阳州为下州。元代义乌人黄溍（1277—1357）

---

① 《弘治瑞安府志》卷一《温州府·疆域里至》，《天一阁藏明代方志选刊》本。
② 俞光编《温州古代经济史料汇编》，上海社会科学院出版社，2005，第 2 页。
③ 祝穆：《方舆胜览》，祝洙增订，中华书局，2003，第 155 页。
④ 俞光编《温州古代经济史料汇编》，上海社会科学院出版社，2005，第 2 页。
⑤ 周厚才：《温州港史》，人民交通出版社，1990，第 19 页。

指出,"温为郡,俯瞰大海,江出郡城之后,东与海合,直拱北门。枕江为亭……亭之西为市区,百货所萃,廛氓贾竖咸附趋之。江浒故有大石堤,延袤数千尺,舍舟登陆者,阻泥淖不得前,其俗率于堤之旁为石路外出,以属于舟次,谓之马头。凡为马头者二:一以俟官舸,一以达商舶云"①。此时的温州,吸引了很多外国人前来经商,成为"番人荟萃"的通商口岸之一。

第三节 宋元时期的闽粤海港

一、福州港

福州是一座拥有两千多年历史的文化名城,汉代即置冶县,后改东冶县,县治即今天的福州。至迟在东汉初年,东冶港已经开通北往浙江、南达两广的航线,成为对外贸易的港口。《后汉书·郑弘传》记载建初八年(83),"旧交阯七郡贡献转运,皆从东冶泛海而至,风波艰阻,沈溺相系"②。三国时期,东冶港陆续开通从福州至日本、夷洲(台湾)、澶洲(菲律宾)的海上交通线。吴国黄龙二年(230),孙权派遣将军卫温、诸葛直率万余人"浮海求夷洲及澶洲",因澶洲"所在绝远"而不可至,但得"夷洲数千人还"。③根据文献记载,三国时期,东冶和澶洲之间已有一定的往来,也有部分东冶人因海上航行遭遇逆风而漂流至澶洲。南北朝时期,福州依然保持着与日本、南海诸国的交往。

隋唐时期,福州的经济日渐发达,相继开通前往新罗、日本、三佛齐、印度、大食等国家的多条航线,福州城呈现出"万国之梯航竞集"

---

① 黄溍:《黄溍集》卷一三《永嘉县重修海堤记》,王颋点校,浙江古籍出版社,2013,第516页。
② 范晔:《后汉书》卷三三《郑弘》,中华书局,1965,第156页。
③ 陈寿:《三国志》卷四七《吴书二·吴主传第二》,中华书局,1982,第1136页。

的繁荣景象。在唐人的诗文中，也有不少描写福州海外贸易的诗文。"大舟有深利，沧海无浅波。利深波也深，君意竟如何。鲸鲵齿上路，何如少经过"。① "洛州良牧帅瓯闽，曾是西垣作谏臣。红旆已胜前尹正，尺书犹带旧丝纶。秋来海有幽都雁，船到城添外国人。行过小藩应大笑，只知夸近不知贫"。② 尽管"沧海无浅波""鲸鲵齿上路"，海洋航行充满了风险，由于"大舟有深利"，福州商贾还是驾驶船舶出没大洋谋利。"船到城添外国人"生动地描绘了福州外商云集的场景，而"小藩大笑"的原因则是"不知贫"，说明航海贸易的利润是非常可观的。

五代时，福州港的发展进入新的历史时期。"伪闽时蛮舶至福州城下"，城内各条河渠"悉通海鳝，朝夕盈缩之波，底泽鳞介，岸泊艓艨"，海舶乘潮出入，内河两岸停泊着各种大小船只，使福州成为海舶河舟的荟萃之区。当时南门外，"人烟绣错，舟楫云排，两岸酒市歌楼，箫管从柳阴榕叶中出"，是中外商人交易最繁华的街衢，福州港呈现一派繁荣的气象。③ 王审知治闽期间，致力于发展海外贸易，福州成为海外客商的聚集地之一。

北宋建立后，结束了五代十国的分裂局面，在闽地设福州威武军，隶属于两浙西南路。雍熙二年（985），宋朝设立福建路，福州为福建路管辖的一个州。福州下辖闽县、侯官、福清、古田、永福、长溪、长乐、罗源、闽清、宁德、怀安、连江12县。其中，闽县、侯官、福清、古田、永福、长溪、怀安、连江8县为望县，长乐县为紧县，罗源县、闽清县、宁德县三县为中县。太平兴国年间（976—984），福州有主户48805户、客户45670户，合计94475户。

两宋时期，尤其是泉州市舶司建立后，福州的出海贸易受到一定影响，但仍然为南方重要的出海口之一。福建商人从福州出发，活跃于日本、高丽和东南亚诸国。天禧三年（1019），"宋福州人虞瑄等百余人来

---

① 黄滔：《黄御史集》卷二《贾客》，收入《景印文渊阁四库全书》第1084册，台湾商务印书馆，1986，第105页。
② 周振甫主编《全唐诗（第十一册）》，黄山书社，1999，第4220—4221页。
③ 廖大珂：《福建海外交通史》，福建人民出版社，2002，第42页。

献香药";乾兴元年(1022),"宋福州人陈象中等来献土物"。① 天禧三年(1019),"福州商旅林振自南番贩香药回"②。以上材料说明,宋代福州港的对外贸易范围十分广泛。尤其福州的部分土特产,如荔枝,从福州港出发,不仅运往新罗、日本、琉球等邻近国家,还远销到大食诸国。与此同时,大量海外商船也来到福州。北宋初年,"占城、大食之民,岁航海而来,贾于中国者多矣,有父子同载至福州"③。这些来到福州的海商,或者在当地居住贸易,或者以福州为中转站,继续前往各地贸易,正所谓"南来海舶浮云涛,上有游子千金豪"。

海外贸易的发展,有力地促进了福州城的拓展。开宝七年(974),福州刺史钱昱增筑福州外城。据《三山志》记载:外城南至"光顺门",东南扩展至通仙门,东至"东武门"以北,新开凿护城河3600尺。由于福州城区的建设是随着沙洲的扩展而断续进行的,城池建设也每每遇水而止,因而与城池紧密相连的港区也随着城区建设的拓展不断地向南、向东南方向推移。福州护城河与闽江之间逐渐连通在一起,舟船均可随潮往来,进出无阻,货畅其流,物尽其用,上达侯官,下连闽县,极大地促进了闽江下游内河运输的发展。到了宋代,福州港区已迁移至安泰桥一带。其时,安泰桥既是城区运河交通总枢纽,又是城区的一个经济中心。安泰桥边就是一个重要码头,商舶可随潮由大江进入这里卸货,城区旅客、货物也可以从这里上舟,待潮东出大江。诗人曾用"百货随潮船入市"的诗句来形容此地贸易的盛况。④ 宋元时期,福州台江的上下杭也逐渐成为商旅聚居的地区。

元世祖至元十五年(1278),元朝廷升福州为福州路。至元十八年到二十年(1281—1283),元朝廷将福建行省的省治从泉州到福州之间反复迁移。至元二十二年(1285),元朝廷将福建行省并入江浙行省,福建设

---

① 郑麟趾:《高丽史》卷四《显宗一》,齐鲁书社,1996,第115页。
② 徐松辑《宋会要辑稿》,食货三八之二九,中华书局,1957,第5481页。
③ 王禹偁:《小畜集》卷一四《纪孝》,收入《景印文渊阁四库全书》第1086册,台湾商务印书馆,1986,第134页。
④ 福州港史志编辑委员会编著《福州港史》,人民交通出版社,1996,第30—31页。

立宣慰司。福州路下辖1个录事司、9个县、2个州。其中，录事司设立于至元十五年（1278）。至元十六年（1279），元朝廷同意福州设置东西录事司。福州下辖闽县、侯官、古田、怀安、连江、闽清、罗源、长乐、永福9个县，以及福清州、福宁州2个州。其中，闽县、侯官县皆为倚郭县、中县，古田县为上县，怀安、连江、闽清、罗源、长乐、永福6县为中县。福清州设立于元成宗元贞元年（1295），为下州；福宁州为上州，下辖宁德县和福安县，2县皆为中县。① 元代注重对外贸易，马可·波罗说："福州有闽江穿城而过，制糖甚多，而珍珠、宝石之交易甚大，盖有印度船舶常载不少贵重货物而来也。"②

二、泉州港

泉州港是闽南晋江下游滨海的港湾，水陆交通便利，水道深邃，港湾曲折，是中国古代海外交通的重要港口之一。从地理位置看，泉州港是我国海岸线由东西向南北的转折点，介于东海与南海两大航路中心点，是连接广州与杭州的中点。宋元时期，泉州是世界性海洋贸易圈的重要支点之一，优越的地理环境使其与"北洋""东洋""南洋""西洋"实现了连接与互动。

隋唐以前，泉州的归属屡有变更。隋开皇九年（589）才出现"泉州"的名称。南朝时，泉州已经有了和海外往来的记载。不过，泉州港海外交通的勃兴，是从唐代开始的。唐代的泉州，社会安定，当地人民围海造田，开凿水塘，兴修各种水利工程，耕地面积不断扩大。在浙江越窑的影响下，泉州的制瓷业也有很大发展。唐代的泉州港和广州、扬州并称南方三大贸易港口，阿拉伯、波斯和东南亚的一些国家，都有为数不少的使者或商人到达泉州。1965年，在泉州郊区出土的一方古体阿拉伯文石墓碑，经初步辨认，其义为"这是侯赛因·本·穆罕默德·色

---

① 宋濂等：《元史》卷六二《地理五·福州路》，中华书局，1976，第1503—1504页。

② 郑剑顺：《福州港》，福建人民出版社，2001，第28页。

拉退的坟墓。真主赐福他。亡于回历二十九年三月"。回历二十九年即我国唐贞观二十三年（649），可见早在7世纪中叶，在泉州的阿拉伯人中已有人信奉伊斯兰教的。① 随着对外贸易的发展，泉州港也开始繁荣起来，人口增加迅速，唐元和六年（811），泉州由中州升为上州。

五代时期王审知治闽期间，泉州的农业、陶瓷业、冶炼业、造船业、桑蚕业、丝织业、制茶业等都得到很大的发展，为海外贸易提供了重要的物质保障。尤其是王审知侄儿王延彬任泉州刺史时，"凡三十年，仍岁丰稔。每发蛮舶，无失坠者，人因谓之招宝侍郎"②。五代后期，泉州先后为王延彬、留从效、陈洪进等统治，虽然政局不断变换，但他们都致力于泉州城的扩建。在此期间，人们遍植刺桐树，故泉州又有"刺桐城"的美称，泉州港也被称为"刺桐港"。

宋朝时，泉州为望州，郡名清源郡、温陵郡，别名刺桐城、武荣州。太平兴国三年（978），宋朝升泉州为平海军节度。泉州行政等级原来为上郡。大观元年（1107），朝廷升泉州为望州。泉州州境东西长347里、南北宽350里，东边距离大海180里，东南方距离大海40里。太平兴国年间（976—984），泉州主户32516户、客户44525户，共计77041户。元丰三年（1080），泉州有主户141199户、客户60207户，共计201406户。

两宋时期，泉州港全面崛起，甚至一度超越广州成为当时中国的第一大港。泉州港的兴起，和当时造船业的发展密不可分。时人谢履《泉南歌》云："泉州人稠山谷瘠，虽欲就耕无地辟。州南有海浩无穷，每岁造舟通异域。"③ 明清时期，福船、沙船、乌船、广船并称中国四大船舶，其中福船即为泉州制造。1959年，在泉州涂门外法石村的乌墨山沃、鸡母沃等处，发现了船桅、船板、船索和船钉等遗物。1974年，福

---

① 《泉州港与古代海外交通》编写组编《泉州港与古代海外交通》，文物出版社，1982，第17页。
② 转引自陈彬强、陈冬珑、王万盈主编《泉州海上丝绸之路历史文献汇编：初编》，厦门大学出版社，2020，第322页。
③ 同上书，第115页。

建省文物考古工作者在泉州湾后渚港发掘了一艘宋代海船，为研究泉州造船业提供了极为宝贵的实物资料。这条宋船仅仅残留底部，残长24.20米、残宽9.15米。据推算，这艘宋船的载重量约为二百吨。从结构看，船身扁阔，底部尖，船舷侧板为三重木板，船底板为两重木板，船内分十三个水密隔舱。从保存完好的头桅和中桅的底座看，船上有两根以上的大桅杆，证明它是远航海船。在船的主龙骨两端接合处的断面，挖有一个大圆孔和七个小圆孔，俗称"保寿孔"，这是泉州古代造船用以象征吉祥的传统做法。经初步鉴定，它可能是"福船"的前身，是南宋后期福建所制造的。① 根据宋人的评述，当时的海船中，以福建船为上，广东船次之，温明州又次之，说明福建的造船工艺的确达到了比较高的水平。

北宋中期，泉州永春县知县江公望描绘泉州的海外贸易状况，"希（稀）奇难得之宝，其至如委。巨商大贾，摩肩接足，相刃于道"②。泉州"其地濒海""近接三吴，远连二广，万骑貔貅，千艘犀象"，民众"煮盐鬻鱼为业"。③便利的港口条件和丰富的物产，吸引了南北以及海外商人来此贸易，即所谓"富商巨贾，鳞集其间"，而海外商人被称为诸番。"诸番有黑、白二种，皆居泉州，号番人巷。每岁以大舶浮海往来，致象、犀、玳瑁、珠玑、玻璃、玛瑙、异香、胡椒之属"④，即南海诸番带来"土产番货"。泉州"民数倚于商"，且"航海皆异国之商"，生动形象地描述了宋代泉州人的海洋性格。

宋代泉州的海外贸易，最值得关注的是民间的私人贸易。古代泉州耕地很少，人们谋生困难，这就迫使大家出海谋生，形成朴素的商业观念，甚至弃学经商。例如李松的儿子李富安，"弃学经商，航舟远涉真

---

① 泉州湾宋代海船发掘报告编写组：《泉州湾宋代海船发掘简报》，《文物》1975年第10期。

② 转引自吴春明：《环中国海沉船——古代帆船、船技与船货》，江西高校出版社，2003，第380页。

③ 王象之：《舆地纪胜》卷一三〇《泉州》，中华书局，1992，第3733页。

④ 祝穆：《方舆胜览》卷一二《福建路·泉州》，施和金点校，中华书局，2003，第208页。

腊、占城、暹湾诸国，安南、交趾尤熟居"①。历来以仕途为荣的文人，也散居民间，出入市井，混杂市民，不惜为懋迁之利，与商贾皂隶为伍。蔡襄谈到福建人商业观变化时，说道："臣自少入仕，于今三十年矣，当时仕宦之人粗有节行者，皆以营利为耻，虽有逐锥刀之资者，莫不避人而为之，犹知耻也。今乃不然，纡朱怀金，专为商旅之业者有之。兴贩禁物茶盐香草之类，动以舟车楫迁往来，日取富足。"② 在重商思想的影响下，宋代泉州的商业经济蓬勃发展，出现很多家资丰饶的大商人，如"泉州杨客为海贾十余年，致货二万万"③"泉州纲首朱纺，舟往三佛齐国……往返不期年"④。至南宋嘉定年间，和泉州有贸易往来的国家和地区增加到50多个，在这里定居的海外商人越来越多，"泉南地大民众，为七闽一都会，加以蛮夷慕义，航海日至，富商大贾宝货聚焉"⑤。

至元十四年（1277），元世祖在泉州设立福建行宣慰司，兼行征南元帅府事。至元十五年（1278），元朝廷将福建行宣慰司升格为福建行中书省，将泉州升格为泉州路总管府。至元十八年（1281），元朝廷将福建行省省治迁到福州路。至元十九年（1282），元朝廷又将福建行省省治迁回泉州。至元二十年（1283），元朝廷又将福建省省治回迁福州路。"户八万九千六十，口四十五万五千五百四十五"。泉州路下辖录事司1个、县7个，其中晋江县、南安县为中县，惠安县、同安县、安溪县、永春

---

① 陈彬强、陈冬珑、王万盈主编《泉州海上丝绸之路历史文献汇编：初编》，厦门大学出版社，2020，第521页。
② 蔡襄：《端明集》卷二二《废贪赃》，收入《景印文渊阁四库全书》第1090册，台湾商务印书馆，1986，第510页。
③ 洪迈：《夷坚志》，中华书局，2006，第588页。
④ 陈彬强、陈冬珑、王万盈主编《泉州海上丝绸之路历史文献汇编：初编》，厦门大学出版社，2020，第582页。
⑤ 周必大：《文忠集》卷一〇九《赐敷文阁直学士中大夫陈弥作辞免差遣知泉州恩命不允诏》，收入《景印文渊阁四库全书》第1148册，台湾商务印书馆，1986，第190页。

县、德化县为下县，晋江县为倚郭县。①

元代泉州港是当时中国最大的海外贸易港，也是当时世界最大的海洋商业贸易港之一。关于元代泉州港的繁荣，马可·波罗进行了详细的记载："印度一切船舶运载香料及其他一切贵重货物咸莅此港……由是商货宝石珍珠输入之多竟至不可思议……我敢言亚历山大（Alexandira）或他港运载胡椒一船赴诸基督教国，乃至此刺桐港者，则有船舶百余，所以大汗在此港征收税课，为额极巨。""若以亚历山大运赴西方诸国者衡之，则彼数实微乎其微，盖其不及此港百分之一也。此城为世界最大良港之一，商人商货聚积之多，几难信有其事。"② 继马可·波罗后，摩洛哥旅行家伊本·白图泰于1346年以印度苏丹使节的身份到达泉州，对泉州也赞誉有加。"这是一巨大城市，此地织造的锦缎和丝绸，也以刺桐命名"，泉州港内有"大艟克（船）约百艘，小船多得无数""该城（刺桐）的港口是世界大港之一，甚至是最大的港口"。③ 有趣的是，伊本·白图泰也对比了亚历山大港和泉州港，"亚历山大港，气势雄伟，我认为世上没有可与它相提并论的，但印度国的卡利卡特、突厥地区的苏达哥港和中国的刺桐港除外"④。同时期的中国文献也记载到："泉，七闽之都会也，番货远物，异宝奇玩之所渊薮，殊方别域，富商巨贾之所窟宅，号为天下最。"⑤

元代泉州的海外贸易达到鼎盛。根据《岛夷志略》记载，当时泉州销往海外的商品种类达90多种，与泉州有贸易往来的国家和地区达到130多个。正如泉州人庄弥邵在《重浚罗城外壕记》一文中所说："泉本海隅偏藩，世祖皇帝，混一区宇。梯航万国，此其都会……四海舶商，

---

① 宋濂等：《元史》卷六二《地理五·泉州路》，中华书局，1976，第1505页。
② 《马可波罗行纪》，沙海昂注，冯承钧译，商务印书馆，2011，第341—342页。
③ 伊本·白图泰：《伊本·白图泰游记》，马金鹏译，华文出版社，2015，第399页。
④ 同上书，第11页。
⑤ 吴澄：《吴文正集》卷二八《送姜曼卿赴泉州路录事序》，收入《景印文渊阁四库全书》第1197册，台湾商务印书馆，1986，第300页。

诸番琛贡，皆于是乎集。"① 外贸商品主要以衣物布料、食品和日用品为主。其中，"刺桐缎"十分出名，瓷器以德化瓷为代表被列为贡品。泉州港商业交易之盛，仅城南一地就足以令人眼界大开。这里有稠密的店肆、喧闹的集市、琳琅满目的商品货物，加上各种肤色的商客，他们操着五花八门的语言，指手画脚地讨价还价，构成一幅别具一格的"清明上河图"。泉州港的名声也吸引了大批国内各地的商人，他们运来货物，换回所需的商品，甚至加入海外贸易的队伍，奔走于各国之间，买卖着彼此需要的商货。②

三、广州港

广州古称番禺，始见于《淮南子·人间训》。秦汉时期设南海郡，广州即为南海郡治。《史记·货殖列传》列举汉初全国9个比较大的城市，番禺是其中之一，当时已成为国内外贸易的重要港口。秦汉之交，番禺"处近海，多犀、象、毒冒、珠玑、银、铜、果、布之凑，中国往商贾者多取富焉。番禺，其一都会也"③。吕思勉据此认为，贸迁往来，水便于陆，故南琛之至尤早。《史记·货殖列传》言番禺为珠玑、犀、玳瑁、果、布之凑，此语必非言汉时，可见陆梁之地未开，蛮夷贾船，已有来至交、广者。④ 东吴黄武五年（226），吴国重新调整交广地区的行政规划，将广州和交州分开，广州州治设在番禺，广州之名自此始。两晋南北朝时期，广州港的地位更加突出，成为"南海丝绸之路"的交会地，是南海地区的主要贸易港口。

隋代南海郡所属的广州，是当时和东南亚国家交往的主要口岸。唐朝时，从广州出发到今天的东南亚、南亚、西亚、东非和欧洲，均已开

---

① 《泉州桃源庄氏族谱汇编》编纂委员会编《泉州桃源庄氏族谱汇编》，厦门大学出版社，1999，第676页。
② 吴幼雄等主编《泉州史迹研究》，厦门大学出版社，1998，第77页。
③ 班固：《汉书》卷二八下《地理志》，中华书局，1962，第1670页。
④ 吕思勉：《吕思勉读史札记（上）》，上海古籍出版社，1982，第525页。

通海上航线，即著名的"广州通海夷道"。根据《广州通海夷道》的资料，唐代远洋航路从广州出发，经林邑可至新加坡、室利佛逝和爪哇，从新加坡海峡到斯里兰卡和印度等国；再从印度的奎隆出发，沿岸西行，经巴基斯坦的第乌尔，便可进入波斯湾的阿巴丹和奥布兰等地，如果换乘小舟，溯流可至末罗国，为大食的重镇。贾耽还记述了从波斯湾西岸直到东非坦桑尼亚达累斯萨拉姆的航程。① 这条通海夷道，标志着唐代海外交通达到新的高度。随着对外贸易的迅速发展，来广州的外国商船也逐渐增加。大历四年（769），除广州刺史，李勉兼岭南节度观察使，此时西域舶泛海至者岁才四五艘，"勉性廉洁，舶来都不检阅，故末年至者四十余"②。日本僧人记载了广州的番舶，"江中有婆罗门、波斯、昆仑等舶。不知其数。并载香药珍宝，积载如山。舶深六七丈。师子国、大石国、骨唐国、白蛮、赤蛮等往来居住，种类极多"，"南海舶，外国船也。每岁至安南、广州。师子国舶最大。梯而上下数丈。皆积宝货。"③ 为更好地管理对外贸易，唐政府还在广州设立市舶使，负责检查往来船只、查验货物、征收关税、管理海商等。

宋代前期广州为中等州，郡名南海郡，为都督府，徽宗大观元年（1107）升为帅府，广州知州一般还兼任广南东路兵马钤辖及本路经略、安抚使。本州为"南海一都会""东南至海四十一里""货殖鱼盐自古尤多"，下辖南海、增城、怀集、清远、东莞、四会、新会、信安8县。其中，南海县、东莞县、新会县、信安县4县为临海县分。太平兴国年间（976—984）主户户数为16059户，客户户数不详，土特产有明珠、大贝、文犀、盐、席、水马皮、玳瑁、焦布、鲛鱼皮、竹布、石斛、五色藤、沉香、大甲香、簟、番舶、鼊，这里含有"番舶"运来的货物，说明广州有不少海外船只。元丰三年（1080）主户户数为64796户，客户户数为78465户，总户数为143261户。而《宋史》所载主客户总数相

---

① 关履权：《宋代广州的海外贸易》，广东人民出版社，1994，第39页。
② 刘昫等：《旧唐书》，中华书局，1975，第3635页。
③ 转引自段金录、姚继德主编《中国南方回族经济商贸资料选编》，云南民族出版社，2002，第68页。

同,贡品记载为"胡椒、石发、糖霜、檀香、肉豆蔻、丁香母子、零陵香、补骨脂、舶上茴香、没药、没石子"①。除了糖霜,其余基本上是香药,大部分应该是从海外来的,其后还提到"元丰贡沉香、甲香、詹糖香、石斛、龟壳、水马、鼉皮、藤簟"②。

广州从秦汉以来就是中国南方的贸易大港。章粢在《广州府移学记》中指出,"二广据五岭之南,凡四十余州,而番禺为巨镇""盖水陆之道四达,而番商海舶之所凑也;群象珠玉,异香灵药,珍丽玮怪之物之所聚也。四方之人杂居于市井,轻身射利,出没波涛之间,冒不测之险,死且无悔。彼既殖货浩博,而其效且速,好义之心不能胜于欲利,岂其势之使然欤"。③ 从两宋的财政状况看,广州的海外贸易为国家的经济开支提供了重要的保障。宋人认识到,国家经费困乏,一切倚办海舶,"市舶之利最厚,若措置合宜,所得动以万计,岂不胜取之于民"④。"广州自祖宗以来,兴置市舶,收课入倍于他路"⑤。

广州发达的海外贸易,吸引南海诸国来此贸易,为宋代官府带来丰厚的收入。欧阳修《答圣俞白鹦鹉杂言》诗云:"海中洲岛穷人迹,来市广州才八国。其间注辇来最稀,此鸟何年随海舶?谁能遍历海上峰,万怪千奇安可极。"⑥ 欧阳修指出,南海诸番国来广州贸易的只有8个国家,其中注辇国来的次数最少。同时,他还认为,注辇国的贡品里面有白鹦鹉。绍兴三十一年(1161),宋朝廷"遣人谕广州番商蒲琚献名珠香药。而以承信郎告偿之。提举市舶林孝泽以非奉朝旨,执不行"⑦。《市

---

① 脱脱等:《宋史》卷九〇《地理六·广南东路》,中华书局,1985,第2235—2236页。
② 脱脱等:《宋史》卷九〇《地理六·广南东路》,中华书局,1985,第2236页。
③ 曾枣庄、刘琳主编《全宋文·第七十二册》,上海辞书出版社,安徽教育出版社,2006,第157页。
④ 徐松辑《宋会要辑稿》,职官四四之二〇,中华书局,1957,第3373页。
⑤ 徐松辑《宋会要辑稿》,职官四四之一四,中华书局,1957,第3370页。
⑥ 欧阳修:《欧阳修全集》卷八《古诗二十一首·答圣俞白鹦鹉杂言》,李逸安点校,中华书局,2001,第124页。
⑦ 李心传:《建炎以来系年要录》卷一九二,中华书局,1988,第3213页。

舶录》云"百蛮之赆，五天之珍，每岁山积""市舶者，其利不赀，摧金山珠海，天子南库也"，也有海商不够幸运，出现"败水"现象，舶船"放洋之时，或飘它国，或溺，名曰败水"。① 海商前往南海诸番贸易，从广东市舶司出发的海船，"去以十一月、十二月，就北风，来以五月、六月，就南风"②，即海舶航行海洋时，由于气候、人为操作等各种原因，脱离原定航线，漂流到其他国家，或者溺水沉船、遭遇海盗等。

对外贸易的发展，也促进了广州的城市建设和广州港的拓展。为了招待前来经商的海商，北宋嘉祐年间（1056—1063）经略魏炎兴建了海山楼。关于海山楼的具体位置，王象之的《舆地记胜》云："海山楼在城南，极目千里，为登览之胜。"《明一统志》也说，海山楼"在府城镇南门外，极目千里，百越之伟观也""广州市舶亭，枕水有海山楼，正对五洲，其下谓之小海"。根据曾昭璇的考证，"五洲"即太平沙一带。当时，此处因有沙洲五堆露出水面而得名。古时这一带江面开阔，有"小海"之称。③ 两宋三百多年的时间里，广州城先后扩建十余次，如北宋庆历四年（1044）加筑中城、熙宁三年（1070）修筑东城、熙宁四年（1071）增筑西城，南宋嘉定三年（1210）在城南修建东西雁翅城直通海边。

宋代的广州港分为外港和内港。外港包括大通港和芭洲码头。大通港与广州隔珠江相对，是外地船只通往广州的要道，大通港东通惠州、虎门，出海抵达潮州，进而北上进入福建，西接雷州、廉州和琼州；芭洲码头位于珠江南岸，距离广州30余里，为海外船只进入广州的停靠之地。内港包括西澳和东澳，西澳又名南濠，是宋代广州最重要的内港码头，由经略高绅开辟，"纳城中诸渠水以达于海，维舟于是者，无风涛

---

① 叶廷珪：《海录碎事》，中华书局，2002，第680—681页。
② 朱彧：《萍洲可谈》，李伟国点校，中华书局，2007，第133页。
③ 邓端本编著《广州港史（古代部分）》，海洋出版社，1986，第112页。

恐，且以备火灾"①。宋人程师孟云："千门日照珍珠市，万户烟生碧玉城。山海是为中国藏，梯航尤见外夷情。"② 西澳临近广州内城，外来商贾多在这里聚居。东澳又名东濠，是当时的盐运码头，也是广州东部重要的商品集结地。

　　与宋代相比，元代广州港被泉州港超越，失去了全国第一大港的地位。当然，这只是相对而言，元代的广州港依然在海外贸易中占有非常重要的位置。根据元人陈大震《南海志》的统计，元代经由南海通道与中国有海外交通、贸易的国家和地区共有140多个。其中，绝大部分都会在广州停留，"广为番舶凑集之所，宝货丛聚，实为外府。岛夷诸国，名不可殚"③。从当时海外来华旅行家的游记中，也可以看出广州繁荣的商业贸易，如鄂多立克称广州为辛迦兰大城，是一个比威尼斯大三倍的城市。"该城有数量极其庞大的船舶，以致有人视为不足信。确实，整个意大利都没有这一个城的船只多"。④ 中世纪西方四大旅行家之一摩洛哥人伊本·白图泰称广州为"秦克兰"城，秦克兰城久已慕名，故必须亲历其境，方足饱吾所望……余由河道乘船而往，船之外观，大似吾国战舰……秦克兰城者，世界大城中之一也。市场优美，为世界各大城所不能及。其间最大者，莫过于陶器场。由此，商人转运瓷器至中国各省及印度、也门。⑤

四、潮州港

　　秦汉之际，南海尉赵佗割据岭南，称南越王。潮州是南越国的造船

---

① 孙廷林、王元林编《广东海上丝绸之路史料汇编（宋元卷）》，广东经济出版社，2017，第302页。
② 陈永正编注《中国古代海上丝绸之路诗选》，广东旅游出版社，2001，第62页。
③ 转引自武斌：《丝绸之路史话》，沈阳出版社，2019，第234页。
④ 广东省人民政府参事室等编《广州港与海上丝绸之路》，广东经济出版社，2019，第100页。
⑤ 张星烺编注《中西交通史料汇编（2）》，华文出版社，2018，第490页。

中心。据记载，"昔越王建德伐木为船，其大千石，以童男女三百人牵之"①。可见当时制造的船只十分庞大，这也说明南越国时期潮州已经成为当时的重要港口。《史记》记载，汉武帝元鼎五年（前112），南越丞相吕嘉发动叛乱，汉武帝命令江淮以南楼船十万师征讨之。当时"东越王余善上书，请以卒八千人从楼船将军击吕嘉等。兵至揭扬，以海风波为解，不行，持两端，阴使南越"。②黄挺认为，东越的兵船停泊地点虽然现在还难以确切考证，但是可以推测不可能远离韩江、榕江两江的潮州港出海口，因为若不泊于两江口，就难以解决八千大军的用水问题。③

隋唐时期，潮州港的功能日趋多元化，不但成为南北商品贸易的中转站，更成为新兴的国际贸易港。隋开皇十一年（591），置潮州，"以潮水往复为名"。《隋书》中记载了隋朝远征琉球国的事情，可能就是从潮州出发。《隋书·陈稜传》载，隋炀帝大业六年（610），陈稜"与朝请大夫张镇周发东阳兵万余人，自义安泛海，击流求国，月余而至"。④ 黄挺指出，隋代的义安郡包括现在的粤东与闽南，对于这次军事行动的出发港口，潮汕与福建漳泉的地方志有不同的推测，或者认为是从今天广东的南澳岛出发，或者认为是从今天福建的东山岛出发。其实不管哪一种猜测，这个港口都是在地域跨越今天闽粤边界的义安郡之内。⑤ "海阳（即潮州）旧馆，前临广江……今年波斯、古暹本国二舶，顺风而至……除供进备物之外，并任番商列肆而市"。⑥ 所谓"番商列肆而市"，说明潮州港不再仅仅局限于中转，而是在当地已经形成固定的海外商品贸易市场。从文献记载分析，此时潮州已经和马来半岛、中南半岛和阿拉伯人建立了贸易往来关系。

潮州港作为唐宋时期广东海上贸易的第二大港口，也是当时粤东地

---

① 乐史：《太平寰宇记》，中华书局，2007，第3037页。
② 司马迁：《史记》，中华书局，1982，第2982页。
③ 黄挺、杜经国：《潮汕古代商贸港口研究》，《潮学研究》1993年第1期。
④ 魏徵等：《隋书》，中华书局，1973，第1519页。
⑤ 黄挺：《潮商文化》，华文出版社，2008，第122页。
⑥ 周绍良主编《全唐文新编（第3部第1册）》，吉林文史出版社，2000，第6024页。

区唯一的对外贸易港口,有极佳的地理位置和得天独厚的优越条件。它位于广州与泉州之间,填补了泉州港与广州港之间的空当。① 冯先铭通过陶瓷贸易也证明了唐代中期以后潮州已经成为一个繁荣的外贸港口。"梅县窑产品在墓葬中屡有发现。梅县唐代属潮州管辖,潮州在当时是一个繁荣的对外港口。梅县水车窑的产品不仅内销,而且远销到泰国、日本等亚洲一些国家,上述国家均出土过梅县窑产品"。② 中唐时期,海潮涨满,潮水可沿韩江河道到达潮州城下。

宋元时期,潮州的经济发展迅速,农业、手工业、采矿业、造船业、陶瓷业等仅次于广州。市舶司制度固然对发展海外贸易有很大的促进作用,但也一定程度上阻碍了一些没有设立市舶机构的港口正常发展。由于没有设立市舶司,潮州的海商外出十分不便,许多船户私自下海捕捞或贸易,给宋朝政府的管理带来了很大的困扰,也使得大量税收流失。为加强管理,元祐六年(1091),政府诏广、惠、南、恩、端、潮等州县濒海船户,"每一十户为甲,选有家业、行止众所推服者二人充大小甲头,县置籍,录姓名、年甲并船橹棹数。其不入籍并橹棹过数,及将堪以害人之物,并载外人在船,同甲人及甲头知而不纠,与同罪"③。这些船户一旦被编为甲户,便很难私自出海。不过,严厉的查禁措施却带动潮州港的走私贸易,民间经济推动了宋元时期潮州港的繁荣。潮州地区的老百姓有悠久的航海传统,为了自身的生存,他们冲破禁锢,开展走私活动,甚至地方官为了牟利,也参与其中,嘉定时太府寺丞张镐"试郡潮阳,专事苛敛,运铜下海"④,以致大量的铜钱从这里流到海外。元代比较重视海外贸易,潮州港摆脱了以往不利的影响,又呈现出蓬勃发展的生机。据元人记载,"世传岭南诸郡近南海,海外真腊、占城、流求诸国,番舶岁至,象犀、珠玑、金贝、名香、宝布,诸

---

① 陈志民:《唐代梅县水车窑与潮州窑的发展成因初探》,《中国陶瓷》2006年第12期。
② 冯先铭主编《中国古陶瓷图典》,文物出版社,1998,第277—278页。
③ 李焘:《续资治通鉴长编》卷四六一,中华书局,2004,第11025页。
④ 徐松辑《宋会要辑稿》,职官卷七三之四六,中华书局,1957,第4039页。

凡瑰奇珍异之物，宝于中州者，咸萃于是"①。显然这里所说的近南海的"岭南诸郡"包括了潮州，故时人赞曰"潮去广二千里，盖东履至是而止。岸海介闽，舶通瓯吴及诸番国，人物辐集"②，说明潮州的航运和对外贸易都是很繁荣的。

宋人周去非在其著作中记载了南洋诸国船只来往中国的航路："三佛齐者，诸国海道往来之要冲也。三佛齐之来也，正北行，舟历上下竺与交洋，乃至中国之境。其欲至广者，入自屯门。欲至泉州者，入自甲子门。"③ 这个甲子门，就是陆丰县的甲子角。三佛齐来的船舶，入甲子门之后，必须经过广东南澳岛，才北上泉州湾。元人汪大渊多次随商舶泛洋出国，他认为"万里石塘（南海诸岛）"系由潮州陆地延伸而成的。他说道："石塘之骨，由潮州而生。迤逦如长蛇，横亘海中，越海诸国。俗云万里石塘……一脉至爪哇，一脉至勃泥及古里地闷，一脉至西洋遐昆仑之地。"④ 这段记载，说明当时航海者对潮州与南洋诸国的关系印象深刻。汪大渊所描述的"石塘之骨"的延伸路线，实际上是潮州通往南洋各地的海上航线。可以说，宋元时代，潮州在中国通往南洋的航线上，有非常重要的地位。潮州港地处海隅，东北紧邻福建的闽南，西接广州港，处于我国东南地区东海航线和南海航线的交会点，是苏浙闽航线通往南洋的必经之路。宋元时期的潮州港，是南北贸易的必经之地。

---

① 李修生主编《全元文》，江苏古籍出版社，1998，第411页。
② 同上书，第546—547页。
③ 周去非：《岭外代答校注》，杨武泉校注，中华书局，1999，第126页。
④ 汪大渊：《岛夷志略校释》，苏继庼点校，中华书局，1981，第318页。

第三章
直挂云帆：宋元时期中国的主要海洋航路

第一节　宋元时期航海兴盛的技术条件

一、宋元时期造船技术的全面提升

舟船是海上活动的必备载体，舟船的修造又是最为基础的，而大型船舶的制造更是商舶船队得以远航于大洋的首要条件。纵观中国古代造船之漫长历史，宋元时期远洋木帆船的制造能力、水平和技术均达到了古代世界的巅峰，可谓我国造船业和造船技术大发展的黄金时期，并且所造船舶形成独具特色的形态结构和技术风格。正如吴春明所言："沉船考古与史籍记载表明，汉晋间雏形已成的代表东方海船形态，结构特点的一系列技术成就在唐宋以后继续发展和完善，沿海船业持续发展，并在古代世界处于领先水平。环中国海大型海船形态与结构的完善，成为唐宋至明前期大航海时代到来和环中国海海洋文明步入鼎盛期的物质基础。"① 大体而言，宋元时期造船事业的兴盛体现在四个方面：一是造船场（坊）遍布；二是船舶继续向大型化方向发展；三是船舶类型众多，结构与性能更加优越，船用设备更加齐全，造船技术和工艺先进；

---

① 吴春明：《环中国海沉船——古代帆船、船技与船货（上）》，江西高校出版社，2007，第 101 页。

四是对造船原理的认识进一步深化，造船技术层面在多个方面均有重要突破。①

在政府大力发展与推动海外贸易的背景之下，宋元时期的造船业，不管是官营还是民营的造船工场，较之前代均有了更大发展。当时的造船地点几乎遍布各地，主要集中于南方濒海临江地区。两宋时期重要的海船制造工场分布于广州、泉州、明州、温州、苏州等地，这些地方大多也是海外贸易大港。其中，明州、泉州、广州等地所造的航海大船尤为代表，当时有"广舶""泉舶"之称。如从泉州出发远航的中国船称为"泉舶"，南宋曾在泉州城南门外设有规模巨大的造船厂，专制远航的船舶。

元朝重要造船地点基本上延续宋代故地，主要有扬州、泉州、广州、湖州、赣州、汴梁、襄阳等，在造船规模及数量上更是有增无减，动辄数千艘。《元史》记载，至元年间（1264—1294）元朝为了攻打日本、缅甸、爪哇等海外各地，先后制造海船达万余艘。而《马可波罗游记》书中记载，马可·波罗仅在黄河入海口就看到"离海一点六公里的地方，有一个可以停泊一万五千艘船只的码头"②。关于宋元时期造船的数量，史书中已有明确的记载。根据《宋会要辑稿》所载，仅官造船只的数量，至道末年为3237艘，天禧末年为2916艘。元代大规模用兵于高丽、日本、占城和爪哇，因此建造的战船更是以成百上千计算。至于民间造船，其数量及规模在官造船只之上。

关于宋代造船工场的具体分布地点，席龙飞撰的《中国造船通史》

---

① 关于宋元时期船舶制造情况，参看席龙飞：《中国造船通史》，海洋出版社，2013；王冠倬编著《中国古船图谱（修订版）》，生活·读书·新知三联书店，2011；席龙飞：《中国古代造船史》，武汉大学出版社，2015；黄纯艳：《造船业视域下的宋代社会》，上海人民出版社，2017；金秋鹏：《中国古代的造船与航海》，中州古籍出版社，2020；蔡薇、席龙飞、吴轶钢：《海上丝绸之路上宋代海船的尺寸与排水量》，《国家航海》2020年第1期。

② 马可·波罗口述，鲁思梯谦笔录《马可波罗游记》，陈开俊等译，福建科学技术出版社，1981，第163页。

细致整理了"宋代造船场地分布图"①,让人一目了然。至于造船工场的考证,在诸多研究成果中,以日本学者斯波义信的考证最为详尽。他充分利用中国的文献进行细致阐释,罗列出的造船工场地点如下:两浙——温州、明州、台州、越州(今绍兴)、严州(今建德)、衢州、婺州(今金华)、杭州、杭州澉浦镇、湖州、秀州(今嘉兴)、秀州华亭县、苏州、苏州许蒲镇(今常熟)、镇江、江阴;福建——福州、兴化(今莆田)、泉州、漳州;广南——广州、惠州、南恩、端州(今肇庆)、潮州;江东——建康(今南京)、池州(今贵池)、徽州(今叙县)、太平(今当涂);江西——赣州、吉州(今吉安)、洪州(今南昌)、抚州(今临川市)、江州(今九江);湖北——鄂州、江陵、鼎州(今常德)、荆南(即江陵);湖南——潭州(今长沙)、衡州(今衡阳)、永州(今永州);四川——嘉州(今乐山市)、泸州、叙州(今宜宾市)、眉州(今眉山县)、黔州(今重庆彭水东北郁山镇);淮南——楚州(今淮安)、真州(今仪征市)、扬州、无为(今安徽辖县);华北——三门(今三门峡市)、凤翔、开封、京东西濒河。②

综合席龙飞整理的"宋代造船场地分布图"和斯波义信的考证,可知宋元时期造船工场主要集中于中国南部濒海临江地区,这样的布局除了考虑靠近贸易港口的区位因素之外,造船材料(木材、铁钉、桐油等)可以就近取材也是重要的考量因素。鉴于"南方木性与水相宜",吕颐浩在《忠穆集》卷二《论舟楫之利》分析道:"南方木性与水相宜,故海舟以福建船为上,广东西船次之,温明州船又次之;北方之木与水不相宜,海水碱苦,能害木性,故舟船入海,不能耐久,又不能御风涛,往往有覆溺之患。"③而且在地域性海洋文化传统的影响之下,南方各地因地制宜,逐渐形成自己独特的造船风格,从宋朝后形成沿海四大船型——广船、福船、沙船、鸟船,这四大船型一直延续至清朝。"环

---

① 参见席龙飞:《中国造船通史》,海洋出版社,2013,第162页。
② 斯波义信:《宋代商业史研究》,庄景辉译,稻禾出版社,1997,第74页。
③ 吕颐浩:《忠穆集》卷二《论舟楫之利》,收入《景印文渊阁四库全书》第1131册,台湾商务印书馆,1986,第273—274页。

中国海古代海洋文明的中心在东南闽、粤、浙沿海,但在这个海域辽阔、南北差异、民俗有别的文化体系中,造船、航海的技术与地域传统各有差别,并随着历史的发展逐步积累。"①

以广船为例,其基本特点是头尖体长,上宽下窄,瘦尖底,梁拱小,使用开孔舵,舵轴力矩,帆形如张开的折扇,甲板脊弧不高,结构坚固,适合在深水航行,有较好的适航性能和续航能力。②南宋周去非在其著作中提到的"藤舟""木兰舟",即属于广船系列中的佼佼者,并说明了广船独特的建造工艺特点,"深广沿海州军,难得铁钉桐油,造船皆空板穿藤约束而成。于藤缝中,以海上所生茜草,干而窒之,遇水则涨,舟为之不漏矣。其舟甚大,越大海商贩皆用之"。③由此可见,广船在制造时不使用铁钉和桐油油漆,而是在空板处用"穿藤约束而成",彰显出精湛的造船工艺。而"木兰舟"条则描绘远洋帆船"木兰船"载物量巨大,十分惊人,只见"木兰舟浮南海而南,舟如巨室,帆若垂天之云,柂长数丈,一舟数百人,中积一年粮,豢豕酿酒其中,置死生于度外""盖其舟大载重,不忧巨浪而忧浅水也。又大食国更越西海,至木兰皮国,则其舟又加大矣。一舟容千人,舟上有机杼市井,或不遇便风,则数年而后达,非甚巨舟,不可至也。今世所谓木兰舟,未必不以至大言也"。④

除此之外,广船的精湛造船工艺还体现于船舵的选材和制造。文献记载了广州造船工场为了建造"数万斛之番舶",不惜高价去广西钦州购进特殊的舵用木材。

> 钦州海山,有奇材二种:一曰紫荆木,坚类铁石,色比燕脂,易直,合抱。以为栋梁,可数百年。一曰乌婪木,用以为大船之柂,极天下之妙也。番舶大如广厦,深涉南海,径数万里,千百人之命,直

---

① 吴春明:《环中国海沉船——古代帆船、船技与船货(上)》,江西高校出版社,2007,第77页。
② 阎根齐:《南海古代航海史》,海洋出版社,2016,第230页。
③ 周去非:《岭外代答校注》,杨武泉校注,中华书局,1999,第218页。
④ 同上书,第216—217页。

寄于一柂。他产之柂，长不过三丈，以之持万斛之舟，犹可胜其任，以之持数万斛之番舶，卒遇大风于深海，未有不中折者。唯钦产缜理坚密，长几五丈。虽有恶风怒涛，截然不动，如以一丝引千钧于山岳震颓之地，真凌波之至宝也。此柂一双，在钦直钱数百缗，至番禺、温陵（今泉州），价十倍矣。①

再以"福船"为例，它是福建、浙江沿海一带尖底木帆船的总称，在形态结构上固然与广船有许多相似之处，但在船型设计、船身设置、航运设备和连接工艺上又具备独特的地域特色。② 福建因为拥有漫长曲折的海岸线，造船历史悠久。早在春秋战国时期，居住于这里的闽越先民就刳木为舟，创造了一种首尾尖高的独木舟"须虑长"（汉语称"鸟了船"）。到了隋唐五代，泉州和福州已经成为区域造船中心。宋元时期，福建造船技术长期居于全国领先地位。北宋《太平寰宇记》记载的泉州土产就有"海舶"一项，即是泉州造船业兴盛的写照。但与全国其他地域略有不同，以造船主体而言，福建官营造船场并不兴盛，甚至陷于停顿，而民间造船业却极其兴旺发达。大大小小的私营造船工场遍布沿海各处，以泉州、福州、漳州、兴化（今莆田）为主要造船基地，出现如《泉南歌》所吟诵"州南有海浩无涯，每岁造舟通异域"的兴盛景象。闽地所建造的海船负有盛名，后世吕颐浩曾高度评价，"海舟以福建船为上，广东西船次之，温明州船又次之"③，由此可见福建所建造的海船质量在全国首屈一指。

---

① 周去非：《岭外代答校注》，杨武泉校注，中华书局，1999，第 219—220 页。
② 关于宋元时期海船建造的地域特色和技术创新，参见曾海燕、贺威：《宋元福建先进海船制造业的发展与技术创新》，《宋史研究论丛》2013 年。该文认为，宋元时期，福建民间海船制造业发展迅速，成为当时福建先进海船制造业兴盛发展的一个缩影。从整体来看，适航的船型设计、科学的船身设置、完备的航运设备和精巧的连接工艺，使福建海船的坚固性、稳定性、适航性得到了保证。而造船工艺的规范性和高效性、造船过程的经验性和智慧性、造船目的的实用性和简便性等特点，更是确立了宋元福建海船制造技术的领先地位。
③ 吕颐浩：《忠穆集》卷二《论舟楫之利》，收入《景印文渊阁四库全书》第 1131 册，台湾商务印书馆，1986，第 274 页。

追溯"福船"的演变历史，其形态特点其实早在唐代时已初露端倪。据泉州东石蔡氏藏嘉庆十三年（1808）抄本《西山杂记·王尧造舟》记载：唐代天宝年间，福建海船"舟之身长十八丈，次面宽四丈二尺许，高四丈五尺余；底宽二丈，作尖圆形；桅之高十丈有奇，银银舱舷十五格，可贮货品二至四万担之多"①。宋元时期"福船"的制造工艺更加精湛，因此特点也更加突出鲜明，如《宋会要辑稿》所记载，因为"福建、广南海道深阔"，不像两浙路如明州一带，是"浅海去处，风涛低小"，其船体形态整体特点是首部尖，尾部宽，两头上翘，首尾高昂，船体高大，上有宽平的甲板、连续的舱口，船首两侧有一对船眼，以及特有的双舵设计，操纵性好，主要适用于远海航行。正是由于"福船"适于深海远洋，因此在宋元时期一直都是官方出使海外的首选舟船。

例如前文提及徐兢于宣和六年（1124）出使高丽，使团一行人乘坐8艘载重量从120吨至240吨不等的"神舟""客舟"，规模宏伟，其中就有福船的帆影。徐兢撰述的《宣和奉使高丽图经》卷三十四记载了"客舟"，提及的"客舟"实际上就是来自福建、浙江私营造船工场制造的商船。关于"客舟"的格局分布、设施安置、人员配置等，文中均记载甚详。凭借这则文献史料，我们得以窥察宋代福建民间所建造商船的水准。兹摘录文献片段如下：

> 旧例，每因朝廷遣使，先期委福建、两浙监司顾募客舟，复令明州装饰，略如神舟。具体而微，其长十余丈，深三丈，阔二丈五尺，可载二千斛粟。其制皆以全木巨枋挽叠而成，上平如衡，下侧如刃，贵其可以破浪而行也。其中分为三处，前一仓不安艎板，唯于底安灶，与水柜正当两檔之间也。其下即兵甲宿棚。其次一仓装作四室……船首两颊柱中有车辆，上绾藤索，其大如椽，长五百尺，下垂碇石，石两旁夹以二木钩，船未入洋近山抛泊，则放碇著水底，如维缆之属，舟乃不行。若风涛紧急，则加游碇，其用如大碇，而在其两旁。遇行

---

① 转引自庄景辉：《海外交通史迹研究》，厦门大学出版社，1996，第209页。

则卷其轮而收之……大樯高十丈，头樯高八丈。风正则张布帆五十幅。稍偏则用利篷，左右翼张，以便风势。大樯之巅更加小帆十幅，调之野狐帆，风息则用之。①

关于宋代"福船"的船型特点，从《宣和奉使高丽图经》的记载可知，"其制皆以全木巨枋挽叠而成，上平如衡，下侧如刃，贵其可以破浪而行也"②，模仿阿拉伯海舶采用尖底。而且福船的 V 形船型设计，不但可以增强船舶稳定性，而且能极大减低水下阻力。1973 年，厦门大学历史系及福建省相关考古人员在泉州后渚港海滩发现一艘宋代沉船，引起了海内外各界的广泛关注。该沉船被定名为泉州湾宋代海船，留存残体陈列于泉州海外交通史博物馆。这艘船便是"上平如衡，下侧如刃"的尖底船，头尖尾阔，比例造型近似"客舟"，这为《宣和奉使高丽图经》文字记载提供了宝贵的实物证据。《泉州湾宋代海船发掘报告》如此描述这艘宋代海船："船身残长 24.20 米、残宽 9.15 米，平面扁阔近椭圆形，船底尖。船内有十二栋隔壁将船分成十三舱（包括艏尖舱）。每舱都保存了肋骨，木质已朽。船壳用二层或三层船板叠合。第一舱和第六舱保留了桅杆座，艉部保存了舵承座，艏部有艏柱。船体用材主要为杉、松和樟木三种。"③ 这与《宣和奉使高丽图经》记载的"客船"亦大体一致。④

再以 1976 年在朝鲜半岛南部新安发现的元船遗存为例，它是东方海域打捞出水的最大古沉船之一，其形态结构亦属于典型的华南深水船型。据著名的船史专家席龙飞考证，新安沉船为中国福船船型⑤，除了

---

① 徐兢：《宣和奉使高丽图经》，朴庆辉标注，吉林文史出版社，1986，第 70—71 页。
② 徐兢：《宣和奉使高丽图经》，大象出版社，2019，第 293—294 页。
③ 福建省泉州海外交通史博物馆编《泉州湾宋代海船发掘与研究》（修订版），海洋出版社，2017，第 16 页。
④ 有关这艘宋代海船的具体结构及特征，参见庄为玑、庄景辉：《泉州宋船结构的历史分析》，《厦门大学学报（哲学社会科学版）》1977 年第 4 期。
⑤ 席龙飞：《对韩国新安海底沉船的研究》，《海交史研究》1994 年第 2 期。

主要尺度、型线、外板采用鱼鳞式搭接与"福船"相似之外,"主龙骨榫接处的'保寿孔'内塞置铜镜和铜钱的'七星伴月'结构,是与现在闽南传统造船工艺中在龙骨'保寿孔'放置银元、五谷种和记录造船吉日红布之'奠基礼'同出一脉;同时闽南造船工艺中还有用桐油灰、麻丝捣成的舱料填塞船板缝隙的传统",与泉州后渚宋代沉船使用的是同一工艺,"据此可以肯定两者就是宋代'福船'船型"。①

宋元时期"福船"的建造工艺有诸多技术创新之处,集中体现于连接工艺和船体分舱抗沉结构两个方面。以前者而言,根据《泉州湾宋代海船发掘报告》可知,宋元时期福建海船的连接工艺极为精巧,诸多技术在当时世界范围内属于首创。例如,龙骨与艏柱的接连采用了直角榫合的工艺技术;船板上下左右之间都用榫接,并用铁钉加固,缝隙间都涂塞用麻丝、竹茹和桐油灰捣成的舱料,可使船体联成坚固的整体,并有防渗漏功能;在木船的不同部位使用不同形状的铁钉,采用"参""吊""锔"等适宜方法进行钉合,有效加强了钉合部位乃至整个船体的牢固性;在钉合时还用钉送把铁钉送进木板深处,再用桐油灰将钉头密封,这样可减少海水对铁钉的锈蚀,并提高船体的水密性。②

至元二十八年(1291),马可·波罗奉元朝皇帝命令护送阔阔真公主远嫁印度,一行人从泉州造船并起航。据《马可波罗游记》书中记载:"船板内外都用麻絮捻缝,并用铁钉加固……用下面一种油灰来抹船底。制法如下:人们用生石灰和切细的大麻混合起来捣烂,再加入从一种树上取下的油脂,制成一种软性油灰。"③ 此外,阿拉伯旅行家伊本·白图泰于元至正六年(1346)前来中国游历,即对福建海船的铁钉加固技艺印象深刻。他看到福建所产海船"先建造两堵木墙,两墙之间用极大木

---

① 吴春明:《环中国海沉船——古代帆船、船技与船货》,江西高校出版社,2003,第87页。

② 曾海燕、贺威:《宋元福建先进海船制造业的发展与技术创新》,《宋史研究论丛》,2013年。

③ 马可·波罗口述,鲁思梯谦笔录《马可波罗游记》,福建科学技术出版社,1981,第197—198页。

料衔接。木料用巨钉钉牢，钉长为三腕尺"①。与此形成鲜明对比的是，同一时期世界上许多航海国家的木船尚未普遍使用铁钉加固，只是"以椰子树皮制绳缝合船板，涂以橄榄糖泥的脂膏和他尔油"②，或者仅仅大木取方，相思合缝……惟以草塞罅漏而已③。简而言之，使用铁钉加固以及"桐油灰塞缝法"是宋元时期闽南地区特有的造船工艺技术，并且远远领先于当时世界造船水平。

  谈及"福船"船身设置的创新性和先进性，集中体现于水密隔舱的精巧设置。水密隔舱技术的发展与演变，可以远溯至我国汉晋，正式得以运用开始于唐朝，这比欧洲早了1100多年，它在宋元时期的福船建造中体现得尤其突出。例如，泉州湾宋代海船，从它的剖面模型来看，它安排有13个水密隔舱。再以元代为例，其造船技术直接继承了宋代水密隔舱的设置技术。《马可波罗游记》中对水密隔舱屡次提及："甲板下面辟六十个小舱，船舱数按照船的容积大小，有时少些，有时多些……海水从撞坏的地方渗透进来，涌到一直保持很清洁的船舱。船员一旦发现漏洞，立即将舱内货物转移，由于这种舱隔绝得十分精密，所以一舱进水，并不影响其他船舱。他们将损坏的地方修复以后，将货物仍旧搬回原处。"④

  所谓水密隔舱，就是用隔舱板把船舱分成互不相通的一个一个舱区。这一船舶结构是中国在造船方面的一大发明。它具有多方面的优势，主要体现在：水密隔舱既提高了船舶的抗沉性能，又增加了远航的安全性能；船上分舱，使得货物的装卸和管理更加方便；舱板跟船壳板紧密联结，起着加固船体的作用，不但增加了船舶整体的横向强度，而且使造船工艺大大简化，等等。马可·波罗的记载也在泉州后渚宋船遗

---

① 伊本·白图泰：《伊本·白图泰游记》，马金鹏译，宁夏人民出版社，2000，第537页。
② 桑原骘藏：《蒲寿庚考》，陈裕菁译，中华书局，1954，第95页。
③ 郑若曾：《筹海图编》卷八，收入《四库全书存目丛书·史部》第227册，齐鲁书社，1996，第143页。
④ 马可·波罗口述，鲁思梯谦笔录《马可波罗游记》，福建科学技术出版社，1981，第197页。

109

存中得到了证实,这艘载重 200 吨左右的宋代海船,由十二道隔舱壁将全船分隔成十三舱,除舱壁近龙骨处留有小小的能调节海船稳定和船首船尾吃水深浅作用的"过水眼"外,所有的舱壁钩联十分严密,水密程度很高。其后,水密隔舱技术经马可·波罗介绍传入西方,并且在 18 世纪欧洲各国得到广泛应用。

回溯中国古代造船历史,虽然"福船"作为正式称谓直到明代才出现,却与广船、沙船、浙船并称中国四大船系。通过上述船型、结构、属具和造船工艺等方面的回溯与分析,宋元时期福建海船具备船身结构坚固、航行稳定性好、海上抗沉能力强、航行设备完备等先进性能,这为日后福船扬名中外奠定了雄厚扎实的技术基础。进一步探究宋元时期福建造船业为何能够取得如此辉煌成就,其主要与民间造船业的兴盛密不可分。

除了"广船""福船"之外,"浙船"也是南方深水船型的代表,船只形态与前两者颇为相似,尖艏阔艉,艏艉高翘。浙江所产船舶种类繁多,南宋吴自牧《梦粱录》卷十二《江海船舰》提及:"浙江乃通江渡海之津道,且如海商之舰大小不等,大者五千料,可载五六百人。中等二千料至一千料,亦可载二三百人。余者谓之'钻风',大小八橹或六橹,每船可载百余人。"① 宋元时期浙船的主要产地是温州、明州。根据《宋会要辑稿》统计:宋徽宗政和四年(1114)明州、温州各造海船 600 艘,宋宁宗嘉定十四年(1221)温州建造海船 25 艘,临安船厂建造大小海船 112 艘,建造数量可谓惊人。成书于南宋宝庆年间的《宝庆四明志》,记载了南宋时期温州、明州两地官营船厂的情况。

> 国朝皇祐中,温、明各有造船场,大观二年以造船场并归明州,买木场并归温州。于是明州有船场官二员,温州有买木官二员,并差武臣。政和元年,明州复置造船、买木二场,官各一员,仍选差文臣。二年,为明州无木植,并就温州打造,将明州船场兵级及买木监官前去温州勾当。七年,守楼异以应办三韩岁使船,请依旧移船场于明州,

---

① 吴自牧:《梦粱录》卷一二《江海船舰》,浙江人民出版社,1980,第 112 页。

以便工役。寻又归温州。宣和七年，两浙运司乞移明、温州船场并就镇江府，奏辟监官二员，内一员兼管买木。未几又乞移于秀州通惠镇，存留船场官，外省罢从之，中兴以来复置监官于明州。①

如同"福船"一样，"浙船"在历代官、私海洋活动中也占有一席之地，有宋一代亦然。朝廷出海使臣所乘坐的大型座船时常由浙船承担，例如宋神宗元丰元年（1078）安焘出使高丽时，即"敕明州造万斛船两艘"；又如徐兢奉使高丽之时，船队中有两艘"神舟"，分别是"鼎新利涉怀远康济神舟"和"循流安逸通济神舟"，即宋朝官方督造、专供出使海外的使臣乘坐的大型客船，皆为浙船船型。《宣和奉使高丽图经》描述"神舟之长阔高大、什物器用人数，皆三倍于客舟也"。

> 臣侧闻，神宗皇帝遣使高丽，尝诏有司造巨舰二，一曰凌虚致远安济神舟，二曰灵飞顺济神舟，规模甚雄……爰自崇宁以迄于今，荐使绥抚，恩隆礼厚，仍诏有司更造二舟，大其制而增其名，一曰鼎新利涉怀远康济神舟，二曰循流安逸通济神舟。巍如山岳，浮动波上，锦帆鹢首，屈服蛟螭。所以晖赫皇华，震慑夷狄，超冠今古，是宜丽人迎诏之日，倾国耸观而欢呼嘉叹也。②

综上所述，宋元时期无论在造船技术和造船能力方面，都远远超过了前代，达到了一个新的历史高度。宋元时期海船制造技术的特点，大致可以体现在三个方面。其一，造船工艺的规范性。在长期的造船工艺实践中，宋元时期造船工匠充分汲取前代经验制法，并且探索出一套规范而且高效的手工造船模式——先定龙骨，后定水底板，再是隔舱板，然后在隔舱板与外板相接处遍设肋骨，起到加固联结隔舱板与船壳板的作用。这种制作顺序被称为"船壳法"，一直沿用至明初，直到被"结

---

① 转引自陆游著，钱仲联等主编《陆游全集校注》，浙江古籍出版社，2015，第22—23页。
② 徐兢：《宣和奉使高丽图经》，朴庆辉标注，吉林文史出版社，1986，第70页。

构法"所取代。其二，造船过程的经验性。例如，福建传统造船手工艺之"上稳"，即使船体有着恰到好处的弧度，借此抗击海上风浪。在没有借助任何机械或电力设备的情况下，造船工匠们是如何将一根笔直的木材加工成弧形的？原来竟是用开水将它烫弯的。工匠将烧开的热水慢慢浇灌在木板上，待木板受热变软后，再将它的两头慢慢向上提升，如此一点点地形成弧度。在这个过程中，工匠们使用麻绳将木头扎紧，否则它会裂开。这种"土"方法充分彰显古人的智慧，体现他们善于分析、抓住事物的特性，以纯熟的技巧和经验赢得造船的关键环节。其三，造船取材和设计的实用性。例如，福建地区造船匠在造船时大都就地取材，本地山区丰富的林木、桐油、麻丝、海蛎壳等皆能成为造船的材料，既实用又方便；在船型设计方面，与江河湖船不同，福建海船一般是尖底设计，体现出实用与优美并重的理念。

二、宋元时期航海技术的重大突破

宋元时期，在积累前代经验的基础上，我国航海人通过努力探索，掌握了当时世界上较为先进的航海技术，主要体现于季风知识的普及与巧用、御风技能的提升、导航新技术的使用、航海图与船队编组的出现等方面。

宋元时期，我国船工已经熟练地掌握了海洋季风的规律，从而能够利用海洋季风转化为帆船动力。对于季风规律的准确把握，可以说是宋元时期远航交通得以顺利开展的重要条件。宋元时期的航海者已经掌握了东至日本、高丽，南到东南亚，直至中东的季风规律。关于季风规律，在宋元诸多文献典籍中多有记载。例如，从浙江、福建前往高丽是乘夏季西南季风，即《宣和奉使高丽图经》所言，"舟行皆乘夏后南风""去日以南风，归日以西风"。前往日本也在夏季或秋初乘西南季风，回航乘初春东北信风。去南海（东西洋）诸国，则是冬汛北风发舶，夏汛南风回舶。南宋绍兴三年（1133）漳州知州廖刚观察："平时海舟欲有所向，必先计物货，选择水手，修葺器具，经时阅月，略无不备，然后敢动。则又必趁风信时候冬南夏北，未尝逆施。是以舟行平稳，少有疏虞。风色既顺，一日千里，曾不为难。"① 朱彧的《萍洲可谈》记载："舶船去以十一月、十二月，就北风，来以五月、六月，就南风。船方正若一木斛，非风不能动。其樯植定而帆侧挂，以一头就樯柱如门扇，帆席谓之'加突'，方言也。海中不唯使顺风，开岸就岸风皆可使，唯风逆则倒退尔，谓之使三面风，逆风尚可用碇石不行。广帅以五月祈风于丰隆神。"②

宋元时期东南沿海地区盛行祈风习俗，广州"五月祈风于丰隆神"即为例证。而泉州港从晚唐开始逐渐形成一种祈风制度，到了北宋元祐二年（1087）福建市舶司设置之后，祈风更是被官方正式列为崇隆典礼。根据泉州南安九日山现存的有关祈风山刻，叮知泉州港一年祈风两次，届时知州、提舶都必须亲自率领僚属举行隆重仪式。③ 广州仅"五月祈风于丰隆神"，而泉州一年祈风两次，原因在于"泉州可兼营两地贸易，这固然与福建位于我国海岸线之转折处的优越地理有关，但更应看到其中蕴含着先民巧用季风的智慧和技术，终使后来居上的泉州港成为世界第一大港"。④

此外，宋元时期航海者已经测量过各海域水深，还掌握相当的航海气象学知识，会根据海水清浊判断离岸远近。例如《萍洲可谈》记载："或以十丈绳钩，取海底泥嗅之，便知所至。海中无雨，凡有雨则近山矣。"⑤

> 又论舟师观海洋中日出日入，则知阴阳；验云气则知风色顺逆，毫发无差。远见浪花，则知风自彼来；见巨涛拍岸，则知次日当起南风；见电光则云夏风对闪。如此之类，略无少差。相水之清浑，便知山之近远。大洋之水，碧黑如淀；有山之水，碧而绿；傍山之水，浑

---

① 廖刚：《高峰文集》卷五《漳州到任条具民间利病五事奏状》，收入《景印文渊阁四库全书》第1142册，台湾商务印书馆，1986，第363页。
② 朱彧：《萍洲可谈》，李伟国点校，中华书局，2007，第133页。
③ 李玉昆：《试论宋元时期的祈风与祭海》，《海交史研究》1983年第5期。
④ 贺威：《宋元福建科技史研究》，厦门大学出版社，2019，第346页。
⑤ 朱彧：《萍洲可谈》，李伟国点校，中华书局，2007，第133页。

而白矣。有鱼所聚，必多礁石，盖石中多藻苔，则鱼所依耳。每月十四、二十八日，谓之"大等日分"，此两日若风雨不当，则知一旬之内，多有风雨。凡测水之时，必视其底，知是何等沙泥，所以知近山有港。①

众所周知，开拓海上丝绸之路，拥有性能优异的海船固然是根本，但开辟海道并使之成为相对稳定的海上通行通道，掌握良好的导航技术同样不可或缺。其实，航行于茫茫无际的海洋中，导航定位是一项极为复杂的技术难题。宋元时期远洋航海技术水平得到了显著提高，尤其是船舶导航定位技术发展到精确的定量阶段。该时期定量导航技术的两项重要成就是"指南针法"和"过洋牵星"。以指南针的广泛使用为例，宋元时期海上交通的迅速发展和扩大，与指南针在航海上的广泛应用紧密联系在一起。宋以前的航海方向指引，航行者一般凭天象、天体来识别方向，夜以星辰指路，日靠太阳辨向，一旦航行过程中遇到恶劣天气，就会险象环生，船员只能听天由命。例如，唐文宗开成三年（838），日本和尚圆仁前来我国求法，后来撰有《入唐求法巡礼行记》，书中描述了在海上遇到阴雨天气而无法辨认海船航向的窘况。东晋时期，法显从海外乘船回国时，由于遇到多日的阴晦天，船舶只能漫无目的地在海上漂航。这些皆是航海罗盘发明前，海上航行一旦遇到阴晦天气就束手无策的典型例子。因此，北宋末至南宋初，航海罗盘的发明与使用改变了过往依赖初级天文导航的状况，开创了我国古代航海的新纪元，人类从此进入计量航海时代。

我国古代航海罗盘的发明经历漫长时间，大约分成三个阶段：首先是指南针的发明；其次是将指南针装配到占卜用的式盘上，成为堪舆罗盘；最后，航海家将堪舆罗盘优化后移植到海船上，发明了航海罗盘。指南针作为我国古代四大发明之一，起源很早。战国时期先民就已经认识并利用磁石的性能，发明了原始的旱式指南磁石——"司南"。到唐朝时，通过摩擦获得磁性的指南针已经发明，并成为日常生活中常见的

---

① 吴自牧：《梦粱录》卷一二《江海船舰》，浙江人民出版社，1980，第112页。

器具。有宋一代，更加精确的水浮法指南针已经被发明出来。因此，宋代指南针的发展，是在唐代原有技术基础上取得的，在北宋时取得了重大突破。

两宋史籍中存有诸多指南针制造及演变的文献史料。例如，北宋运用国家力量编辑的大型综合性兵书——《武经总要》（成书于北宋庆历四年，即1044）。该书前集卷十五首次记叙了航海罗盘前身——"指南鱼"的详细制造方法。

> 若遇天景曀霾，夜色暝黑，又不能辨方向，则当纵老马前行，令识道路。或出指南车及指南鱼，以辨所向。指南车法世不传，鱼法用薄铁叶剪裁，长二寸，阔五分，首尾锐如鱼形，置炭火中烧之，候通赤，以铁钤钤鱼首出火，以尾止对子位，蘸水盆中，没尾数分则止，以密器收之。用时置水碗于无风处，平放鱼在水面令浮，其首常南向午也。①

继《武经总要》之后，北宋科学家沈括在其代表作《梦溪笔谈》（成书于北宋元丰八年，即1085）中也谈到了指南针，观察到"以磁石磨针锋，则锐处常指南，亦有指北者"，还详细罗列了磁针的架设方法。

> 方家以磁石磨针锋，则能指南，然常微偏东，不全南也。水浮，多荡摇，指爪及碗唇上皆可为之，运转尤速，但坚滑易坠，不若缕悬为最善。其法：取新纩中独茧缕，以芥子许蜡缀于针腰，无风处悬之，则针常指南。其中有磨而指北者。余家指南北者，皆有之。磁石之指南，犹柏之指西，莫可原其理。②

沈括记载了指南针的人工磁化方法、磁偏角的发现以及指南针的架

---

① 曾公亮、丁度：《武经总要》，收入《景印文渊阁四库全书》第726册，台湾商务印书馆，1986，第468页。
② 沈括：《梦溪笔谈》，侯真平校点，岳麓书社，2002，第200页。

设方法。该书的记载被后人视为中国古代使用指南针航海的重要依据。关于磁针的装置法，据文献记载可知，沈括本人亲自做了四种试验：把磁针横贯灯芯浮在水面，将磁针架在碗的边沿，将磁针放在指甲上，以及用缕丝将磁针悬挂起来。沈括开展的这四种试验，概括起来属于三种类型：一是水浮法，二是支点旋转法，三是缕丝悬挂法。三种方法各有优劣，它们在后来都有不同程度的发展与改进。尤其是水浮法，它在我国指南针发展史上占有重要的地位。此外，非常重要的一点，沈括《梦溪笔谈》一书大概是最早记载磁偏角的中国古代典籍。

北宋医药学家寇宗奭在《本草衍义》也提及磁偏角现象：

> 磁石，色轻紫，石上皱涩，可吸连针铁，俗谓之燻铁石。养益肾气，补填精髓，肾虚耳聋、目昏皆用之。入药，须烧赤醋淬。其元石，即磁石之黑色者也，多滑净。其治体大同小异，不可分而为二也。磨针锋则能指南，然常偏东不全南也。其法取新纩中独缕，以半芥子许蜡，缀于针腰，无风处垂之，则针常指南。以针横贯灯心，浮水上，亦指南，然常偏丙位。盖丙为大火，庚辛金受其制，故如是，物理相感尔。①

寇氏指出指南针发明的基本原理在于"磨针锋则能指南"，即通过磁石摩擦使针获得磁性，进而获得指南的特性。这是指南针发明过程中非常关键的一个步骤。倘若缺失这一步，指南针可能仅是中医行医过程中偶发的趣事或玩物。另外，寇氏描绘出指南针与罗盘组合后出现的磁偏角现象。他所指出的指南针的三种样式显然比沈括的四种样式更具实用性和可操作性。地球磁偏角的发现正是水浮法指南针精确性的体现，而精确性正是指南针运用于定量化航海定位、导航的前提。正是水浮法指南针出现之后不久的北宋末年，指南针开始运用于远洋海船，并迅速得以推广普及。

倘若进一步追问"堪舆罗盘何时被移植到海船上成为航海罗盘，也

---

① 寇宗奭：《本草衍义》，中国医药科技出版社，2018，第34页。

没有准确的记载,但可以推测,最先将堪舆罗盘应用到海船上,使之变成航海罗盘的,极有可能是福建籍的航海家"①。刘义杰的推测建立在两个基础之上:其一,有悠久航海历史和优良造船工艺的福建,是构成两宋海上丝绸之路的中坚力量,频繁的海外航行和越来越广阔的航线都需要更加精确的导航工具,航海需求带来将堪舆罗盘引入航海作为导航工具的可能性;其二,福建地区历来崇拜神灵,航海家接触堪舆家的机会也就多出了许多。因此,"福建籍的航海家最早引进堪舆罗盘并将其改造为航海罗盘,虽然没有可靠的文献记载,但仅从上述福建有悠久的航海传统和优越的造船技术以及闽人崇祀自然力的传统上分析,闽籍航海家首先使用航海罗盘并非毫无根据"②。

英国科技史研究专家李约瑟也猜测航海罗盘的最早使用者是闽籍航海家。他在其《中国科学技术史》一书中说:"福建派堪舆家必定重视对航海非常重要的那些事物,这一点是因此可以预料的。我想指出,凡有关磁罗盘最早应用于航海的研究,还是把注意力集中到福建,特别是唐代和宋代初期为好。"③李约瑟的猜测得到相关文献的佐证。例如,杨惟德的《茔原总录》卷一记载了指针用法及磁偏角的存在,并提出了校正磁针测定方向偏差的方法,即所谓"客主取的,宜匡四正以无差,当取丙午针,于其正处中而格之,取方直之正也"云云。如其所述,使用指南针,发现了地球存在的磁偏角,这条记录比沈括所述早了将近四十年。

宋元载籍保留诸多当时各个航线上指南针运用的记载,兹举若干例证。宋哲宗元符年间广州出洋海船已经在使用指南针,《萍洲可谈》卷二"甲令条"记载:"舟师识地理,夜则观星,昼则观日,阴晦观指南针。"④较之沈括《梦溪笔谈》的相关记述,该书的记载虽然晚了一些,

---

① 刘义杰:《中国古代海上丝绸之路》,海天出版社,2019,第45页。
② 同上书,第46页。
③ 李约瑟:《中国科学技术史·第四卷·物理学及相关技术·第一分册·物理学》,上海古籍出版社,2015,第262页。
④ 朱彧:《萍洲可谈》,李伟国点校,中华书局,2007,第133页。

但记述更为具体形象。这则文献足以表明在南海航线上航海者已经逐步使用指南针导航。只不过这时候的海上航行，还只是在见不到日月星辰之时才对指南针加以使用。这是由于航海者依靠日月星辰来定位有一千多年的经验，对于指南针的使用还不是很熟练。尽管如此，"朱彧之书对于海外交通最可宝贵者，乃指出中国海舶已用罗盘导航。该书虽成于1119年，但所记事乃据其父任广州知府之所见所闻，即在大约1099年至1102年间。由此推断，广州港中国海舶之使用指南针，当为公元1103年以前的事，比欧洲人使用罗盘要早七八十年"①。

宋徽宗年间出使高丽的海船也使用指南针，徐兢《宣和奉使高丽图经》卷三十四"海道一·半洋焦"记载："舟行过蓬莱山之后，水深碧，色如玻璃，浪势益大……是夜，洋中不可住，惟视星斗前迈，若晦冥则用指南浮针，以揆南北。"② 按照该书的记载，在出使船队航行于东海至黄海海域时，指南针已经成为海船上的一个辅助定向工具，一般是在阴雨晦暝之际，航海者观察不到日月星辰时会对其加以使用。徐兢作为航海亲历者，记录了航海罗盘的原始形态是一种"浮针"式的水罗盘。在古代航海导航技术发生重大变革的过程中，《宣和奉使高丽图经》一书无疑具有里程碑的意义，它一方面对传统航海导航技术进行了全面详尽的总结，另一方面又开启了指南针导航的新时代。"通观有宋一代诸书，只有该书才是最早明确记载中国海船如何使用罗盘导航并行走于专门的航线上。由于是次航行始发及回归港口均为明州，遂使宁波港保有最早载述中国远洋航船以罗盘导航成功来回的记录。"③

南宋朱继芳在《静佳乙稿·航海》中写道："地角与开倪，茫茫何处期。星回析木次，日挂扶桑枝。沉石寻孤屿，浮针辨四维。飘然一桴意，持此欲安之。"④ 诗中"浮针辨四维"也从侧面体现了当时指南针在

---

① 陈佳荣、朱鉴秋编著《渡海方程辑注》，中西书局，2013，第352页。
② 转引自夏秀瑞、孙玉琴编著《中国对外贸易通史（第一册）》，对外经济贸易大学出版社，2001，第155页。
③ 陈佳荣、钱江、张广达编《历代中外行纪》，上海辞书出版社，2008，第440页。
④ 曲金良主编《中国海洋文化史长编（宋元卷）》，中国海洋大学出版社，2013，第292页。

航海中发挥着重要的导航作用。"海南，汉朱崖、儋耳也……外有洲曰乌里、曰苏密、曰吉浪，南对占城，西望真腊，东则千里长沙，万里石塘，渺茫无际，天水一色，舟舶来往，惟以指南针为则，昼夜守视唯谨，毫厘之差，生死系焉"。① 此外，由以上文献可见，北宋末年堪舆罗盘已经成功地应用到航海中来，成为当时最先进的导航设备。

随着指南针在海上航行的不断应用，自南宋之后航海活动对于它的依赖与日俱增。指南针成为大洋航行时不可或缺的导航设备，因此出洋船舶上安排有专人——"火长"昼夜谨慎看护指南针，不能有丝毫疏忽大意。南宋吴自牧的《梦粱录》提及海上航行的重重风险以及专司观测指南针的人员。

> 自入海门，便是海洋，茫无畔岸，其势诚险。盖神龙怪蜃之所宅，风雨晦冥时，唯凭针盘而行，乃火长掌之，毫厘不敢差误，盖一舟人命所系也。愚屡见大商贾人，言此甚详悉。若欲船泛外国买卖，则是泉州便可出洋，迤逦过七洲洋，舟中测水，有七十余丈。若经昆仑、沙漠、蛇龙、乌猪等洋，神物多于此中行雨，上略起朵云，便见龙现全身，目光如电，爪角宛然，独不见尾耳。顷刻大雨如注，风浪掀天，可畏尤甚。但海洋近山礁则水浅，撞礁必坏。船全凭南针，或有少差，即葬鱼腹。②

《梦粱录》提及的"火长"，乃船上掌管航海罗盘的专职人员。有关"火长"名称的由来，历史上众说纷纭，学术界对此也看法不一。③ 譬如刘义杰先生认为"火长"是航海罗盘发明之后对掌握航海罗盘这一工具的专职人员的称谓，始于南宋中叶航海罗盘的成熟期。而掌握航海罗盘

---

① 周伟民、唐玲玲辑纂点校《历代文人笔记中的海南》，海南出版社，2006，第35页。
② 吴自牧：《梦粱录》卷一二《江海船舰》，浙江人民出版社，1980，第112页。
③ 有关"火长"的辨析考证，参见庞朴：《"火历"初探》，《社会科学战线》1978年第4期；唐嘉弘：《"火长"考辨》，《社会科学研究》1980年第4期；刘义杰：《"火长"辨正》，《海交史研究》2013年第1期。

的专职人员被称作"火长",与航海罗盘脱胎于堪舆罗盘有直接的关系。因为航海罗盘的二十四方位布局,是直接从堪舆罗盘传承而来的。在堪舆罗盘中,二十四方位的布局是根据阴阳、八卦及五行说设置的,航海罗盘表示南方方位的有丙、丁、巳、午、未五个。阴阳五行家认为"丙,火也"。堪舆家认为"火实为石之母",南方之"火"吸引磁针指南。八卦中,南方属木,"木火炎上",故色赤,这与我国南方天气炎热,土壤以红色居多相吻合。

因此,指南针上指向南方一端的指针均涂以红色作为标记,以象征南方的"火"。能够掌握指南针的人也就掌握了"火",此人为"一船之主宰",所以称作火长。而周运中不赞同此种观点,以为"有学者认为南在五行属火,所以掌握指南针的人称为火长。此说不确,如果是因为指南针,为何不叫针长,还要通过五行迂曲"。他举明代黄衷《海语》所记载的"海舶相遇,火长必举火以相物色"为例,推测船只在海上相遇,火长要举火招呼,类似今日的旗语,认为这是火长得名的原因。两人说法可谓见仁见智,相较而言,刘义杰的分析阐释显然更胜一筹。

到了元代,指南针的应用就更为普遍,显示也更加精确,成为海船必备的航海工具,尤其在海上远航过程中必不可少,如汪大渊《岛夷志略》所言:"上有七州,下有昆仑。针迷舵失,人舟孰存。"这一谚语亦见于《明史》卷三二四《宾童龙国传》:"宾童龙国,与占城接壤……有昆仑山,节然大海中,与占城及东、西竺鼎峙相望。其山方广而高,其海即曰昆仑洋。诸往西洋者,必待顺风,七昼夜始得过,故舟人为之谚曰:上怕七州,下怕昆仑。针迷舵失,人船无存。"① 明代费信的《星槎胜览》一书亦引用此谚语,末句作"人船莫存",由此可见此谚语流传已久。

此外,在长期征服海洋的航海实践基础上,宋元航海者通过吸收中外优秀的航海技术成果,开始把指南针许多针位点连接起来,用来标明航线,所以这个时期已经出现了与特定航线的航海图相配套的、用来记

---

① 张廷玉等:《明史》,岳麓书社,1996,第 4807 页。

录航海针路的"指南针经",也称为针路。① 例如,北宋末年徐兢撰述的《宣和奉使高丽图经》,可视为海道针经的最原始版本。根据徐氏在书中的记载,使团在航海过程中参考过前人留下来的航海指南类工具书,一种被称为"海程"的参考书。南宋周去非在其著作中记载:"舟师以海上隐隐有山,辨诸番国皆在空端。若曰往某国,顺风几日望某山,舟当转行某方。或遇急风,虽未足日,已见某山,亦当改方。苟舟行太过,无方可返,飘至浅处而遇暗石,则当瓦解矣。"② 吴春明认为"这是关于舟师依针法航海的最早记录"③。

到了元代,最初出现于"海漕"的海上运输航线开始记录针路。根据元人纂修的《大元海运记》记载:"海道都漕运万户府前照磨徐泰亨,曾经下海押粮,赴北交卸。本官记录,切见万里海洋,渺无际涯,阴晴风雨,出于不测,唯凭针路定向行船,仰观天象以卜明晦,故船主招募惯熟艄公,使司其事,凡在船官粮、人命,皆所系焉。"④ 曾为漕运官吏的徐泰亨将其针路记录成册,编成一本称作《海运纪原》(七卷)的册子,可惜亡佚不得见。"现存的《大元海运记》收录有《漕运水程》,这个《漕运水程》很可能就是从徐泰亨的《海运纪原》一书中辑出……因此可以认定《漕运水程》就是一本海道针经,是现存已知的最早的海道针经。"⑤ 元朝海漕经过不断摸索,曾经三次变更海道,但都要凭针路来确定航向。⑥

---

① 逢文昱:《宋元针路探微:兼论南海更路簿的形成时间》,《南海学刊》2022年第6期。作者通过对《萍洲可谈》《宣和奉使高丽图经》《诸番志》《领外代答》《真腊风土记》等历史文献的爬梳与考证,得出结论——"宋代的南海海道已经按针路行船。元代,针路海航进入成熟阶段……根据指南针在南海航线的普及情况,南海更路簿的形成时间当不晚于南宋初年"。
② 周去非:《岭外代答校注》,杨武泉校注,中华书局,1999,第217页。
③ 吴春明:《环中国海沉船:古代帆船、船技与船货》,江西高校出版社,2003,第141页。
④ 郑福田主编《永乐大典》第37卷,远方出版社,2006,第50页。
⑤ 吴春明:《环中国海沉船:古代帆船、船技与船货》,江西高校出版社,2003,第59页。
⑥ 陈佳荣、朱鉴秋主编《中国历代海路针经》,广东科技出版社,2016,第124—133页。

元成宗元贞元年（1295），周达观随使团出使真腊（今柬埔寨），两年后回国，最终撰成《真腊风土记》，书中详细记录了温州往返真腊的航海路线。"自温州开洋，行丁未针。历闽、广海外诸州港口，过七洲洋，经交趾洋到占城。又自占城顺风可半月到真蒲，乃其境也。又自真蒲行坤申针，过昆仑洋，入港"。① 这里所谓的"丁未针"及"坤申针"，即为罗盘定位。其准确的方位角，根据夏鼐先生的考证解释："'丁未针'之方向为'南、南西'，即二百零二度三十分（方位角），或'南二十二度三十分西（方位）'。'坤申针'之方向为'南西1/6西'，亦即二百三十二度三十分（方位角），或'南五十二度三十分西（方位）'。"②《真腊风土记》详细地记录了温州往返真腊的针位，是目前所见最早的记有针位的书籍。"对于中国古代海路交通史而言，《真腊风土记》的重要性不仅因首记'唐人'一词而成华侨历史的宝贵资料，而且其自温州开洋抵达真腊有明确的针位记载，是为现存首载用罗盘干支法标示的导航针路记录"。③

宋元时期，除了将指南针运用于航海导航之外，传统航海技术如天文、地文导航在这一时期也得到了较大幅度提升和完善。以天文导航技术④而言，宋元时期在继承唐代及唐以前历代天体定向助航技术的基础上，出现了很大的进步，主要标志是与远洋横渡航行至关密切的天文定位导航技术开始问世，从而实现了从定向到定位的飞跃。宋元时期的中国航海家已经发明了通过专有仪器测量恒星的出水高度，⑤ 以指示航船精确维度坐标的"过洋牵星"，这标志着我国古代航海天文导航定位也

---

① 周达观：《真腊风土记校注》，夏鼐校注，中华书局，1981，"总叙"第15页。
② 同上书，第25页。
③ 陈佳荣、朱鉴秋编著《渡海方程辑注》，中西书局，2013，第358页。
④ 关于中国古代天文导航术的起源，参见吴春明：《从南岛"裸掌测星"到郑和"过洋牵星"：环中国海天文导航术的起源探索》，《南方文物》2012年第3期。
⑤ 有关宋元时期观测方位星高度工具的问题，参见韩振华：《我国古代航海用的量天尺》，载《文物集刊》（2），文物出版社，1980，第217—221页；金秋鹏：《略论牵星板》，《海交史研究》1996年第2期；陈晓珊：《"量天尺"与牵星板：古代中国与阿拉伯航海中的天文导航工具对比》，《自然科学史研究》2018年第2期。

进入了定量化时代。诸多文献表明，宋人在航海活动中已经掌握并运用了天文定位导航技术。例如，朱彧的《萍洲可谈》卷二"甲令条"载"舟师识地理，夜则观星，昼则观日"，徐兢的《宣和奉使高丽图经》卷三十四"半洋焦"载"是夜，洋中不可往，惟视星斗前迈"，周去非的《岭外代答》卷六载"舟师以海上隐隐有山，辨番国皆在空端"，吴自牧的《梦粱录》卷十二语载"论舟师观海洋中日出日入，则知阴阳"。这些都是宋代航海者利用"过洋牵星"技术进行航海实践的真实记录。

中国古代航海史上的天文定位导航技术始于宋代，学界已经取得初步一致的意见。虽然此时期已经出现水浮针（或针盘）导航，但对于以开辟横渡印度洋航路为标志的宋代航海活动来说，这远远不足以保障航海定位的精准度。"因为船队越洋横渡的航线基本为东西走向，对于航迹推算船位的最大干扰在于船舶因风、流压差而导致在南北方向上的横向飘移。如果掌握了可以判明南北位移的天文定纬度技术，那么，以磁针定向为基础的航迹推算精度就可以得到关键性的修正，从而使航海定位真正地成为可能。"① 如果说宋代天文定位导航的文献记载仍然有诸多模糊之处，那么到了元代，以测量天体高度来判定船位变化的记载就十分明确了，最为典型的例证莫过于《马可波罗游记》的记载。

元朝至元年末，马可·波罗率领的船队由马六甲海峡进入印度洋后，曾多次使用天文定位术来确定船队的位置。例如，小爪哇岛"这个岛远在南方，看不见北斗星"；"离开巴斯曼进入萨马拉（Samara）王国"，"这里看不见北斗星，连大熊星座的其他星星也看不见"；"科马利（Komari）是一个省，在爪哇看不见的一部分北方星座，在这里约五十公里之内抬头就可看到，这里似乎比地平线高出四十五至五十五厘米"；"马拉巴（Malabar）是大印度的一个幅员广阔的王国"，"在这个国度里，大约高出地平线四米半的地方可以看到北斗星"；"古尔拉特（Guzzerat）位于印度海的西部"，"从该处十二米半的高度，可以看到北斗星"；"坎贝（Kambaia Cambay）……国土位于更西北方，所以北斗星比前面所说

---

① 曲金良主编《中国海洋文化史长编》（典藏版），中国海洋大学出版社，2017，第1005页。

的那几个国家都高"。①

在《马可波罗游记》一书中，共有四处关于星体出地（或出水）高度的记载，其中三处有具体数值："科马利（Comari，今科摩林岬）是印度之一国，在爪哇（Ja-va）看不见的北斗星，在距这里三十'迈尔'的海上，可见其出地平一'古密'"，"这里（指马里八儿，Mazibar，今印度西南马拉巴海岸）北极星最高时达水面之上二'古密'"，"这里（指胡荼辣，Gozurat，今印度卡提阿瓦半岛）北极星上升到六'古密'高"，"这里（坎巴夷替，Cambaia，今印度坎巴）北极星更明，盖因更向西之故"。② 这里的观测高度"古密"，即为"中国尺寸的欧洲译语"。元代马可·波罗船队测量北极星出水高度，是中国古代天文导航实践上的一次标志性事件。总而言之，指南针定量测向法的综合运用，真正实现了"夜则观星，昼则观日，阴晦观指南针"的全天候导航，从而确立了中世纪我国航海技术在世界突出的领先地位。

宋元时期航海技术的另一重大突破，表现在航海图的出现。中国海上航行起源甚早，但是最早的航海图直到宋代才出现，譬如，《舆地图》上就出现了海上航线的标注，只不过当时尚未真正从地图中完全分离出来，而形成航海专图。论及中国最早的航海专图，根据有关学者的考证研究，应该出现于元代，但是存世的只有明代仿照元人绘制的航海专图。③

除了航海图，船队编组在这个时期也已经出现。对于造访中国的外国游历家来说，元代泉州海船合理有序的编组给他们留下了至为深刻的印象。意大利人马可·波罗在游记中详细记载了泉州大小船舶配套编组航行的情况：大船"各有一舵，而具四桅"，船中"有船房五六十所，商人皆处其中，颇宽适"；"具帆之二小舟"，可以独自"单行"，亦可系

---

① 马可·波罗口述，鲁思梯谦笔录《马可波罗游记》，陈开俊等合译，福建科学技术出版社，1981，第207—234页。
② 曲金良主编《中国海洋文化史长编（宋元卷）》，中国海洋大学出版社，2013，第296页。
③ 有关中国古代航海图的历史演变，参见朱鉴秋：《中国古代航海图发展简史》，《海交史研究》1994第1期。

于大船之后，需要之时便"操棹而行，以助大舶"；除此之外，另有"小船十数助理大舶事务"①，以避免庞大船舶受港口水深限制而造成停泊困难。摩洛哥旅行家伊本·白图泰亦记载往来印度洋的中国船只分成大、中、小三类，大者有船员千人，并有随行船只相伴而行。随行船只细分为"半大者，三分之一大者，四分之一大者"② 三类。《海盐县图经》亦记载："胡人谓三百斤为一婆兰，凡舶舟最大者曰独樯，载一千婆兰；次者曰牛头，比独樯得三之一；又次曰木舶，曰料河，递得三之一。"③ 从以上这些文献记载可知，无论是官方船队或是商运船队，宋元时期泉州港船舶根据大小而有所分工，并形成完整的航行集体和运输体系。

此外，宋元时期作为我国古代航海的全盛时期，此一时期所运用的海上航行技术在继承前代的基础上，更有勇于创新突破的一面。客观而言，对古代"海上丝绸之路"产生重大推动作用的宋元时期航海技术，其内涵非常多元，对后世的影响极为深远，如航海地理视野的开阔、地文定位技术的深化、航路指南的成熟、船用海图的应用、气象预测的采用、船舶操纵技艺的精进等等，但最为重要的则是磁罗盘导航和大洋天文定位技术。究其原因，对于大洋横渡直航而言，判断准确的船位是绝对必要的。而在船舶远离海岸航行的情况下，传统的陆标定位已然失去意义。从技术手段而论，正确船位的判别，必须依靠从已知船位推算未知船位的航迹推算术和通过观测天体来判断船位的天文定位术。要正确推算船位，必须有全天候的测向工具，而要正确进行天文定位，也必须有便利的航海测天工具。宋元时期海员应用的磁罗盘与量天尺，则正好满足了远洋横渡航行的定位技术需求。

---

① 贺威：《宋元福建科技史研究》，厦门大学出版社，2019，第 350 页。
② 伊本·白图泰口述、伊本·朱甾笔录：《异境奇观——伊本·白图泰游记（全译本）》，李光斌译，海洋出版社，2008，第 486 页。
③ 胡震亨辑著《海盐县图经》，浙江古籍出版社，2009，第 187—188 页。

第二节　宋元时期的东亚航路

一、朝鲜半岛航路

中国和朝鲜半岛的地缘关系，决定了中国人民与朝鲜半岛人民相互交往甚早，而且源远流长。高丽"与日本、琉球、聃罗、黑水、毛人等国犬牙相制"，"自燕山道陆走，渡辽而东之其境，凡三千七百九十里。若海道，则河北、京东、淮南、两浙、广南、福建皆可往。今所建国，正与登、莱、滨、棣相望"，① 即与北宋京东东路的登州、莱州、滨州、棣州隔海相望，有陆地、海上通道互通往来。纵观整个宋代，中国与高丽之间舟帆相继，络绎不绝，互动极为频繁。仅据朝鲜史料的不完全统计，前往高丽的中国航海者，有记载可考的即达到5000余人之众。② 这一时期中国与朝鲜半岛之间的海上交通，比前代有着显著的进步。以出发港口而言，宋朝对高丽海上航行的港口，主要是山东半岛的登州和浙东的明州。因此，宋代通往高丽的主航线有两条：一条是北路航线，即由山东半岛的登州出发前往高丽；一条是南路航线，即由浙江的明州出发前往高丽。南北海港的兴替，明显地分成前后两个历史时期：天圣之前，主要在登州；熙宁以后，主要在明州。《宋史·外国传·高丽》记载："往时高丽人往返皆自登州，（熙宁）七年（1074），遣其臣金良鉴来言，欲远契丹，乞改途由明州诣阙，从之。"③

从登州变换成明州，乃登州地理位置太过靠近辽朝统治区域的缘故，因为登州"地近北虏，号为极边，虏中山川，隐约可见，便风一

---

① 徐兢：《宣和奉使高丽图经》卷三《封境》，收入《景印文渊阁四库全书》第593册，台湾商务印书馆，1986，第822页。
② 孙光圻：《中国古代航海史》，海洋出版社，1989，第358页。
③ 脱脱等：《宋史》卷四八七《高丽》，中华书局，1985，第14046页。

帆，奄至城下。自国朝以来，常屯重兵，教习水战，旦暮传烽，以通警急"①，北宋后期以来黄、渤海水域的军事气氛日渐紧张，从登州港横渡高丽的航路受到严重影响。出于防范外敌及安全考量，北宋政府屡下禁令，登州丧失了作为宋朝与高丽往来最重要交通港口的条件。甚至到熙宁四年（1071）以后，宋朝与高丽重新恢复政治往来，来往使节、客商也不再从登州登陆。"高丽，海外诸夷中最好儒学。祖宗以来，数有宾客贡士登第者，自天圣后，十年不通中国。熙宁四年，始复遣使修贡，因泉州黄慎者为乡导，将由四明登岸"。② 到了南宋，因为女真族建立的金朝占领了秦岭、淮河以北广大地域，所以前往高丽的出发港就更加集中于明州港了。《宝庆四明志》卷六记载"凡中国之贾高丽，与日本诸番之至中国者，惟庆元得受而遣焉"，③ 更足以佐证。除了明州之外，泉州通高丽航路往来也很频繁，如《宋史·外国传·高丽》所言："（高丽）王城有华人数百，多闽人因贾舶至者。"④

细揆北路航线，其主要干道是由山东半岛的登州出发，向东直航，横渡北部黄海，最终抵达朝鲜半岛西岸的瓮津（今朝鲜海州西南的瓮津）。在北宋天圣之前，主要经行这条航线。这条航线最远可追溯至隋唐时期，《新唐书·地理志》记载，唐代与外界交通最重要的路线共计七条，其中"登州海行入高丽渤海道"就是其中之一，也是仅有的两条海路之一。因为登州地处胶东半岛的最北部，因而成为当时中国与朝鲜半岛交通最重要的港口。关于这条航线的具体航程走向，因为宋朝时常派遣使者前往高丽，而被保留在正史记录中。例如《宋史·外国传·高丽》所述，北宋淳化四年（993）二月，宋廷派遣秘书丞直史馆陈靖、秘书丞刘式为使出访高丽，陈靖等人自东牟（登州之别称，今蓬莱）发帆东航，前往八角海口（今烟台市福山区西北八角镇），与高丽王遣使白

---

① 苏轼：《东坡全集》卷五二《登州召还议水军状》，收入《景印文渊阁四库全书》第1107册，台湾商务印书馆，1986，第727页。
② 王辟之：《渑水燕谈录》卷十《杂录》，收入《景印文渊阁四库全书》第1036册，台湾商务印书馆，1986，第525页。
③ 转引自方豪：《中西交通史（上册）》，商务印书馆，2021，第255页。
④ 脱脱等：《宋史》卷四八七《高丽》，中华书局，1985，第14053页。

思柔所乘海船及高丽水工汇合,"即登舟自芝冈岛顺风泛大海,再宿抵瓮津口登陆,行百六十里抵高丽之境曰海州,又百里至阎州,又四十里至白州,又四十里至其国"。① 其实,北路航线还有另外一支道,即由密州板桥镇出发,航行出胶州湾,然后东渡黄海,接着直航朝鲜半岛西海岸,它是北宋时的航路。《续资治通鉴长编》即记载,入内供奉官、勾当龙图、天章宝文阁冯景为高丽国信使,"令排办修补过河船,及案视近便海道。今至登州、密州问知得两处海道并可发船至高丽,比明州实近便。诏景同密州官吏募商人赍牒试探海道以闻"②。由此则文献可知,北宋时另有一条由板桥镇通往高丽的海道,只不过经行此海路的船舶相对较少。

而从明州出发直驶高丽的南路航线,即从明州北航至朝鲜半岛西岸礼成江碧澜亭,它是北宋熙宁以后直至南宋时期,宋朝和高丽海上往来的主要航行路线。关于这条航线的状况,在《续资治通鉴长编》《宋史·外国传·高丽》《文献通考》等各种正史与政书文献中均有记述,只不过寥寥数语,描写实在过于简略,大体上交代了起讫港口及中途重要停宿之地,其他均语焉不详,无法令人窥得整体面貌,更无法知晓航行全程的细节。

以《宋史·外国传·高丽》所述为例:

> 自明州定海遇便风,三日入洋,又五日抵墨山,入其境。自墨山过岛屿,诘曲礁石间,舟行甚驶,七日至礼成江。江居两山间,束以石峡,湍激而下,所谓急水门,最为险恶。又三日抵岸,有馆曰碧澜亭,使人由此登陆,崎岖山谷四十余里,乃其国都云。③

在《宋史》中所记的明州向北航至高丽航路,其中仅出现定海、墨山、礼成江、急水门、碧澜亭五处标志地点。而且"墨山"一地名称,

---

① 脱脱等:《宋史》卷四八七《高丽》,中华书局,1985,第14040—14041页。
② 李焘:《续资治通鉴长编》卷三四一,中华书局,1995,第8197页。
③ 脱脱等:《宋史》卷四八七《高丽》,中华书局,1985,第14055页。

根据王文楚先生的详细考证,确定为"黑山"之误。黑山,即今韩国济州岛西北大里山岛,它是这条海路的枢纽之地。当时船舶往来途中,常常在此靠岸停宿,"每中朝人使舟至,遇夜,于山巅明火于峰燧,诸山次第相应,以迄王城,自此山始也"①。另《续资治通鉴长编》记载,元丰六年(1083),高丽使者"自明州还,遇便风,四日兼夜抵黑山,已望其国境;自黑山入岛屿,安行便风,七日至京口;陆行两驲至开州",②亦可作为旁证参考。

后世对于南路航线的详细了解,宣和年间徐兢撰写的《宣和奉使高丽图经》(40卷,又被称为《高丽图经》)较为全面。③宋徽宗宣和五年(1123)春三月,奉议郎徐兢(1091—1153)随同给事中路允迪、中书舍人傅墨卿出使高丽,归国次年,撰写了该书,并上呈。原书有图,现已亡佚,仅有文字存世,但仍弥足珍贵。因为它是我国最早一部描述航海经历的官方文献。它以实地见闻,对高丽时期朝鲜半岛的政治、经济、文化、军事、山川、人物、礼仪、宗教、风俗等情况,做了非常详细的记录,展现了一幅生动的高丽中期社会图景,为研究高丽史不可多得的第一手资料,受到后世学者的高度重视及利用。④

如果说该书前半部是高丽中期的风俗人物志,那么后半部便是具体而微的北宋使臣航海日志,被诸多研究者认为是了解宋元时期造船、航海技术和海上交通史最具代表性的史料。此书最难能可贵的是,徐兢以亲身经历,用了整整6卷的篇幅,记述了从宁波到开城凡40余个地表日标所构成的航路,而且还详细记载了航线上的水情状况。徐氏详载使团船只的准备情况以及由明州至高丽的航海路线和日程,并将其途经的岛

---

① 徐兢:《宣和奉使高丽图经》卷三五《海道二》,收入《景印文渊阁四库全书》第593册,台湾商务印书馆,1986,第897页。
② 李焘:《续资治通鉴长编》卷三三九,中华书局,2004,第8164页。
③ 有关徐兢生平及《宣和奉使高丽图经》成书及版本情况,参见孙希国:《〈宣和奉使高丽图经〉整理与研究》,黑龙江人民出版社,2019。
④ 参见马文婷:《〈宣和奉使高丽图经〉研究综述》,《天水师范学院学报》2015年第5期;车今顺、郑姬:《〈宣和奉使高丽图经〉的史料价值》,《延边大学学报(社会科学版)》1997年第4期。

礁和海区依次详细描述出来,真实地还原了宋朝和高丽的海上交通航线。若把使团所乘海船经过的各个地点连接起来,其实便是完整清晰的南路航线。史学界一般将书中所述航线称为"徐兢航路"。早在20世纪90年代,王文楚先生根据此书所记载的海道经上的地名,并参阅其他史书图籍,对该航线行经地点逐一给予细致而且翔实的考订。①

五月二十四日自招宝山起航后,经虎头山(今招宝山东北之虎蹲山)、蛟门(虎蹲山东北的七里屿以东),二十五日,"四山雾合,西风作,张蓬委蛇曲折,随风之势,其行甚迟",而后至沈家门(今属舟山市普陀区)抛泊。二十六日到梅岭(今普陀山),因"西北风劲甚",停泊待顺风。二十八日"天日晴晏,八舟同发",过海驴礁、蓬莱山(大衢山)、半洋焦(黄龙山以东偏南之东半洋礁)。二十九日过白水洋、黄水洋、黑水洋。

六月一日乘西南风航行,二日到夹界山(小墨山岛),"华夷以此为界"(今岛南仍为中朝领海分界处)。三日午后过五屿(今大黑山群岛西南,亦为荞麦岛西南之南北并列5小岛)、排岛(亦名排垛岛)、白山(今荞麦岛)、黑山(今济州岛西北之大黑山岛)、月屿(今朝鲜半岛东南端的前、后曾岛)、阑山岛、白衣岛、跪苫。

六月三日"夜分风静",过春草苫。四日,经槟榔礁,午后过菩萨苫,竹岛(全罗北道兴德西七里海中之竹岛)。五日到苦苫苫(扶安西南之猬岛),六日到群山岛(今古群山群岛),七日到横屿(在群山岛以北)。

六月八日自横屿出发,午后到富用山(元山岛)、洪州山(今安眠岛之承彦里)、鸦子苫(今安兴西之贾谊岛附近)、马岛(泰安以西之安兴)。

六月九日经九头山、唐人岛、双女礁(均在今安兴以北海域,与马岛相近),过双女礁后风势甚急,舟行益速,中午以后过和尚岛(今舞衣岛)、牛心屿(今龙游岛)、小青屿(永宗岛以南之小岛)。下午到

---

① 王文楚:《两宋和高丽海上航路初探》,《文史》1981年第12辑。

达紫燕岛（今仁川西之永宗岛），八舟泊紫燕岛，高丽广州（今仁川）地方官遣译官"持书来迎"，徐兢等登岸到馆致谢。

六月十日自紫燕岛起航，午后至急水门（朝鲜黄海南道礼成江口）。至此已不便挂帆驶风航行，改为摇橹乘潮而进，傍晚至蛤窟（急水门以上礼成江内），抛泊过夜。十二日早晨，随早潮到达目的地高丽礼成港。①

简而言之，其中从明州扬帆的海上段航程为：五月中下旬从明州甬江口的镇海招宝山起航，依次经虎头山、蛟门、沈家门、梅岭（今普陀山）、海驴礁、蓬莱山、半洋礁，过白水洋（长江口海域）、黄水洋（淮河口海域）、黑水洋（山东半岛南岸以东海域），进入"华夷以此为界"的高丽水域；之后依次经过朝鲜半岛西岸的诸岛礼成江口的急水门，逆水而上，于六月十日到达高丽礼成港，包括中途岛屿的停泊候风在内，整个航程需要 24 天。② 宋人气象知识丰富，航海技术高明，经行这条海路也善于利用季风。去高丽多选在夏季，为了利用东南季风；回来时多定在秋季，利用西北季风，正如《宣和奉使高丽图经》所言："使人之行，去日以南风，归日以北风。"③

高丽至宋，同样也经行这条航线，只不过在部分海道上略微有所差异。仍引《宣和奉使高丽图经》记载，徐兢一行于宣和五年（1123）回国，于七月十五日登舟，"十六日丁卯，至蛤窟。十七日戊辰，至紫燕岛。二十二日癸酉，过小青屿、和尚岛、大青屿、双女焦、唐人岛、九头山。是日泊马岛。二十三日甲戌，发马岛，过轧子苦，望洪州山。二十四日乙亥，过横屿，入群山门，泊岛下。至八月八日戊子，凡十四日，风阻不行。申后，东北风作，乘潮出洋，过苦苦苫，入夜不住。九日己丑，早过竹岛。辰巳，望见黑山。忽东南风暴……招众舟复还。十

---

① 李玉昆：《〈宣和奉使高丽图经〉与宋代的海外交通》，《中国航海》1997 年第 1 期。
② 吴春明：《环中国海沉船：古代帆船、船技与船货》，江西高校出版社，2003，第 225—226 页。
③ 徐兢：《宣和奉使高丽图经》卷三九《海道六》，收入《景印文渊阁四库全书》第 593 册，台湾商务印书馆，1986，第 903 页。

日庚寅，风势益猛，午刻复还群山岛。至十六日丙申，又六日矣，申后风正，即发洋，夜泊竹岛。又二日，风阻不行。至十九日己亥午后，发竹岛，夜过月屿。二十日庚子，早过黑山，次过白山，次过五屿、夹界山，北风大作，低篷以杀其势。二十一日辛丑，过沙尾"。① 由此文字记录可见，沙尾（即黄水洋）以北航途，与出使时所经路线是完全一致的。

使团来往航路差异之处在于，船队自南过黄水洋，其间所经过地名，与出使时经过之处有所差别。② 航路虽然差异不大，但是航行时间差距大，"唯去时得顺风，自五月廿八日放洋至六月十三日抵达开京，仅历半月。及回程，以七月十三日发开京顺天馆，因未利用季候风，反复几次才勉强入洋，航至中途又遇风暴，徐兢本人所乘第二舟在黄水洋中三舵并折，使舟与他舟亦皆遇险不一，最后侥幸返回明州，前后竟历四十二天"③。

其实，宋朝与高丽之间的南路航线在江南沿海尚有两条支线。根据王文楚先生的考证：一在长江下游入海附近，二在福建泉州港。相关文献史料的记载亦足以证明。譬如《续资治通鉴长编》载，"高丽使民官侍郎金悌等入贡至海门县。诏集贤校理陆经假知制诰馆伴，左藏库副使张诚一副之"，④ 可知处于长江海口料角嘴岸边的海门县（今江苏启东县）也曾是北宋时港口，高丽船舶经南路航线到此登岸。只不过自北宋以后，由于料角嘴海岸线不断向外延展，海门县逐渐失去了作为海港的自然条件，终被弃之不用。另有一港口江阴（今江苏江阴县），北宋时也常有外国船舶经此进出。南宋隆兴时，高丽海船亦停泊此港口。

泉州也是两宋与高丽通航的重要海港，泉州商人的舶船于此起航前

---

① 转引自陈佳荣、朱鉴秋主编《中国历代海路针经》，广东科技出版社，2016，第77页。
② 王文楚：《两宋和高丽海上航路初探》，《文史》1981年第12辑。
③ 陈佳荣、钱江、张广达编《历代中外行纪》，上海辞书出版社，2008，第440页。
④ 李焘：《续资治通鉴长编》卷二二三，中华书局，2004，第5432页。

往高丽，亦有高丽人泛海而来。正如《苏东坡奏议集》卷六《乞令高丽僧从泉州归国状》所叙："窃闻泉州多有海舶入高丽，往来买卖。"但是因为国内文献记载的不足，所以常常被人忽略。20世纪90年代，陈高华先生利用朝鲜史学家郑麟趾编纂的《高丽史》，结合我国的一些文献记载，将北宋时期前往高丽的泉州商人进行一一考证。他认为从地理位置上看，与泉州、广州相比，明州距高丽较近，应该与高丽往来更多。但在北宋时期，明州与高丽的交往，显然不及泉州。泉州舶商大量前往高丽的事实，从侧面说明北宋时期泉州的海外贸易是很兴盛的。① 这也是北宋政府继广州、明州、杭州等地之后，在泉州设立市舶司的原因所在。

自20世纪30年代开始，有关高丽时代宋商频繁往来的关注和研究逐步兴起。直到最近仍然有诸多学者以"宋商来献"的史料为据，证明两国海上贸易的繁盛，相关研究成果可谓汗牛充栋。韩国学者李镇汉撰写的《高丽时代宋商往来研究》是其中的代表性成果。该书针对宋商这一已颇有研究积淀的课题，通过爬梳《东国李相国集》《高丽大觉国师文集》《湖山录》《破闲集》等文献，揭示出许多能够证明宋商从相当早之前便开始频繁地往来于高丽的间接证据，尤其是其以《宋商来航表》为基础，制作而成的《宋商往来表》，让我们直接感受到在自北宋建立至南宋灭亡这段时间，宋商持续、频繁地往来于高丽与宋朝之间。②

讨论元代前往高丽的航线，缺乏明确详细的文献记载，学界估计应与宋代大致相同。有元一代，中国与朝鲜半岛之间的交往，以陆上通道为主，海上交通相对来说退居次要地位，因此常常被人忽视。实际上，元朝统一以后，两国之间海道商贸交通往来仍然是相当频繁的。"元代输往朝鲜的商品，或由大都经运河至海河入海，再转运高丽的开城；或由我国南方港口杭州等地沿海岸北行至登州，渡过渤海到开城一带"。③

---

① 陈高华：《陈高华文集》，上海辞书出版社，2005，第350页。
② 参见李镇汉：《高丽时代宋商往来研究》，江苏人民出版社，2020。
③ 朱亚非：《古代登州的对外交往》，载《蓬莱古船与登州古港》，大连海运学院出版社，1989，第159—160页。

133

最典型的例证莫过于我国历史上前所未有的元代海运粮食。元朝在征服宋以后，很快便建立了海运，即通过海道将江南的粮食源源不断地运往北方。每年海运粮食的数量，起初是几万石，后逐渐增为几十万石、百万石，最多时达到三百多万石。而海运的终点并不局限于直沽，还有辽东，甚至延伸到了朝鲜半岛。

简而言之，元朝的海运是以太仓（今江苏太仓市）为起点，沿海岸线北上，经过山东半岛，到沙门岛（今山东长山列岛），进入莱州洋（今莱州湾），沿海岸直至直沽（今天津），再北上至辽东半岛和朝鲜。而元朝政府将粮食从中国江南运往高丽之目的，有的作为军事储备，有的供救荒之用。"这几次相当规模海运进行，使得联系中国南方和高丽的海道为更多的航海人员所熟悉，这对于两国海路贸易的开展，无疑有积极的促进作用"。① 除了海道粮运之外，元朝和高丽之间通过海道进行的贸易活动也相当频繁，郑麟趾纂修的《高丽史》即保存有经海道前往高丽的宋商记录，亦有高丽方面经过海道到中国进行贸易活动的描述。例如，忠烈王二十一年（元元贞元年，1295）四月"又遣中郎将宋瑛等航海往益都府，以麻布一万四千匹市楮币"，等等。虽然文献记载的例子为数不多，描述文字亦略显简略，但足以证明元朝与高丽之间海上航路的存在及民间贸易活动的活跃程度。

二、日本列岛航路

日本与中国隔海相望，是距离中国较近的海外国家之一，中日之互动交往发生时间很早。早在史前，中国与日本列岛的往来交流就已经发生。在中国的史书典籍中，曾称呼日本为"倭""倭国""倭奴国"。唐宋以后，中国改称其为"日本国"。双方来往最重要的时段莫过于唐朝时期，因为日本政府多次派遣唐使到中国学习，遣唐使及学问僧纷纷来华

---

① 陈高华：《元朝与高丽的海上交通》，载《陈高华文集》，上海辞书出版社，2005，第368—383页。

将古代中日交通推向高峰。① 当时遣唐使入唐的海上道路，可以清晰地分为南北两路。根据日本学者木宫泰彦的考证，北路为：难波三津浦（今日本大板市三津寺町）—濑户内海—下关海峡—筑紫大津浦（博德，又名博多，今日本福冈）—百济沿岸—黄海—登州—莱州—青州—允州（或济南）—曹州—汴（开封）—洛阳—函谷关—潼关—渭南—长安（唐都）；南路为：难波三津浦—濑户内海—下关海峡—筑紫博德—南岛或值嘉岛（今五岛列岛并平户岛）—东海—长江口—扬州—高邮—楚州（淮安）—广济渠（通济渠）—徐州—彭城—汴—洛阳—函谷关—潼关—渭南—长安（唐都）。②

与唐朝相较，宋元时期的渡日航路进入了相对平静的发展时期。尤其因受到双方政治情势影响，中日之间的交流往来产生了与前代大为不同的景象。"宋朝三百一十余年之间，在政治上有北宋和南宋的时代划分。北宋大致相当于日本藤原氏全盛期前后，南宋相当于日本武家兴盛时期。这一时代划分也可直接适用于中日交通关系史。在北宋时代，日本对外贸易颇有衰退倾向，采取禁止本国人私自到海外等锁国主义，因此往来商船只有宋船。但到了南宋时代，日本随着武家的兴起，采取颇为进取的政策，平清盛等大力鼓励对外贸易，所以日本商船开往宋朝的也很不少"。③

北宋之时，日本政府禁止百姓私自渡海贸易，犯者货物没官，本人定罪，因此当时来往于两国之间的基本上是中国的商船。"在北宋时代，由于平安朝贵族们对于外贸极为消极，因而往来的商船就仅限于宋朝的船只。这一段时间，日中交往尽管是有史以来最不被重视的时期，但令人惊异的是，宋船的往来却格外频繁。仅散见于史书记载中的，就超过七十次，而实际上肯定要大大超过这个数字。推算起来，在一百六十多

---

① 关于唐代遣唐使现象的研究成果，可参见姚嶂剑：《遣唐使：唐代中日文化交流史略》，陕西人民出版社，1984；韩昇：《遣唐使与学问僧》，中华书局、上海古籍出版社，2010；古濑奈津子：《遣唐使眼里的中国》，武汉大学出版社，2007。
② 木宫泰彦：《中日交通史（上卷）》，陈捷译，商务印书馆，1935，第100—109页。
③ 木宫泰彦：《日中文化交流史》，胡锡年译，商务印书馆，1980，第237页。

年里，几乎每年都有宋船来到"。① 北宋时期，东南沿海区域出现了一些专门经营对日贸易的海商。史书有名可考者，即有陈仁爽、徐仁满、郑仁德、朱仁聪、周文德、周文裔、陈文佑、孙忠、李充等不下20余人。到了南宋时期，因为日本政府转而采取开放政策，日本船舶随之相继来到中国。尤其是南宋中期以后，数量日益增多，正所谓冒鲸波之危险，舳舻相衔，以其物来售。元代时期中日之间的交通贸易，受到忽必烈大规模对日战争的影响颇大。这一时期前往日本的中国商舶为数极少，这可能是元朝政府有意加以限制的缘故。

整个宋元时期，中国至日本列岛的航线，和唐末五代时似乎没有什么两样，还是分为南北两线：北线是海船到达山东半岛后，渡海至朝鲜半岛，再沿朝鲜半岛南海岸东行，跨过对马海峡，到达日本九州岛筑前国博多湾；南线是海船到明州后，横渡东海，直达日本九州岛筑前国博多湾，或肥前国松浦郡壁岛（今属日本佐贺县东松浦郡呼子町加部岛）。简而言之，一是延续前代的登州航渡日本，二是江南港口通日本。譬如日本人成寻和尚（1011—1081）入宋走的就是南线。日本延久四年（宋神宗熙宁五年，1072）三月十五日，他避开日本严禁本国人海外渡航的禁令，擅自搭乘宋朝商人曾聚的船舶偷渡入宋，一行人于杭州登陆。他们从日本抵达中国的航路，从成寻撰写的《参天台五台山记》一书中大略可知：延久四年三月十九日，从日本肥前国松浦郡壁岛（今加部岛）发舶；廿日午时，北过高丽国耽罗岛；廿一日未时，进入唐海；廿五日未时，始见苏州石帆山，丑时，至苏州大石山过夜；廿六日申时，着明州别岛徐翁山。②

从中国驶往日本的商船，大都由两浙一带各个港口出发，先横渡东海，到达日本肥前的值嘉岛，然后再转航到筑前的博多（今福冈）；北宋末期，有些船只还从博多深入日本海，驶抵越前的敦贺港。为何要进一步深入到敦贺港？"这可能是因为在那个交通不便而地方民政紊乱的

---

① 中村新太郎：《日中两千年：人物往来与文化交流》，张柏霞译，吉林人民出版社，1980，第168页。

② 成寻：《新校参天台五台山记》，王丽萍校点，上海古籍出版社，2009，第4—11页。

时代，与其在西边的博多进行交易，不如在更接近都城的敦贺较为方便"。① 对于宋朝商人来说，在庄园内进行秘密贸易，显然比通过太宰府进行贸易要有利得多。总而言之，宋代中日间最为活跃的海丝商路，还是从江南明州、福州或泉州等处北航至日本九州。例如，《诸番志》即记载有日本人以巨舰贩运木材到泉州。《宋史·日本传》也记载为数不少的日本与建州、明州海上交往的使贾往来。而日本方面对中国的主要贸易港口始终以博多为主。

至于两地商舶发船时间的选择，从中国开往日本的船舶，因为需要利用初夏的西南季风航行，所以发船时间大多选在五六月；而从日本驶往中国，则要利用春季的东北季风航行，故出发时间一般选在三四月。若在顺风条件下，航期只需要一周左右，便能横渡东海，驶抵彼岸。诚如学者中村新太郎所分析的："商船来日的时间，大多是从夏季到秋初这一段时间，以便利用西南季风。返航时多为仲秋或晚春时节，这时又可以充分利用东北季风。从这一点看来，已经与毫无季风知识的遣唐船时代完全不同了，因而在海上遇难也就大为减少，一般在一星期左右就可以横越东中国海。"②

曾有学者观察分析宋朝和日贸易的结构与前代相较，发生了两大显著的变化：其一，尽管官方贸易依旧存在，但不再作为国际政治关系表现形式的民间贸易往来，开始占据重要地位；其二，随着贸易往来的活跃展开，在中国、日本、朝鲜之间开始形成开放型的环流贸易圈。③ 佐伯次弘言："担任日宋贸易主角的，是前往日本的宋商，以及被称为'博多纲首'的宋商（居住在九州博多的宋朝商人）。当时在日本九州博多湾等海岸，有许多以庄园为依托的秘密贸易港，幕府指定的贸易港鸿胪馆前海岸渐被荒弃。赴日宋商亦多有长期居留当地者。11 世纪后半叶即宋代陶瓷在日本博多被大量发掘出土，为当时活跃展开的日宋贸易提

---

① 木宫泰彦：《日中文化交流史》，胡锡年译，商务印书馆，1980，第 245—246 页。
② 中村新太郎：《日中两千年：人物往来与文化交流》，张柏霞译，吉林人民出版社，1980，第 169 页。
③ 冯玮：《日本通史》，上海社会科学院出版社，2019，第 198—199 页。

供了考古学依据。"①

蒙古自崛起之后，遂采取四处用兵征伐黩武政策，及至元世祖忽必烈登基，一面向南攻打南宋，一面则经略高丽、征伐日本。忽必烈曾两次发兵进攻日本，日本史称文永之役（1274）、弘安之役（1281）。这两场战役是日本镰仓时代对外关系史中最为重大的事件。文永之役时，元军主力舰队的海上航行路线，还是依循登州—高丽—日本这条中日海上交通的传统老路线。根据《元史·日本传》的记载，可见例证如下："（至元）十一年（1274）三月，命凤州经略使忻都、高丽军民总管洪茶丘，以千料舟、拔都鲁轻疾舟、汲水小舟各三百，共九百艘，载士卒一万五千，期以七月征日本。冬十月，入其国，败之。而官军不整，又矢尽，惟虏掠四境而归。""（十八年，1281）领舟师至高丽金州，与忻都、茶丘军会，然后入征日本。又为风水不便，再议定会于一岐岛。""官军六月入海，七月至平壶岛，移五龙山。八月一日，风破舟。""日本人来战，尽死。余二三万为其虏去。九日，至八角岛，尽杀蒙古、高丽、汉人，谓新附军为唐人，不杀而奴之。"②

关于元朝两次征伐日本，除了正史典籍记载之外，时人王恽在《汎海小录》一书中也记录了元朝第二次征伐的行程及具体细节，可补官方文献记载之不足。王恽曾供职于元中书省等机构，该书所述之事可信度颇高，史料价值极其珍贵。兹摘录引述如下：

> 十七年己卯冬十一月，我师东伐，明年夏四月，次合浦县西岸，入海东行约二百里，过拒济岛，又千三百里，至吐剌忽苦，倭俗呼岛为苦。又二千七里抵对马岛，又六百里逾一岐岛，又四百里入容甫口，又二百七十里至三神山，其山峻削，群峰环绕，海心望之，郁然……其俗多徐姓者，自云皆君房之后。君房，徐福字。海中诸屿，此最秀丽方广……数日又东行二百里舣志贺岛下，与日本兵遇，彼大势结阵不动，旋出千人逆战数十合者，凡两月。我师既捷，转战而前，呼声

---

① 冯玮：《日本通史》，上海社会科学院出版社，2019，第199页。
② 宋濂等：《元史》卷二〇八《日本》，中华书局，1976，第4628—4629页。

勇气，海山震荡，所杀获十余万人，擒太宰藤原，少卿弟宗资……自志贺东岸前去太宰府三百里，捷则一舍而近，自此皆陆地，无事舟楫，若大兵长驱，足成破竹之举。惜哉，志贺西岸不百里，有岛曰"毗兰"，俗呼为髑髅，即我大军连泊遇风处也。大小船舰多为波浪揃触而碎，唯勾丽船坚得全。遂班师西还，是年八月五日也。往返凡十月……隋唐以来，出师之盛，未之见也。①

由《泛海小录》所记可知，元朝第二次征伐日本可谓筹划良久，志在必得。当时由蒙、汉、高丽军4万，战船900艘组成的东路军由征东行省右丞忻都、洪茶丘统领，从高丽合浦起锚；而从江南征发的10万士兵和3500艘战船组成的江南军从庆元（今宁波）、定海出发。由此可见，东路军和江南军的海上航行路线分别是一北一南，亦足见元代对此海域航线的熟稔。

元朝两次征日失败之后，与日本的官方往来一度断绝。不过有元一代，中日之间私下的民间往来还是极为活跃的，不太受两国关系紧张的影响。日本学者木宫泰彦在《日中文化交流史》一书中整理有《日元间商船往来一览表》，得出的结果出人意料。他"发现日元之间的交通意外频繁，不能不令人大吃一惊"②，"回想当时日元间形势的险恶，一定以为镰仓幕府要加强海禁，但事实却与此相反，对于日本人航行海外，并不加任何限制"③。此外，爬梳中日各种史学典籍，可以判定某些年份的商船通航有四十余次，而且和前代大为不同，前往日本的中国商舶为数极少。这些商船几乎全是日本扬帆而来的。它们多数为私人的商船，但也有一些系经幕府批准、取得其保护的半官方船舶（即所谓"天龙寺船"之类）。以对航港口而言，当时日本规定的外贸港口仍然是博多。元朝则有庆元（今宁波）、福州、泉州等处，而

---

① 李修生主编《全元文》，江苏古籍出版社，1998，第149—150页。
② 木宫泰彦：《日中文化交流史》，胡锡年译，商务印书馆，1980，第389页。
③ 同上书，第393页。

以庆元为主。①

回溯古代中日交通史，向来由官方和民间两个渠道来往构成，但是每个朝代因各种主客观因素的影响，主导力量迥异。有时候官方层面往来占据主流，更多的时候以民间力量推动的商贸往来为主。以隋、唐、明三代为例，由官方派出的遣隋使、遣唐使以至遣明使等，属于官方身份背景，但派遣次数其实屈指可数。与此相比，日本驶往元朝的商船，除兴国三年（1342）派遣的天龙寺船是特殊例外，其余都是私人的商船，往来极为频繁，几乎每年不断。元末六七十年间，恐怕是日本各个时代中商船开往中国最盛的时代。还有络绎不绝而来的日僧。根据木宫泰彦的调查，"入元僧名传至今的，实达二百二十余人之多，至于无名的入元僧更不知几百人。而这些入元僧都是搭乘商船，三三两两，来来往往的，可见当时开往元朝的商船该是如何之多"②。

兹以当时开往中国商船中最具代表性的天龙寺船为例，观察当时元日之间的航行路线及商贸往来。天龙寺船是足利尊氏、足利直义兄弟为安慰后醍醐天皇的亡灵，想为其在京都嵯峨创建天龙寺而派出远航于元的船只。"关于派它开往元朝的性质，古来各书传说颇不一致。有的说派遣它到元朝去是为了募缘；有的说只是为了通商贸易；有的又说是为了恢复中日的邦交，大有无所适从之慨"。③ 直到后来，学者三浦周行通过考察各种记载和古代文献后，发表了《关于天龙寺船的新研究》论文，纠正了过往学界对于天龙寺的错误认知，不但阐明了天龙寺船的性质，更为重要的是，确定在那个时代还有着和天龙寺船性质相同的商船。

元日之间的贸易港，在元朝集中于庆元一地，在日本是博多。大部分商船都来往于这两港之间，因此航路一般也都是横渡东中国海，航海日数似乎只要十天左右。关于商船往返时间的选定，具体而言：从日本出发到元都，以三四月即春夏之交为最多。这是因为东中国海的季节风

---

① 刘恒武、马敏：《元代庆元港在对外贸易中的地位》，《中国港口》2014 第 9 期。
② 木宫泰彦：《日中文化交流史》，胡锡年译，商务印书馆，1980，第 394 页。
③ 同上书，第 395 页。

规律，即每年的九月间到次年四月初，中国沿海常刮东北风，因此多利用此风航海。尤其在三四月和九月，海上风平浪静，非常适合海上航行，故多选择这个时间段。而从庆元返回博多，选在五六月间为最多，这是因为要利用自四月末起到九月初止在中国沿海常刮的西南季风。所以，日本商船如在三四月的所谓大汛之期到达中国，还可以利用五六月的西南季风立即返航，但如趁九月所谓小汛前往，就得在中国过年，等待次年五六月的西南季风再返航。①

第三节　宋元时期的南海航路

一、宋元之前中国与南海诸国的海上交通

有宋一代，今南海、南太平洋、印度洋海域一般仍然沿袭前代的习惯，通称为"南海诸国"，或称为"海南诸国"。元人汪大渊《岛夷志略》中开始称其为东西洋，明代以后东西洋称呼已经十分盛行，印度洋以西为西洋，印度洋以东为东洋。由于本书研究的时段为宋元时期，故沿用宋代对此海域的称呼，即"南海"，将此海域沿岸地区和东南亚、南亚、西亚、东非等地的国家和地区，统称为南海诸国或南海地区。宋元时期，中国海商南下"南番"诸国贩易往来，整个南洋及广大的北印度洋，甚至地中海区域都留下中国航海者的身影，出现了"东西南数千万里，皆得梯航以达其道路""虽天际穷发不毛之地，无不可通之理"的繁盛局面。② 以航线而论，前代已经形成的横贯东西的南海航线，仍然具有旺盛的生命力，但在此一时期得到更大的拓展和延伸。例如，宋人所开拓经营的阿拉伯与东非航路，在远洋航行性质上具有重大的开拓意

---

① 木宫泰彦：《日中文化交流史》，胡锡年译，商务印书馆，1980，第401页。
② 汪大渊：《岛夷志略》，收入《景印文渊阁四库全书》第594册，台湾商务印书馆，1986，第74页。

义。它是宋代航海事业走向鼎盛的主要标志之一。

中国很早就与南海诸国有交通往来活动，逐渐形成了较为固定的海上交通航线。根据《汉书·地理志》的记载："自日南障塞、徐闻、合浦船行可五月，有都元国；又船行可四月，有邑卢没国；又船行可二十余日，有谌离国；步行可十余日，有夫甘都卢国。自夫甘都卢国船行可二月余，有黄支国，民俗略与珠崖相类。其州广大，户口多，多异物，自武帝以来皆献见。有译长，属黄门，与应募者俱入海市明珠、璧流离、奇石异物，赍黄金杂缯而往……平帝元始中，王莽辅政，欲耀威德，厚遗黄支王，令遣使献生犀牛。自黄支航行可八月，到皮宗；船行可二月，到日南、象林界云。黄支之南，有已程不国，汉之译使自此还矣。"[1]《汉书·地理志》的记载表明早在汉代，中国与南海诸国的政治商贸交往活动已经十分活跃，沿着今天南海海岸线航行的海航航道也十分清晰：从广州屯门山（九龙西南部屯门）出发，经过九州石（海南岛东北角）、象石（双石）、占不劳山（占婆岛）、陵山（华列拉角）、门毒国（越南归仁、芽庄间）、古萱（越南芽庄）、奔陀浪洲（越南藩朗）、军突弄山（越南南方昆仑岛）南下质海峡（新加坡海峡），然后向东航行可到达诃陵（爪哇岛），向西航行经过佛逝国（苏门答腊）、伽兰洲（尼科巴群岛）可到达狮子国（斯里兰卡）。再沿着印度半岛海岸，由波斯湾到幼发拉底河口登陆，可以到达大食国都城缚达（巴格达）。[2]《汉书·地理志》所记南亚航程多为沿岸而行，故全程航行大约需要三个月的时间。

在秦汉六朝的南海、西海航行路线基础之上，隋唐宋元时期南洋、西洋海上丝绸之路得到进一步发展，并逐步形成了远航西亚、东非的远洋航路。以隋朝为例，隋大业三年（607），隋炀帝派遣常骏从广州扬帆出使马来半岛的赤土国。这次出使经历记载在《隋书·南蛮传》。到了唐代，对于南海、西海的海洋交通更加重视，大唐帝国与同时崛起于西亚、东北非洲间的大食帝国保持着密切的经济文化交流。

---

[1] 班固：《汉书》卷二八下《地理志》，中华书局，1962，第1671页。
[2] 张锦鹏：《南宋交通史》，上海古籍出版社，2008，第197页。

唐朝从中国到阿拉伯的南海航线，即唐代著名地理学家贾耽在《皇华四达记》中所记述的"广州通海夷道"。贾氏潜心于中外地理研究长达三十年之久，对于"绝域之比邻，异番之习俗，梯山献琛之路，乘舶来朝之人，咸究竟其源流，访求其居处。阛阓之行贾，戎貊之遗老，莫不听其言而掇其要；闾阎之琐语，风谣之小说，亦收其是而芟其伪"①。因此，这条航海路线被描述得极为详细。这条"广州通海夷道"包括了三段连续的航程，从中国广州出发依序为：从广州至越南南端海域、从马六甲海峡到孟加拉湾、从斯里兰卡至波斯湾，相关航路具体细节保留在《新唐书·地理志》卷四十三后的附录中。"贾耽所志广州通海夷道"，详尽而又准确地呈现唐代经南海而全印度洋两岸远洋国际航路的全貌，是唐代东西方海洋航路最为全面系统的实录。这条海道全程航行大约需要三个月的时间。唐朝佛教大师义净即是从这条海道远至天竺取经的，回来后著有《南海寄归内求法传》和《大唐西域求法高僧传》两书，是研究7世纪印度、巴基斯坦和南亚诸国交通地理的重要资料。

学界对于唐代中西航路的研究成果众多，例如学者李金明通过由几位曾到过中国的阿拉伯商人根据其亲身见闻记录而成的《中国印度见闻录》，与《新唐书·地理志》保存的"贾耽所志广州通海夷道"进行综合观察，对航线经过的有关地名进行逐一考释，最后得出如下的结论："唐代中国与阿拉伯之间的海上交通已很发达。由于两国商船来往频繁，故对由巴士拉出航，经波斯湾、阿拉伯海、孟加拉湾、马六甲海峡到中国的航线，或者从广州起航，经越南海域、马六甲海峡、孟加拉湾、印度洋、波斯湾至巴士拉的航线，无论阿拉伯旅行家的游记，还是唐代的官方文书，都有详细的记载。"②

---

① 武斌：《丝绸之路全史》（上），辽宁教育出版社，2018，第633—634页。
② 刘昫等：《旧唐书》，中华书局，1975，第3785页。

二、宋元时期中国与南海诸国的海上交通

在宋元时期，由于两朝都将发展海外贸易的重点放在南海航路上，所以南海航路出现了空前繁荣的局面。宋元时期，远洋南海区域的各类活动，包含朝贡贸易和民间私人贸易。在宋元各类载籍著述中对此都曾有详细记载，其中最主要、最具代表性的有《诸番志》《岭外代答》《岛夷志略》与《大德南海志》，尤其前三者是全面又详细记载宋元时期海外交通的专门著作。下面我们将根据这三本书中所记载的南海诸国情况，大致展现中国与南海诸国的交通路线及该时期交往的主要南海国家。

《诸番志》一书，《四库全书总目》评价道："是书所记、皆得诸见闻、亲为询访。宜其叙述详核、为史家之所依据矣。"① 作者赵汝适于嘉定十七年（1224）任福建路市舶提举，宝庆元年（1225）兼权泉州市舶，前后约四年的时间。在任市舶提举之职时，他利用"暇日阅诸番图，有所谓石床、长沙之险，交洋、竺屿之限，问其志则无有焉。乃询诸贾胡，俾列其国名，道其风土，与夫道里之联属，山泽之蓄产。译以华言，删其秽溇，存其事实"②，写成《诸番志》一书。"海外环水而国者以万数，南金象犀珠香玳瑁珍异之产，市于中国者，大略见于此"。③ 也就是说，《诸番志》所载的国家和地区绝大多数与中国有贸易联系。根据《诸番志》所记载，在南宋之时，中国所认识和交往的南海诸国有细兰国、阇婆国、苏吉丹、南毗国、故临国、胡茶辣国、麻啰华国、注辇国、鹏茄啰国、南尼华啰国、大秦国、天竺国、大食国、麻嘉国、层拔国、弼琶啰国、勿拨国、中理国、瓮蛮国、记施国、白达国、弼斯啰国、吉慈尼国、勿厮离国、芦眉国、木兰皮国、勿斯里国、遏根陀国、晏陀蛮国、昆仑层期国、沙华公国、女人国、波斯国、茶弼沙国、斯加

---

① 永瑢等：《四库全书总目》，中华书局，1965，第631页。
② 转引自陈辉宗主编《泉州与世界海洋文明》，海洋出版社，2022，第213页。
③ 同上。

里野国、默伽猎国、渤泥国、麻逸国、三屿、毗舍耶等。关于这些国家对应于今日之地理位置或地名，可参考《诸番志校释》一书中各条校释文字，兹不一一赘述。

而周去非《岭外代答》所记载的国家和地区，按照从近及远的顺序，主要有安南、占城、真腊、蒲甘、三佛齐、阇婆、故临、注辇、大秦、大食诸国、西天诸国、南尼华啰国、东南海上诸杂国、昆仑层期国、波斯国等四十余个。书中卷二"海外诸番国"和卷三"航海外夷"，极其详细地叙述了中国与东南亚、南亚、西亚及非洲诸国之间的地理位置以及交通航线。

  诸番国大抵海为界限，各为方隅而立国。国有物宜，各从都会以阜通。正南诸国，三佛齐其都会也。东南诸国，阇婆其都会也。西南诸国，浩乎不可穷，近则占城、真腊为窣里诸国之都会，远则大秦为西天竺诸国之都会，又其远则麻离拔国为大食诸国之都会，又其外则木兰皮国为极西诸国之都会。三佛齐之南，南大洋海也。海中有屿万余，人莫居之。愈南不可通矣。阇婆之东，东大洋海也，水势渐低，女人国在焉。愈东则尾闾之所泄，非复人世。稍东北向，则高丽、百济耳。

  西南海上诸国，不可胜计，其大略亦可考，姑以交趾定其方隅。交趾之南，则占城、真腊、佛罗女也。交趾之西北，则大理、黑水、吐蕃也。于是西有大海隔之，是海也，名曰细兰。细兰海中有一大洲，名细兰国。渡之而西，复有诸国。其南为故临国，其北为大秦国、王舍城、天竺国。又其西有海，曰东大食海。渡之而西，则大食诸国也。大食之地甚广，其国甚多，不可悉载。又其西有海，名西大食海渡之而西，则木兰皮诸国，凡千余。更西，则日之所入，不得而闻也。①

在卷三外国门下"航海外夷"条，周去非对南洋诸番国进入中国的航线详细记载道：

---

① 周去非：《岭外代答》卷二，清《知不足斋丛书》本。

今天下沿海州郡，自东北而西南，其行至钦州止矣。沿海州郡，类有市舶。国家绥怀外夷，于泉、广二州置提举市舶司，故凡番商急难之欲赴诉者，必提举司也。岁十月，提举司大设番商而遣之。其来也，当夏至之后，提举司征其商而覆护焉。诸番国之富盛多宝货者，莫如大食国，其次阇婆国，其次三佛齐国，其次乃诸国耳。三佛齐者，诸国海道往来之要冲也。三佛齐之来也，正北行，舟历上下竺与交洋，乃至中国之境。其欲至广者，入自屯门。欲至泉州者，入自甲子门。阇婆之来也，稍西北行，舟过十二子石，而与三佛齐海道合于竺屿之下。大食国之来也，以小舟运而南行，至故临国易大舟而东行，至三佛齐国，乃复如三佛齐之入中国。其他占城、真腊之属，皆近在交趾洋之南，远不及三佛齐国、阇婆之半，而三佛齐、阇婆又不及大食国之半也。诸番国之入中国，一岁可以往返，唯大食必二年而后可。大抵番舶风便而行，一日千里，一遇朔风，为祸不测。幸泊于吾境，犹有保甲之法，苟泊外国，则人货俱没。若夫默伽国、勿斯里等国，其远也，不知其几万里矣。①

《岭外代答》所记载的主要航路体系，从大食（今阿拉伯半岛以东的波斯湾和以西的红海沿岸国家）出发，"以小舟运而南行"，至印度半岛西南端的故临，然后"易大舟而东行"，至苏门答腊岛的三佛齐，再"正北行"，经上下竺（今奥尔岛）和交洋（今暹罗湾、越南东海岸一带），最终"乃至中国之境"。这条航线如果从大食继续向西和西南伸展，就到了北非和东非等地区。简而言之，这条返程航路分成三段：大食国南行至南印度的故临、横渡孟加拉湾至苏门答腊的三佛齐和爪哇的阇婆、三佛齐北行或者阇婆西北行横渡南海。倘若船舶从中国的泉州港或广州港出发，基本上也是沿着这条航道的轨迹。船舶沿着交趾洋（北部湾）南下，至交趾、占城、真腊等半岛国家；继续沿今泰国湾沿海航行，至苏门答腊岛东南的三佛齐国；向东、向北可至阇婆、渤泥、麻逸、三屿等国家和地区；向南过今马六甲海峡，沿细兰海（孟加拉湾）

---

① 周去非：《岭外代答》卷三，清《知不足斋丛书》本。

海岸线航行，可至南亚的蒲甘、天竺、注辇、南毗、胡茶辣等国；或从三佛齐直航细兰海，至细兰、故临等国；继续南行，沿东大食海（阿拉伯海）海岸沿线航行，可至今波斯湾、亚丁湾、红海、地中海一带的西亚、中亚、欧洲等国，如大秦、芦眉、木兰皮、斯加里野、默伽猎、勿斯里、麻嘉等国；沿东非印度洋沿岸航行，可达弼琶啰、中理、层拨、昆仑层期等非洲国家和地区。

宋代南海航路一个重要的变化，是从广州到东南亚诸国的航线更加丰富，可分为到苏门答腊岛、爪哇岛、加里曼丹岛、菲律宾群岛南部等航线。其中，某些航线进行了优化，避开一些需要曲折航行才能到达的中转站，取直线航行。比较重要的支线有两条：一是阇婆（今印度尼西亚爪哇岛或苏门答腊岛，或兼称二岛）来华航线，第二条比较重要的支线是渤泥（加里曼丹岛北部文莱一带的古国）来华航线。以前者为例，《岭外代答》记载，"舟过十二子石而与三佛齐海道合于竺屿之下"，即从阇婆港口莆家龙（今北加浪岸）启程，航向"十二子石"（今卡里马塔海峡附近的塞鲁土岛），再到达竺屿（今奥尔岛），与三佛齐航线汇合。这条航线不仅走了直线，而且利用了西南季风时节从爪哇海进入南海的爪哇流。① 赵汝适《诸番志》则记载了另一条从阇婆到广州的航线："西北泛海十五日，至渤泥国；又十日，至三佛齐国；又七日至古逻国；又七日至柴历亭，抵交趾，达广州。"② 由诸多文献记载可知，宋代与东南亚各国之间可以根据具体需求灵活选择不同的航路。此外，印度洋航道上的往程有两种：其一是经过印度半岛南端故临国为中转的航道，其二是不经过故临而直达阿拉伯半岛的麻离拔国。简而言之，"相对于只有通过尼科巴群岛、斯里兰卡和印度半岛沿岸多处中介的唐代广州通海夷道而言，宋代的航海家已经分别实践了直航横渡印度洋的往程航路和仅以印度半岛南端一处中介的跨越印度洋的往、返程航路，这无疑是中国

---

① 高伟浓：《唐宋时期中国东南亚之间的航路综考》，《海交史研究》1987年第1期。
② 赵汝适：《诸番志》卷上，清《学津讨原》本，第12页。

船家在发展印度洋航路上所取得的巨大成就。"①

到了元代，海洋地理概念发生了大的变化，唐、宋两代相继认识的南海、南洋地理为"西洋"所取代。根据《大德南海志》《真腊风土记》《岛夷志略》《异域志》等元代史籍的记载，元代的西洋航路是在唐宋南海、南洋航路基础上延续与发展的，大体上不变，但略有修正和调整。杨庭璧三次出使南亚，周达观出使柬埔寨，汪大渊两次从泉州下海扬帆东、西二洋等海上活动，进一步活跃了西洋航路，也为后世留下对于元代西洋航路的详尽描述。尤其是汪大渊在泰定四年（1327）和至顺三年（1332）两次下海之后所著《岛夷志略》，书中罗列了两百多个外国地名，为复原航道提供了重要线索，将这些地名连接起来，基本上可以再现汪大渊的商船远航印度洋、波斯湾、东非的西洋航路全过程。② 总而言之，宋元时期主要的远洋航路概况，如孙光圻《中国古代航海史》根据有关航海文献所整理：广州（或泉州）—三佛齐航路、广州（或泉州）—阇婆航路、广州（或泉州）—兰里—故临航路、广州（或泉州）—兰里—故临—大食航路、广州（或泉州）—兰里—麻离拔航路、广州（或泉州）—兰里—东非航线。③

三、宋元时期交往的主要南海国家

（一）大食诸国

大食是中古时代阿拉伯"诸国之总名"。宋时，大食与中国的海上交通行程为三个多月。《诸番志》如此描述，"其国雄壮，其地广袤。民俗侈丽，甲于诸番""大食在泉之西北，去泉州最远。番舶艰于直达，

---

① 吴春明：《环中国海沉船：古代帆船、船技与船货》，江西高校出版社，2003，第192页。
② 周运中：《〈岛夷志略〉地名与汪大渊行程新考》，《元史及民族与边疆研究集刊》2014年第1期。
③ 孙光圻：《中国古代航海史》，海洋出版社，2005，第307—326页。

自泉发船四十余日,至蓝里博易住冬,次年再发,顺风六十余日方至其国"。① 这里的"蓝里"也称为蓝无里,在苏门答腊岛西北角。该国是中阿海上交通的中转站,从阿拉伯地区北上的商船和中国南下的商船都需要在此等待季风顺风航行,船舶在蓝里需泊驻一段时间。由于中国与阿拉伯地区距离遥远,海航又须借助季风,故两国虽只有三个多月的行程时间,但从阿拉伯来中国需要在中途等待季风顺风北上,到中国后也需要等次年四五月份南风才能返回,来回一次需要跨两个年份。

此外,中阿贸易航线上,位于今印度半岛最南端的故临(奎隆港)也是一个重要的中转港口。当时由蓝里与故临中转,除了考虑借助季风航行的因素,另一方面也受当时中西航海工具的远洋适航性不同所限。当时中国的商船体积大,吃水深,在远洋航行中能抵御海洋风暴巨浪,缺陷在于无法适应浅水海域航行,所以商船在抵达故临之后,要在阿拉伯海与波斯湾沿岸逐港航行,显得不够灵活便捷,因此"必自故临易小舟而行"。这里的"小舟"指阿拉伯海地区惯用的三角帆小船。同样,大食船也必须于故临国换上中国的大中型远洋海船航行于中国,正如《岭外代答》所载:"大食国之来也,以小舟运而南行,至故临国易大舟而东行,至三佛齐国,乃复如三佛齐之入中国。"②

麻离拔,又称大食麻罗拔,宋朝时是阿拉伯诸国中的魁首。该国地处阿拉伯半岛南部的卡马尔湾头,是中世纪亚丁兴起以前印度洋上巨舶和富商聚集的最大港口之一。其地物产富饶,盛产琉璃、犀角、象牙、乳香、木香、龙涎、珍珠、珊瑚、没药、血竭、阿魏、苏合香油等;水陆交通发达,几乎遍及整个阿拉伯地区。因此,麻离拔作为大食诸国对外贸易的总窗口,自然而然地成为中国舶商抵达阿拉伯地区的第一站。中国远洋船舶每年十一月或十二月乘东北风出发,经 40 天到蓝里住冬博易,次年再乘同一冬季的东北风续航,经过连续 60 天的航行,横渡北印度洋水域抵达麻离拔,其远离海岸的直航跨度已长达 2500 海里,这充分体现了宋代的远洋航行水平已发展到一个新的历史高度。

---

① 赵汝适:《诸番志》卷上,清《学津讨原》本,第 25 页。
② 周去非:《岭外代答》卷三,清《知不足斋丛书》本。

(二)阇婆国

阇婆,即今天的爪哇岛。其地理位置极独特,位于太平洋和印度洋之间,南北扼中国与阿拉伯地区海航线中部,东西至东南亚半岛国家和东南亚岛屿国家的海程适中,有着极重要的交通地位。宋代的阇婆,其富裕程度甚于三佛齐,与中国交往较多。阇婆与中国的海上航线,在《宋史》《诸番志》中均有详细的描述。《宋史》卷四八九《阇婆》曰:"阇婆国在南海中。其国东至海一月,泛海半月至昆仑国;西至海四十五日,南至海三日,泛海五日至大食国;北至海四日,西北泛海十五日至渤泥国,又十五日至三佛齐国,又七日至古逻国,又七日至柴历亭,抵交趾,达广州。"①《诸番志》所载其方位和与周边国家的海程大致相同:"阇婆国又名莆家龙,于泉州为丙巳方,率以冬月发船,盖借北风之便,顺风昼夜行,月余可到。东至海,水势渐低,女人国在焉。愈东则尾闾之所泄,非复人世,泛海半月至昆仑国。南至海三日程,泛海五日至大食。西至海四十五日程。北至海四日程。西北泛海十五日至渤泥国。又十日至三佛齐国,又七日至古逻国,又七日至柴历亭,抵交趾,达广州。"② 宋元时期,阇婆与中国的海上交通线路,大体上沿今爪哇海北上,沿泰国湾(旧名暹罗湾)、北部湾抵达中国的广州港和泉州港,一般经由渤泥、三佛齐,前来船舶多入泉州港。若从中国出发,通常可顺风直航。

(三)三佛齐国

三佛齐国,在今马六甲海峡西南岸的苏门答腊岛东北部。唐朝时称为室利佛逝,又曰尸利佛誓,简称佛逝或佛誓;宋时称为三佛齐国;元代称其为旧港。宋代之时,三佛齐国充分利用其特殊的地理位置和区位优势发展海外贸易,成为南海诸国中最富有的国家。正如文献所记载:"其国在海中,扼诸番舟车往来之咽喉,古用铁索为限,以备他盗,操

---

① 脱脱等:《宋史》卷四八九《阇婆》,中华书局,1985,第14091页。
② 赵汝适:《诸番志》卷上,清《学津讨原》本,第12页。

纵有机,若商舶至则纵之。比年宁谧,撤而不用,堆积水次,土人敬之如佛,舶至则祠焉,沃之油则光焰如新,鳄鱼不敢逾为患。若商舶过不入,即出船合战,期以必死,故国之舟辐辏焉。"① 该地为通向印度洋的交通门户,是中国与东南亚、南亚交通的必经之地,东、西方的远洋船舶大多在此"修船转易货物"。因此,《岭外代答》《诸番志》《异域志》常描述其为"诸番水道之要冲""往来之要冲""无不由其境而入中国",这充分说明三佛齐乃南海航路上的重要枢纽。《诸番志》对三佛齐国方位描述为"在泉之正南",也间接说明了这一时期从三佛齐来宋的船舶的目的港主要是泉州。至于中国与三佛齐的海洋交通所需要的时间,《文献通考》提及"泛海使风二十日到广州"。如果遇风不顺,其行程需延长至两月甚至更长的时间。

入元以来,三佛齐的地位因为航路的调整,失去枢纽港口的地位,国势已不如北宋之时。元代《大德南海志》所记三佛齐国管小西洋,列有18个国家,主要在苏门答腊岛一带。周致中《异域志》记载"其国在南海之中,自广州发舶,取正南半月可到"②。南宋以后,从中国到阿拉伯半岛的航路取直线,可以不经过三佛齐;从中国到爪哇的航路也可以取直,不必经三佛齐。正因如此,宋代三佛齐极盛时期所控制的地区,包括马来半岛、苏门答腊、锡兰、爪哇,到了元代只局限于苏门答腊一带。

(四)交阯、占城和真腊

在南海航路上,离中国最近的地区即中南半岛。半岛上的许多国家很早就与中国有着人员和贸易往来。宋元时期,双方的往来就更加密切了。宋代的交阯国虽然已经不再是宋王朝辖控的领土范围,但由于历史上与中国的特殊政治关系,交阯与宋王朝仍然保持密切的交往。由于中国与交阯陆地相连,海域相通,因此中国与交阯的交通通道众多,"境内伪置四府十三州三寨。府曰都护、大通、清化、富良,州曰永安、永泰、万春、丰道、太平、清化、乂安、遮风、茶卢、安丰、苏州、茂

---

① 赵汝适:《诸番志》卷上,清《学津讨原》本,第7页。
② 周致中:《异域志》,方敏校点,湖北教育出版社,2019,第371页。

州、谅州，寨曰和宁、大盘、新安。大抵清化、遮风、乂安、永安皆遵海，而永安与钦州为境，茶卢与占城为境，苏州、茂州皆与邕管为境。其国东西皆大海，东有小江，过海至钦廉；西有陆路，通白衣蛮；南抵占城；北抵邕管。自钦西南舟行一日，至其永安州，由玉山大盘寨过永泰、万春，即至其国都，不过五日。自邕州左江永平寨，南行入其境机榔县，过乌皮、桃花二小江，至潴定江亦名富良江，凡四日至其国都，乃郭逵师所出也。又自太平寨东南行，过丹特罗江，入其谅州，六日至其国都。若自右江温润寨入其国则迂矣"①。

交阯南部的占城（今越南南部），同宋朝保持密切的关系，到占城贸易的中国商人人数众多。宋代占城在今越南中部和南部，唐时称之为林邑国。《宋史》记载较为简略："占城国在中国之西南，东至海，西至云南，南至真腊国，北至欢州界。"② 而《诸番志》对占城的记载更加详细，"占城，东海路通广州，西接云南，南至真腊，北抵交阯，通邕州。自泉州至本国顺风舟行二十余程""商舶到其国，即差官折黑皮为策，书白字、抄物数，监盘上岸，十取其二，外听交易""其国前代罕与中国通。周显德中，始遣使入贡。皇朝建隆、乾德间，各贡方物。太平兴国六年，交阯黎桓上言，欲以其国俘九十三人献于京师，太宗令广州止其俘，存抚之。自是贡献不绝，辄以器币优赐，嘉其向慕圣化也"。③ 当时从泉州港出发，顺交阯洋到占城，顺风行程仅为半个月。到了元代，航行时间大大缩短。根据周致中《异域志》记载，广州至占城"顺风八日可到"。④《元史》卷二百一十《外夷三》记载："占城近琼州，顺风舟行一日可抵其国。"⑤ 至元十八年（1281）元军南征占城、至元二十一年（1284）元军南征安南，都是从广州、廉州发兵，经海路到达。

除了交阯、占城之外，中南半岛上的真腊（今柬埔寨）、真里富

---

① 周去非：《岭外代答校注》，杨武泉校注，中华书局，1999，第55页。
② 脱脱等：《宋史》卷四八九《占城》，中华书局，1985，第14077页。
③ 赵汝适：《诸番志》卷上，清《学津讨原》本，第3页。
④ 周致中：《异域志》，中华书局，2000，第27页。
⑤ 宋濂等：《元史》卷二一〇《外夷三》，中华书局，1976，第4660页。

（今马来西亚境内）、罗斛（今泰国南部）等国，在宋元时期同中国也都有密切的往来。以真腊为例，其在隋唐时期是扶南国的一个属国，扶南的统治地域比起现今的柬埔寨宽广得多，基本疆域大约相当于现今的柬埔寨和越南南部。因此，扶南王国与中国在地域上很接近。在宋朝以前，越南北部一直是我国封建王朝下辖的郡县，与柬埔寨之间只隔着林邑国。3世纪至6世纪中叶，为扶南强盛时期，也是中柬海上交通的发展阶段。225年、226—231年、243年，扶南三次遣使向东吴朝贡。244—251年间，孙权派遣朱应、康泰出使扶南，还到过东南亚的许多国家。这是史籍记载我国政府使节首次访问柬埔寨，也是第一次派遣专使与南海诸国交通往来，其意义丝毫不亚于两汉时代张骞、班超通西域。6世纪末叶至7世纪中叶，是扶南的衰亡阶段。从6世纪中叶起，扶南的北方属国真腊兴起，并逐渐兼并扶南之地。7世纪至16世纪，柬埔寨进入"真腊王国"时期。

真腊，本南海中小国，为扶南国的属国，其后逐渐强盛；从隋代始见于中国的典籍，唐宋时期逐渐进入中国人的视野，但双方往来比较少，故所载风土方物往往疏略不备。到了北宋后期，真腊与中国的交往才开始逐渐增多。宋朝建立之后，这时的真腊正值吴哥王朝的强盛期。吴哥王朝重视与宋朝交好，真腊及其属国真里富遣使来华七次，宋朝均以礼相待。该国与宋王朝的四次交通往来，有两次在北宋末期，有两次在南宋时期。《宋史·真腊传》对此记载极为详细，兹摘引如下：

> 真腊国亦名占腊，其国在占城之南，东际海，西接蒲甘，南抵加罗希。其县镇风俗同占城，地方七千余里……其属邑有真里富，在西南隅，东南接波斯兰，西南与登流眉为邻。所部有六十余聚落。庆元六年，其国主立二十年矣，遣使奉表贡方物及驯象二。诏优其报赐，以海道远涉，后毋再入贡。①

到了宋代，赵汝适《诸番志》记载："真腊，接占城之南，东至海，

---

① 脱脱等：《宋史》卷四八九《外国五·真腊》，中华书局，1985，第14086—14087页。

西至蒲甘，南至加罗希。自泉州舟行顺风月余日可到"①，描述了从泉州到真腊的交通路线及行程时间。此外，真腊属国真里富来中国的具体航线为："欲至中国者，自其国放洋，五日抵波斯兰，次昆仑洋，经真腊国，数日至宾达椰国，数日至占城界，十日过洋傍，东南有石塘，名曰万里，其洋或深或浅，水急礁多，舟覆溺者十七八，绝无山岸。方抵交趾界，五日至钦廉州，皆计顺风为则。谓顺风者，全在夏汛一季南风可到，若回国须俟冬季北风，舍是则莫能致也。"② 上述航线，主要是真腊至钦廉州一段，需时约二十天。

元代真腊，昔日强大的吴哥王朝开始走下坡路，逐渐受到新兴的暹罗（今泰国）的威胁，不过依然与元朝保持着外交关系，双方偶有遣使往来。元代中柬海上交通史上的一件大事，即浙江温州人周达观随元朝政府使团出访真腊。他回国后撰写的《真腊风土记》，是研究中柬海上交通的重要文献。该书是现存同时代人描述吴哥文化极盛时代的重要记载，是世上仅存最早介绍真腊吴哥政治、经济、宗教、文化等各方面情况的历史文献，甚至连柬埔寨文献中也找不到这种中古时代文物风俗生活的记载。它不仅保存了中柬两国人民经济联系和文化交流的史料，还详细地记录了温州往返真腊的航海路线，同时呈现出元代知识分子对域外的观察视角及心态，丰富了中外关系史研究资料。③

相较于宋代史籍的记载，元人周达观的《真腊风土记》对中柬之间航路的记载显然更为详细。该书的"总叙"条，不但叙述了从温州至真腊国境的航线，而且记载了从进入真腊以后至国都吴哥的水路。书中既列举整个航路所需时间，又首次载罗盘针位，所经之地非常明确。

> 自温州开洋，行丁未针。历闽、广海外诸州港口，过七洲洋，经交趾洋到占城。又自占城顺风可半月到真蒲，乃其境也。又自真蒲行

---

① 赵汝适：《诸番志》卷上，清《学津讨原》本，第4页。
② 孙廷林、王元林编《广东海上丝绸之路史料汇编（宋元卷）》，广东经济出版社，2017，第72页。
③ 田明伟：《〈真腊风土记〉的文献价值》，《图书馆学刊》2020年第6期。

坤申针，过昆仑洋，入港。港凡数十，惟第四港可入，其余悉以沙浅故不通巨舟。然而弥望皆修藤古木，黄沙白苇，仓卒未易辨认，故舟人以寻港为难事。自港口北行，顺水可半月，抵其地曰查南，乃其属郡也。又自查南换小舟，顺水可十余日，过半路村、佛村，渡淡洋，可抵其地曰干傍，取城五十里。按《诸番志》称其地广七千里。其国北抵占城半月路，西南距暹罗半月程，南距番禺十日程，其东则大海也。①

其具体航线：从温州港出发，先沿着福建、广东、海南岛的东海岸航行，从海南岛的西南进入北部湾，然后到达占城国，再航行到达真蒲（巴地或头顿一带），即进入真腊境内。从真蒲进入昆仑洋，经美萩港，在查南（今磅清扬）改乘内河小船，经佛村，渡淡洋（今洞里萨湖）而至其北岸登陆行 50 里，最后到达真腊国都吴哥。去时总航程历时 4 月有余。从温州到占城，因顺风，只走了 26 天；从占城到吴哥，一是逆风，二是从大海转入湄公河后航速慢，三是元朝使团可能在占城停留了一段时间，以便顺道办些外交事务等，因而走了 3 个多月。元朝使团在真腊停留了 11 个月，于 1297 年 6 月启航回国，8 月到达四明（今浙江宁波），因为顺风，历时仅 2 个月。概而言之，真腊时期的中柬海上交通有以下几个特点：海上贸易从过去以朝贡贸易为主逐渐变成以市舶贸易为主；航海技术的发展有重大突破，主要表现在指南针的应用与季风规律的掌握；这个时期，中国人开始在真腊定居，而且人数逐渐增多。②

（五）渤泥

渤泥，即今加里曼丹岛北部文莱一带古国。自宋至明初，我国史籍称其为渤泥；明中叶以后称文莱，也称婆罗。渤泥在宋代才开始与中国交往，其后与中国的海上交通日益频繁，《宋史》《诸番志》《岛夷志略》对渤泥均有记载。渤泥是一个"俗重贸易"的国家。《宋史》即记载了

---

① 周达观：《真腊风土记校注》，夏鼐校注，中华书局，2000，第 15—16 页。
② 赵和曼：《古代中国与柬埔寨的海上交通》，《历史研究》1985 年第 6 期。

渤泥商人在太平兴国二年（977）和元丰五年（1082）到宋进行朝贡贸易的情况，渤泥商人所抵达的中国港口为广州港和泉州港。大中祥符七年（1014）七月，"知广州陈世卿言：海外番国贡方物至广州者，自今犀象、珠贝、栋香、异宝，听赍赴阙。其余辇载重物，望令悉纳州帑，估直闻奏。非贡奉物，悉收其税算，每国使、副、判官各一人，其防援官，大食、注辇、三佛齐、阇婆等国，勿过二十人，占城、丹流眉、渤泥、古逻、摩迦等国勿过十人，并往来给券料，广州番客有冒代者，罪之"①。

从渤泥到中国的海上交通线路，基本上与阇婆一致，沿其西北海域航行至越南东部海域，顺南海北上达中国东南沿海港口。据记载："渤泥在泉之东南，去阇婆四十五日程，去三佛齐四十日程，去占城与麻逸各三十日程，皆以顺风为则。"② 从这则文献记载来看，当时所航行的路线是从泉州出发，顺北部湾、越南东部的南海南下，经泰国湾顺马来半岛向南航行，经苏门答腊岛到爪哇岛，再北上到加里曼丹岛，其航程迂回曲折。这主要是沿海岸线航行较为安全，也可能是因贸易的需要而辗转多个地区。

（六）天竺诸国

天竺，是古代中国人对印度诸国的通称。《后汉书·西域传》记载"天竺国，一名身毒"，西汉时称印度为身毒，东汉以后多称为天竺。宋人将天竺国及其相邻诸多小国称之为"西天诸国"。"《宋史》及《诸番志》等书虽列有'天竺传'，然中世之印度半岛实处分崩离析状态，故天竺、印度等名并非整体国家的政治名词，实乃一种历史地理之概念。仅言天竺未能判定其所在，即使加上东、西、南、北也颇难辨其究为何地"③，此言诚然。众所周知，印度与中国的交通往来可谓源远流长，既可陆路通行，也可海道航行，一直保持着紧密且从未间断的联系。宋元

---

① 李焘：《续资治通鉴长编》卷八七，中华书局，1995，第1998页。
② 赵汝适：《诸番志》卷上，清《学津讨原》本，第36页。
③ 陈佳荣、钱江、张广达编《历代中外行纪》，上海辞书出版社，2008，第414页。

时期两地交通变迁，从大体而言，北宋陆海通道皆能通行；而到了南宋时期，由于西北陆上通道的阻隔，中印之间的人员流动、贸易往来愈来愈偏重或依赖于海上交通。而整个宋元时期，中国与天竺诸国的海上交通航线，基本上是从广州或泉州扬帆出发，从北部湾南下，途经交阯、占城、真腊沿海海域，至三佛齐、蓝里，然后沿孟加拉湾沿线南行，最终至天竺诸国。

详阅《宋史·天竺传》，其中最令人聚焦瞩目的记录，便是北宋太平兴国五年（980）北印度僧人施护所叙的来华行程。

> 施护者，乌塡曩国人。其国属北印度，西行十二日至乾陀罗国，又西行二十日至曩誐啰贺啰国，又西行十日至岚婆国，又西行十二日至誐惹曩国，又西行至波斯国，得西海。自北印度行百二十日至中印度。中印度西行三程至阿啰尾国，又西行十二日至未曩啰国，又西行十二日至钵赖野迦国，又西行六十日至迦啰拿俱惹国，又西行二十日至摩啰尾国，又西行二十日至乌然泥国，又西行二十五日至啰啰国，又西行四十日至苏啰荼国，又西行十一日至西海。自中印度行六月程至南印度，又西行九十日至供迦拿国，又西行一月至海。自南印度南行六月程得南海。皆施护之所述云。①

施护一行人水陆兼行，一路风尘仆仆，以上"都是施护之所述，其印度地名大致均早为《大唐西域记》所载，唯译名不同耳；不过作为中印关系之史料，足以证明北宋初两国使者、高僧之往来，仍继承唐代之余绪，颇显频密"②。

不过纵观宋元两朝文献，印度半岛诸国来华大都来自南印度，如注辇、故临，或者西海岸各地，如南毗、胡茶辣、麻罗华等国。其中尤其以注辇、故临同宋朝的交往最为密切。注辇国，即《大唐西域记》中提

---

① 脱脱等：《宋史》卷四九〇《外国六·天竺》，中华书局，1985，第14104—14105页。
② 陈佳荣、钱江、张广达编《历代中外行纪》，上海辞书出版社，2008，第414页。

及的"珠利耶",其系南印度之古代大国。宋朝之时,注辇国日渐强盛,国力迅速提升,占有南印度全部及锡兰岛,势力范围一度扩张至恒河流域,还曾派兵渡海远征马来半岛等地。《诸番志》称其为"西天南印度也",即该国位于漳泉往西航行的印度南部。《岭外代答》将其归于"西天诸国","西方诸国,大率冠以'西天'之名,凡数百国。最著名者王舍城、天竺国、中印度。盖佛氏所生,故其名重也。传闻其地之东,有黑水、淤河、大海,越之而东,则西域、吐蕃、大理、交阯之境也。其地之西,有东大食海,越之而西,则大食诸国也。其地之南,有洲名曰细兰国,其海亦曰细兰海"。① 其地"东距海五里,西至西天竺千五百里,南至罗兰二千五百里,北至顿田三千里。自古不通商,水行至泉州四十一万一千四百余里。欲往其国,当自故临易舟而行,或云蒲甘国亦可往",此处"地产真珠、象牙、珊瑚、玻璃、槟榔、豆蔻、琉璃、色丝布、吉贝布"。②

在宋朝之前,注辇国与中国几乎没有往来。而到了宋代,两国官方层面开始接触和交往。根据《宋史》及《宋会要》二书记载,真宗大中祥符八年(1015)、天禧四年(1020)、仁宗明道二年(1033)、神宗熙宁十年(1077),注辇国先后四次派遣使者前来纳贡。尤其是真宗大中祥符八年,注辇国国主罗茶罗乍(984—1013)"遣进奉使侍郎娑里三文、副使蒲恕、判官翁勿、防援官亚勒加等奉表来贡"最为著名。《宋史》较为详细地记载了娑里三文一行来华的航程及所花费的时间,"三文离本国,舟行七十七昼夜,历郍勿丹山、娑里西兰山至占宾国。又行六十一昼夜,历伊麻罗里山至古罗国。国有古罗山,因名焉。又行七十一昼夜,历加八山、占不牢山、舟宝龙山至三佛齐国。又行十八昼夜,度蛮山水口,历天竺山,至宾头狼山,望东西王母冢,距舟所将百里。又行二十昼夜,度羊山、九星山至广州之琵琶洲。离本国凡千一百五十日至广州焉"③,路途遥远,途中航行了三年有余。正因为《宋史》的这段记

---

① 周去非:《岭外代答》卷三,清《知不足斋丛书》本。
② 赵汝适:《诸番志》卷上,清《学津讨原》本,第19页。
③ 脱脱等:《宋史》卷四八九《外国五·注辇》,中华书局,1985,第14098页。

载，我们才得以知晓宋元时期南印度区域与中国海上航道的具体细节。

关于娑里三文来华的行程①，《历代中外行记》认为这是非常值得认真研讨的课题。该书将娑里三文行程所经过的部分地名略加考释，我们从中大略可知注辇与宋朝之间的海路通道。兹引述如下：

> 三文本国注辇在今印度东南部科罗曼德尔（Coromandel）海岸；那勿丹山或在印度东南之纳加帕塔姆（Negapatam）；娑里西兰山或谓即Soli—Silan之对音，指今斯里兰卡，因该岛当时为注辇所侵故名；占宾国或谓即《大唐西域记》之瞻波（Champa），位恒河下游地区，一说在安达曼（Andaman）群岛；伊麻罗里山或谓在缅甸西南端的讷格雷斯（Negrais）角一带，一说在伊洛瓦底（Irrawaddy）江口；古罗国或谓又作哥罗，在马来半岛北部克拉（Kra）地峡一带，一说又作古剌，位缅甸勃固（Pegu）一带；加八山或指马来西亚巴生（Klang）港外的巴生岛，又称吉贝屿、绵花屿，加八、吉贝均马来语木棉（kapok）或棉花（kapas）之译音，也有的认为指马来西亚的凌加卫（Langkawi）岛或印度的尼科巴（Nicobar）群岛；占不牢山在马来半岛西岸一带，或谓即Sembilan之对音，指森美兰（Negri Sembilan）州沿岸；舟宝龙山在新加坡海峡一带，或谓应作丹宝龙（Tambrau）或升宝龙（Sambulan），均新加坡附近水道名，也有的认为作丹宝龙，为丹马令之异译；三佛齐国在占碑（Jambi Palembang），蓝山水口应指新加坡以南至林加（Lingga）群岛的海峡，一说指印度尼西亚的邦加（Bangka）海峡西口；天竺山或谓指马来半岛东南岸外的奥尔（Aur）岛，中国载籍又称竺屿、东西竺，一说指越南的昆仑（Condore）岛；宾头狼山应即宾瞳龙（Panduranga），此指越南藩朗（Phan Rang）南面的巴达兰（Padaram）角；东西王母冢或指昆仑岛，因此海上之昆仑山而导出西王母之神话；宾头狼山属于占城国即林邑国，《隋书》叙常骏出使赤土之行程，云由海岛上望林邑有神祠，《岭外代答》云占城属国

---

① 有关娑里三文行程的考证与研究，参见罗香林：《宋代注辇国使娑里三文入华行程考》，《大陆杂志》1966年第6期；岑仲勉：《娑里三文行程之前段》，载《中外史地考证》（下），中华书局，1962。

宾施陵，传为王舍城、有目连舍基，则附会之论也；羊山在越南归仁东南面，即Gambir岛；九星山或又作九州石，指今海南岛东面的七洲列岛，一说在今广东珠海一带；广州之琵琶洲在今广州黄埔港西面一带，今犹称琵琶洲，一说在香港西北之屯门湾内。①

（七）菲律宾群岛和印度尼西亚群岛诸国

历史上的"东西洋"，其实是元代以来中国古籍对大陆疆域以外海洋的合称。宋元时期的"东洋"，是以东南沿海为中心，从闽南沿海海商视野出发"东行"台湾，经菲律宾海域及其以东、以南水域，特指宋元以来东南船家东航澎湖、我国台湾地区，以及海外菲律宾、印度尼西亚群岛东部的航海实践，相对于台、澎以北的东海、黄海和渤海（包括对日、朝航路）所在的北洋，南海西部及以西所在的'西（南）洋'②。南宋真德秀在《西山先生真文忠公文集》之"申枢密院措置沿海事宜状"中写道："（永宁寨）其地阙临大海，宜望东洋，一日一夜可至澎湖""自岱屿门内外直至东洋，法石主之，每巡至永宁止"；在"申尚书省乞措置收捕海盗"中记载："本军初四日使兵船出赖巫洋探伺，至洋心偶见一艍船只从东洋使入内"。③上述"永宁寨"在今石狮永宁镇，它位于泉州湾与围头湾中部的深沪湾北畔，与台湾隔海相望，而"岱屿"在今泉州湾口。《西山先生真文忠公文集》中屡次出现"东洋"一名，学界据此考订，有人认为是泉州港东航澎湖以远，亦有人分析指爪哇以东海域，实际所指都落在今我国台湾、澎湖，以及菲律宾一带。足以确定的是，南宋之时才将今台湾海峡及其以东之海域称为"东洋"。有元一代，"东洋"仍然以菲律宾群岛为中心，只不过外延已经有了变化。检阅元朝载籍，例如在《南海志·诸番国》书中，"东洋佛坭国管小东洋"条

---

① 陈佳荣、钱江、张广达编《历代中外行纪》，上海辞书出版社，2008，第427—428页。
② 吴春明：《涨海行舟：海洋遗产的考古与历史探究》，海洋出版社，2016，第109页。
③ 曾枣庄、刘琳主编《全宋文·第三百一十二册》，上海辞书出版社，安徽教育出版社，2006，第381、442页。

下的地理范围，包括菲律宾群岛到加里曼丹的北岸；"单重布啰国管大东洋""阇婆国管大东洋"条下的地理范围，包括巽他海峡以东的爪哇、加里曼丹南部、苏拉威西、帝汶、马鲁古群岛一带。① 汪大渊在《岛夷志略》中，提及爪哇"地广人稠，实甲东洋诸番"。

宋元时期，闽粤沿海与台湾、澎湖，以及菲律宾等东洋海岛间的航海贸易活动愈加频繁。宋代已开辟了由泉州、广州横跨南海而直航三佛齐和阇婆的航线。比较隋唐五代由无数少则半日、多则十日的航程拼接而成的"广州通海夷道"，这一航线显然更为先进，因远离海岸线，单次航程远、航期长、海上跨度大，也更为方便快捷。周去非在《岭外代答》中对东洋诸番国有了粗略介绍："正南诸国，三佛齐其都会也。东南诸国，阇婆其都会也。"② 三佛齐位于马六甲海峡东南，扼中印、中西海上交流之要冲，东、西方远洋船舶多于此停泊贸易。该书载："三佛齐国，在南海之中，诸番水道之要冲也。东自阇婆诸国，西自大食、故临诸国，无不由其境而入中国者。"③ 三佛齐国至广州、泉州，无须再绕行占城等越南东海岸地区，而是"正北行，舟历上下竺（马来半岛东南奥尔岛 Pulau Aur）与交洋，乃至中国之境；其欲至广州者，入自屯门；欲至泉州者，入自甲子门"，"泛海使风二十日到广州。如泉州，舟行顺风，月余也可到"。阇婆在三佛齐东南，"阇婆之东，东大洋海也，水势渐低，女人国在焉"。由泉州、广州至阇婆，多冬季发船，先正南行至上下竺屿，再稍偏丙巳方向，"盖借北风之便，顺风昼夜行，月余可到"，而"阇婆之来也，稍西北行，舟过十二子石而与三佛齐海道合于竺屿之下"。④ 渤泥正好位于泉州、广州直航阇婆航线西侧。

其他如麻逸、三屿、蒲里噜等东洋各地，在宋代尚无直航泉州、广州之航线，其货物贸易多由中国帆船驶抵三佛齐、阇婆、渤泥等地后再转运。

---

① 孙廷林、王元林编《广东海上丝绸之路史料汇编（宋元卷）》，广东经济出版社，2017，第292页。
② 周去非：《岭外代答》卷二，清《知不足斋丛书》本。
③ 同上。
④ 同上。

赵汝适对此记述甚详,兹摘引若干如下:

麻逸国,在渤泥之北,团聚千余家,夹溪而居……盗少。至其境,商舶入港,驻于官场前,官场者,其国阛阓之所也,登舟与之杂处。酋长日用白伞,故商人必赍以为贶。交易之例,蛮贾丛至,随籈篱搬取货物而去,初若不可晓,徐辨认搬货之人,亦无遗失。蛮贾乃以其货转入他岛屿贸易,率至八九月始归,以其所得准偿舶商,亦有过期不归者。故贩麻逸舶回最晚。三屿、白蒲延、蒲里噜、里银、东流新、里汉等,皆其属也。土产黄蜡、吉贝、真珠、玳瑁、药槟榔、于达布。商人用瓷器、货金、铁鼎、乌铅、五色琉璃珠、铁针等博易。①

三屿乃麻逸之属,曰加麻延、巴姥酉、巴吉弄,各有种落,散居岛屿,舶舟至则出而贸易,总谓之三屿。其风俗大略与麻逸同……番商每抵一聚落,未敢登岸,先驻舟中流,鸣鼓以招之,蛮贾争棹小舟,持吉贝、黄蜡、番布、椰心簟等至与贸易。如议之价未决,必贾豪自至说谕,馈以绢伞瓷器藤笼,仍留一二辈为质,然后登岸互市,交易毕,则返其质,停舟不过三四日,又转而之他。诸蛮之居环绕三屿,不相统属。其山倚东北隅,南风时至,激水冲山,波涛迅驶,不可泊舟,故贩三屿者,率四五月间即理归棹。博易用瓷器、皂绫、缬绢、五色烧珠、铅网坠、白锡为货。②

蒲哩噜与三屿联属,聚落差盛,人多猛悍,好攻劫。海多卤股之石,槎牙如枯木芒刃,铦于剑戟,舟过其侧,预曲折以避之。③

元代由福建沿海经澎湖列岛而东航菲律宾的航路,在前代发展的基础上得以真正形成。此时,元人已认识到"三屿国近琉球",且与泉州等闽地多有往来,表明经澎湖至菲律宾群岛的航路已趋成熟。宋元时期,大陆与东洋海域间航路的发展不但见于上述史籍的描述,东洋航路上的多处宋元沉船与沉船线索也再现这段航路的历史。

---

① 赵汝适:《诸番志》卷上,清《学津讨原》本,第39页。
② 同上书,第40页。
③ 同上。

总而言之，宋元时期东洋航线所指的是中国至马来半岛南端、马六甲海峡以东印度尼西亚、菲律宾群岛之间的航线，航路经过三佛齐、阇婆、渤泥、麻逸、三屿、蒲里噜等国家和地区。此一时期称为东洋航线的具体线路包含：

1. 由泉州港起航，经我国西沙群岛（当时称万里石塘）至占城（越南中南部），顺风二十余日可达，它是宋元泉州港较为繁忙的航线。

2. 自泉州入海，经西沙群岛先至占城，然后再转往三佛齐、阇婆、渤泥等地，"自泉州舶一月可到"。

3. 从东南沿海港口发舶放洋，经海南岛（或广州、占城、真腊），过渤泥国，到达麻逸、三屿和蒲里噜等国，这是所谓的传统航线，从东南沿海港口发舶放洋，经过澎湖到达白蒲延（今属菲律宾群岛北部巴布延群岛）、麻逸，直接抵达菲律宾群岛，这条航线最迟在南宋宝庆元年（1225）就被开辟出来了。①

虽然整个宋元时期，闽、粤沿海与台湾、澎湖，以及菲律宾等东洋海岛间的航海贸易活动更加频繁，但从航路发展演变史的角度来看，宋代大陆商船往"东洋"中心所在菲律宾一带，仍然主要是走唐代老路，即循南洋航线东转以达目的地。

---

① 吴幼雄：《澎湖航线研究》，《东南学术》1989 年第 4 期。

第四章
货通中外：宋元时期的中外海洋贸易商品

第一节　宋元时期海外贸易的货物概况

一、宋元时期进口货物的种类

宋元时期，时人习惯把从海外进口的商品货物称为"舶货"，即由海舶运来的货物，有时也统称为"香药"，这是因为在进口货物中最重要的是香料和药材。成书于元代的《大德南海志》将"舶货"细分为"宝物""布匹""香货""药物""诸木""皮货""牛蹄角""杂物"八大类。① 种类繁多、数量惊人的舶货自海外输入，宋元时期海外贸易发展盛况空前。对于中国来说，必要的、重要的舶货究竟是什么呢？这引起学界极大的关注，研究成果众多。

关于宋代海外输入货物的具体种类，在《宋会要辑稿》职官四四"市舶"条中，保留了关于北宋、南宋不同时间点舶货的记载，为后世观察和分析宋代海外输入商品提供了重要的资料。

北宋太平兴国七年（982）闰十二月舶货，分为政府专卖品 8 种和可以在民间出售的物品 37 种，合计 45 种，由此可见北宋初年海外贸易尚

---

① 广州市地方志编纂委员会办公室编《元大德南海志残本》，广东人民出版社，1991，第 43—45 页。

未繁盛。以下是关于舶货的原文：

> 七年闰十二月，诏……凡禁榷物八种：玳瑁、牙、犀、宾铁、鼊皮、珊瑚、玛瑙、乳香。放通行药物三十七种：木香、槟榔、石脂、硫黄、大腹、龙脑、沉香、檀香、丁香、丁香皮、桂、胡椒、阿魏、莳萝、荜澄茄、诃子、破故纸、豆蔻花、白豆蔻、鹏沙、紫矿、胡芦芭、芦荟、荜拨、益智子、海桐皮、缩砂、高良姜、草豆蔻、桂心、苗没药、煎香、安息香、黄熟香、乌楠木、降真香、琥珀。后紫矿亦禁榷。①

在《宋会要辑稿》市舶"绍兴三年（1133）十二月十七日"条中，记载了219种舶来商品，分成起发和变卖两类。所谓"起发"指配送至都城，"变卖"指在市舶中贩卖。配送至都城的共132种，在市舶中贩卖的有87种。相比北宋初年舶货的种类，此时舶货数量的增加量已经相当惊人，足见南宋海外贸易相当繁荣。

有关起发的货物，具体如下：

> 金、银、真珠、玉乳香、牛皮筋角、象牙、犀、脑子、麝香、沉香、上中次笺香、檀香、乌文木、鹏砂、朱砂、木香、人参、丁香、琉璃、珊瑚、苏合油、白豆蔻、牛黄、腽肭脐、龙涎香、藤黄、血碣、荜澄茄、安息香、缩砂、降真香、肉豆蔻、诃子、舶上茴香、茯苓、菩萨香、鹿茸、黑附子、油脑、苁蓉、琥珀、上等螺犀、中等螺犀、下等螺犀、水银、上等药犀、中等药犀、下等药犀、鹿速香、赤仓脑、米脑、脑泥、木扎脑、夹杂银、石碌、白附子、铜器、银口、苟子、南番苏木、高州苏木、随风子、青木香、干姜、川芎、红花、雄黄、川椒、石钟乳、硫黄、白木、夹杂黄熟香头、上等生香、茴香、乌牛角、沙鱼皮、上等鹿皮、鱼胶、海南苏木、熟速香、画黄、龟、鼊皮、鱼鳔、椰心簟、番小花狭簟、菱牙簟、番显布、海南棋盘布、海南吉

① 徐松辑《宋会要辑稿》，职官四四之二，缪荃孙重订，民国二十五年影印本。

贝布、海南青花棋盘皮单、下色瓶香、海南白布、海南白布皮单、楝香、上色瓶乳香、中色瓶香、次下色瓶香、上色袋香、中色袋香、下色袋香、乳香、塌香、黑塌香、水湿黑塌香、青棋盘布䌷、生速香、斫削拣选低下水湿黑塌香、黄蜡、松子、榛子、夹煎黄熟香头、白芜夷、山茱萸、茅术、防风、杏仁、五苓脂、黄耆、土牛膝、毛绝市、高丽小布、占城速香、生熟香、夹煎香、上黄熟香、中黄熟香、下笺香、石斛。①

有关变卖的货物，具体如下：

蔷薇水、御碌香、芦荟、阿魏、荜拨、史君子、豆蔻花、肉桂、桂花、指环脑、丁香、母扶律膏、大风油、加路香、火丹子、紫藤香、笃芹子、豆蔻、黑笃褥、龟童、没药、天南星、青桂头、秦皮、橘皮、鳖甲莳萝、官桂、榆甘子、益智、高良姜、甲香、天竺黄、草豆蔻、藿香、红豆、草果、大腹子肉、破故纸、苓苓香、蓬莪术、木鳖子、石决明、木兰皮、丁香皮壳、豆蔻、乌药、柳桂、桂皮、檀香皮、姜黄、相思子、苍术、青椿香、幽香、桂心、大斤香、姜黄、熟缠末、潮脑、三头子、龟头、枝实、密木、檀香、缠丁香、枝白胶香、椿香头、鸡骨香、龟同香、白芷、亚湿香、木兰茸、乌黑香、粗熟香、下等丁香、下等冒头香、下等粗香头、下等青桂、片香、粗香、木番、槟榔肉、连皮、槟榔旧香连皮、大腹、粗熟香头、海桐皮、松搭子、犀蹄土、半夏、常山、蕤仁、远志、暂香、下速香、下黄熟香。②

又过了八年，即绍兴十一年（1141）十一月，舶货数量增加到300余种，分为细色、粗色、粗重三类。这里需要解释说明一下，宋元政府都将"舶货"分成粗、细二色。粗色指一般的货物，如胡椒、硫黄、速香等；细色指贵重的商品，如珠、象牙、犀角、人参、麝香等。对于

---

① 徐松辑《宋会要辑稿》，职官四四之一八，缪荃孙重订，民国二十五年影印本。
② 同上。

粗、细二色，市舶司会采用不同的抽税比例，这在前文已经交代说明。为了增加政府财政收入，宋元政府不断扩大细色的范围，将许多原来属于粗色的物品改为细色。

细色：呵子、中笺香、没药、破故纸、丁香、木香、茴香、茯苓、玳瑁、鹏砂、莳萝、紫矿、玛瑙、水银、天竺黄、末硃砂、人参、鼇皮、银子、下笺香、芹子、铜器、银珠、熟速香、带根、丁香、桔梗、泽泻、茯神、金、舶上茴香、中熟速香、玉乳香、麝香、夹杂金、夹杂银、沉香、上笺香、次笺香、鹿茸、珊瑚、苏合油、牛黄、血蝎、腽肭脐、龙涎香、荜澄茄、安息香、琥珀、雄黄、钟乳石、蔷薇水、芦荟、阿魏、黑笃耨、鳖甲笃耨香、皮笃耨香、没石子、雌黄、鸡舌香、香螺奄、葫芦巴、翡翠、金颜香、画黄、白豆蔻、龙脑（有九等：熟脑、梅花脑、米脑、白苍脑、油脑、赤苍脑、脑泥、鹿速脑、木扎脑）。

粗色：胡椒、檀香、夹笺香、黄蜡、黄熟香、吉贝布、袜面布、香米、缩砂、干姜、蓬莪术、生香、断白香、藿香、荜拨、益智、木鳖子、降真香、桂皮、木绵、史君子、肉豆蔻、槟榔、青橘皮、小布、大布、白锡、甘草、荆三棱、碎笺香、防风、蒟酱、次黄熟香、乌里香、苓上香、中黄熟香、冒头香、二赖了、青苎布、下坐香、厂香、海桐皮、番青班布、下等冒头香、下等五里香、苓牙簟、修割香、中生香、白附子、白熟布、白细布、山桂皮、暂香、带枝檀香、铅土、茴香、乌香、牛齿香、半夏、芎裤布、石碌、紫藤香、官桂、桂花、花藤、粗香、红豆、高良姜、藤黄、黄熟香头、钗藤、黄熟香、片螺头、斩锉香、生香、片水藤皮、苍术、红花、片藤、琉水盘头、赤鱼鳔、香缠、小片水盘头、杏仁、红橘皮、二香、大片香、糖霜、天南星、松子、粗小布、大片水盘香、中水盘香、樟脑、青桂香、斧口香、白苎布、鞋面布、丁香皮、草果、生苎布、土檀香、青花番布、苁蓉、螺犀、随风子、绅丁、海母、龟同、亚湿香、菩提子、鹿角、蛤蚧、洗银珠、花梨木、琉璃珠、椰心簟、犀蹄、番糖、师子绥、枝实。

粗重：窊木、大苏木、小苏木、硫磺、白藤棒、修截香、青桂头

香、番苏木、苏木、镬铁、白藤、粗铁、水藤坯子、大腹子、姜黄、麝香、木跳子、鸡骨香、大腹、檀香皮、把麻、倭板、倭枋板头、薄板、板掘、短板肩、椰子长薄板合簟、火丹子、蛙蚣、干倭合山、枝子、白檀木、黄丹、麝檀木、苎麻、苏木、稍毂、相思子、倭梨木、榽藤子、滑皮、松香、螺壳、连皮、大腹、吉贝花布、吉贝纱、琼枝菜、砂黄、粗生香、硫黄、泥黄、木柱、短小零板杉枋、厚板松枋、海松板木枋、厚板令赤藤厚枋、海松枋、长小零板板头、松花小螺壳、粗黑小布、杉板狭小枋、令团合杂木柱、枝条苏木、水藤篾、三抄香团、铁脚珠、苏木脚、生羊梗、黄丝火枕煎盘、黑附子、油脑、药犀、青木香、白术、番小花狭簟、海南白布单、青番棋盘小布、白芜荑、山茱萸、茅术、五苓脂、黄耆、毛施布、生熟香、石斛、大风油、秦皮、草豆蔻、乌药香、白芷、木兰茸、蕤仁、远志、海螺皮、生姜、黄芩、龙骨草、枕头土、琥珀、冷瓶、密木、白眼香、裔香、铁熨斗、土锅、豆蔻花、砂鱼皮、拍还脑、香柏皮、黄漆、滑石、蔓荆子、金毛狗脊、五加皮、榆甘子、菖蒲、土牛膝、甲香、加路香、石花菜、粗丝玺头、大价香、五倍、细辛、韶脑、旧香、御碌香、大风子、檀香皮、缠香皮、缠末、大食苎仑梅、熏陆香、召亭枝、龟头犀香、苣根、白脑香、生香片、舶上苏木、水盘头幽香、番头布、海南棋盘布、海南青花布、皮单、长木、长倭条、短板肩。①

总而言之，南宋绍兴三年（1133）十二月户部文书记载，各市舶司进口的货物有210余种。绍兴十一年（1141）十一月，户部又"重新裁定市舶香药名色"，共计有330余种。我们将这两件文书所记载的货物名目加以整理，去掉重复物品之后，计得约400种。此外，南宋末年明州（浙江宁波）地方志记录当时明州市舶司进口货物名目共有170余种。其中，有十多种是上述400种货物中所没有的。由以上列举的文献推算可知，宋代从海外进口的货物应在410种以上。

元代没有关于进口货物的详细记录。广州的地方志登录"舶货"不

---

① 徐松辑《宋会要辑稿》，职官四四之二，缪荃孙重订，民国二十五年影印本。

过70余种。庆元（今宁波市）地方志登录的"舶货"共有220余种，比南宋末年地方志所载多出50余种。去掉重复物品，可知从这两个港口进口的货物在250种以上。元代最大的贸易港是泉州，但是没有留下当地进口货物种类的记载。总的来说，由于元朝的统一，以及和海外联系的加强，进口的货物种类和数量应该都比前代有所增加。

《大德南海志》记载了元代初期广州市舶司对外贸易的盛况，据海外舶来的货物表，将其分为八类：第一类为"宝物"，象牙、犀角、鹤顶、真珠、珊瑚、碧甸子、翠毛、龟筒、玳瑁；第二类为"布匹"，白番布、花番布、草（莩）布、剪绒单、剪毛单；第三类为"香货"，沉香、速香、黄熟香、打拍香、阇八香、占城香、粗熟香、乌香、奇楠木、降真香、戎香、檀香、蔷薇水、乳香、金颜香；第四类为"药物"，脑子、阿魏、没药、胡椒、丁香、肉豆蔻、白豆蔻、豆蔻花、乌爹泥、茴香、硫黄、血竭、木香、荜拨、木兰皮、雄黄、苏合油、荜澄茄；第五类为"诸木"，苏木、射木、乌木、红柴；第六类为"皮货"，沙鱼皮、皮席、皮枕头、七鳞皮；第七类为"牛蹄角"，白牛蹄、白牛角；第八类为"杂物"，黄蜡、风油子、紫梗、磨末、草珠、花白纸、藤席、藤棒、贝八子、孔雀毛、大青、鹦鹉、螺壳、巴淡子。以上货物，大体上反映出元代从南海诸国输入的货物品种。

二、宋元时期出口货物的种类

宋元时期远销海外的货物，傅宗文先生根据《诸番志》和《岛夷志略》两书所记载的出口商品，统计如下：

丝绸：锦绫*、假锦*、缬绢*、建阳锦、建宁锦、丹山锦、龙缎、草金缎、五色缎、苏杭五色缎、五色绢、花宣绢、狗迹绢、细绢、土绢、土绅、白丝、南北丝、绫罗匹帛。

布匹：白布*、土印布、青白土印布、花印布、小花印布、色印布、红油布、红丝布、五色红布、水绫丝布、五色布、花布、色布、丝布、青丝布、青皮单、棋子手巾。麻逸布、阇婆布、占城布、西洋布、甘理布、巫仑布、八丹布、塘头市布、八都剌布、八节那涧布、剌速斯离布。

瓷器＊：青白花瓷器、青白花碗、青碗、花碗、粗碗、盘、瓶、壶、乌瓶、处瓷。

陶器：瓦坛、水坛、大瓮、水埕、罐。

铜铁：赤铜＊、铁＊、铁鼎＊、铁针＊、铜珠、青铜、铜鼎、铜器、铜条、铜锅、铜线、白铜、铁块、铁线、铁器、铁条、铁锅、鼎倭、铁。

金银＊：金、金珠、金首饰、沙金、赤金、紫金、云南叶金、银、花银、银首饰、牙锭。

铅锡＊：锡、花锡、斗锡、铅、土粉（铅粉）。

药物：大黄＊、樟脑＊、砒霜＊、鹏砂＊、白矾＊、朱砂＊、白芷＊、川芎＊、丁香、豆蔻、良姜、荜拨、苏木、麝香、茅香、樟脑、海南槟榔、大风子、麒麟粒、达剌斯离香。

乐器：皮鼓＊、鼓、板、琴、阮、瑟。

饰珠：琉璃珠＊、五色烧珠＊、牙臂环＊、珊瑚珠、门邦丸珠、土珠。

食品：糖＊、酒＊、米＊、麦＊、白糖、糖霜、谷米、盐。

杂货：漆器＊、草席＊、凉伞＊、绢扇＊、网坠＊、牙梳、篦子、木梳、紫矿、牙箱、水银、涂（石）油、硫黄、黄油伞、毡毯、针、白缨、青琅玕、棋子、纸札。①

根据《宋史·食货志》《宋会要辑稿》《诸番志》《岛夷志略》等文献记载，宋代的出口商品主要有手工业制品、金属制品、工艺品、农副产品等种类。具体而言，手工业制品涵盖瓷器、陶器、纺绸、布帛、漆器等，金属制品涵盖铜器、铜钱、金、银、铅、锡等，工艺品有玩具、乐器、伞、梳、扇等，农副产品涉及茶、糖、酒、米、盐、药材等。宋元时期，中国出口的货物，和前代大体相同，但也有一些变化。总的说

---

① 参见傅宗文：《刺桐港史初探（专著连载之二）》，《海交史研究》1991年第2期。标有＊的商品已见《诸番志》。

来，以手工业产品为主，其中尤以纺织品和陶瓷制品最为重要。其次是金属制品、金属通货，以及日常生活用品、农产品等。此外，药材、乐器、书籍等也远销海外。

聚焦宋元时期的海洋贸易商品，若以舶来品的产地而言，舶货主要来自以下三个地区：宋代的南海（元代的东、西洋），日本列岛，朝鲜半岛。在上述向中国输入舶货的三个地区中，南海（东、西洋）地理范围最广，历来就是香药、宝货的主要产地，也是宋元时期400余种舶货的主要产地。由该区域输入的舶货，无论是品种还是数量，都占当时进口舶来品的大多数。这也是此一时期海上航路出现空前繁荣的原因。而宋元时期中国出口海外的货物主要以手工业品为主。各路航线上频繁往来的商舶，既是宋元时期商品经济发展急需扩展市场的内在要求，也是中外商品具有极强互补性的体现，最终形成了商品双向流通的巨流。

第二节　宋元时期的代表性输出货物

一、陶瓷器

苏文菁认为，海上丝绸之路和陆上丝绸之路作为中外物产和文化交流的通道，其物流载体和物流主体是不一样的。陆上丝绸之路以人力和畜力为物流载体，丝绸因为轻便，成为其物流主体；海上丝绸之路以木质帆船为物流载体，帆船要在大海中抗风航行，一定要有"压舱物"，而农耕文明时期中国盛产的手工制品陶瓷器，就顺理成章地成了"压舱物"。当时的中国人并没有把陶瓷器当作贵重物品，但是对于"海上丝绸之路"沿线国家而言，中国陶瓷器却是稀世珍品。① 更有学者认为，"中国陶瓷丰富多彩的内涵在人类文化史上占据重要的地位，中国陶瓷精湛的技术工艺也持续领先于世界，并长期为远近诸番所仰慕，所以中

---

① 苏文菁：《海上看中国》，社会科学文献出版社，2016，第244页。

国瓷器从出现的第一天起就开始通过海路持续地对外影响和传播。"①

回溯过往,中国陶瓷器的海外贸易确实有着悠久漫长的历史。至少在汉代,中国陶瓷器就开始输往海外各地,只不过陶瓷自身易碎的特性,不易实现大规模、远距离贸易,所以通过陆上丝绸之路运输的陶瓷数量较少。到了唐代后半期,随着陶瓷在海外市场的需求量的增大,海上运输方式逐渐成为中外海商的最佳选择。由此,中国陶瓷的对外输出也逐渐兴盛起来,三彩陶与青白瓷已经远销至印度洋各国和日本、朝鲜半岛。1998年,在印度尼西亚发现的"黑石号"沉船打捞出来的文物超过60000件。其中,陶瓷器占了绝大部分,包含了河北邢窑、浙江越窑、河南巩义窑、湖南长沙窑以及广东仿越窑遗址所发现的陶瓷制品类别。②

众所周知,宋代是我国陶瓷业空前发展的时期。火药、指南针、活字印刷术的发明和采煤业、航海业的发展,均说明这时期科学技术已然相当发达。因而,与此密切相关的陶瓷业在如此有利的条件支持下,无论在质量和数量上均超过历史上任何时期。元代陶瓷生产在继承宋代的基础上仍然有所创新,其中以景德镇的青花和釉里红瓷器最为出色。文献记载和考古发现证明,陶瓷器外销地区包括中亚、西亚、东南亚以及东非、西非、北非等国家和地区。③ 宋元时期不仅仅是我国陶瓷业的蓬勃发展时期,而且这一时期的陶瓷远销海外,相较于前代,无论在外销地区、外销种类和规模数量上,都有了更加显著的扩大。这一时期陶瓷大规模远销海外的推动因素诸多,例如国家鼓励海外贸易、制瓷业蓬勃发展、完备的市舶制度、陆上对外交往道路受阻、发达的造船业、东南海商兴起等等。④

其中,最大的推动力量显然来自政府积极推动海上商贸活动的意

---

① 吴春明:《环中国海沉船:古代帆船、船技与船货》,江西高校出版社,2003,第455页。

② 参见马玲玲:《浅议唐代海上陶瓷艺术市场:从"黑石"号沉船陶瓷遗物谈起》,《荣宝斋》2022年第8期;齐东方:《"黑石号"沉船出水器物杂考》,《故宫博物院院刊》2017年第3期。

③ 参见叶喆民:《中国陶瓷史》(增订版),生活·读书·新知三联书店,2011。

④ 冯先铭编著《冯先铭谈宋元陶瓷》,紫禁城出版社,2009,第251—252页。

愿。宋元时期，历代统治者为了满足自身对于海外奢侈品的需求，更为了缓解近在眼前的财政危机，将对外贸易税收作为一项重要的政府收入，因此致力于追求中外贸易所产生的巨额利润，海外贸易遂逐渐在经济发展中占有重要地位。统治者高度重视海洋贸易事业的价值，诚如宋元时期官方文献中屡屡出现的"市舶之利最厚""以助国用"所宣示的那般。譬如《宋会要辑稿》中所载"市舶之利最厚，若措置合宜，所得动以百万计，岂不胜取之于民。朕所以留意于此，庶几可以少宽民力尔""市舶之利颇助国用，宜循旧法，以招徕远人，阜通货贿"[1]，将宋朝统治者对待海洋贸易活动的心态展露无遗。而元朝推行"官本船"的海上商贸新模式，选人入番，贸易诸货，其所获之息以十分为率，官取其七，更可见元朝政府对于海外贸易利润的极致追求与依赖。

因此，分析宋元时期陶瓷大规模运销海外的背后原因，最不可忽视的因素是政府有目的地以瓷器作为对外贸易的重要媒介，这一点集中体现于宋元两朝长期推行"瓷器之属博易"的政策。用瓷器博易的记载屡见于宋元时期的官方文献。例如，《宋史·食货志》记载："（南宋）绍熙三年（1192），以福建舶司乳香亏数，诏依前博买。开禧三年（1207），住博买。嘉定十二年（1219），臣僚言以金银博买，泄之远夷为可惜。乃命有司止以绢帛、锦绮、瓷漆之属博易，听其来之多寡，若不至则任之，不必以为重也。"[2] 自嘉定十二年（1219）之后，为了防止海外贸易导致的铜钱外流而引起国内钱荒的现象，南宋政府一再五次地规定、严申海外贸易不得用金银铜钱，而以绢帛、瓷器之属博易。一言以蔽之，该项贸易管理政策的本质，即政府为了解决时不时出现的"钱荒"问题，严禁购买外货使用金银铜钱，规定以绢帛、锦绮、瓷器为价。"瓷器之属博易"政策的推行，对于陶瓷外销的影响直接且深远，效果立竿见影，直接导致陶瓷器更大量地输出和运销到海外各国去。

《萍洲可谈》卷二"船舶航海法"中，提及北宋以来航行于南海的"舶船深阔各数十丈，商人分占贮货，人得数尺许，下以贮物，夜卧其

---

[1] 徐松辑《宋会要辑稿》，职官四四之二十，中华书局，1957，第3373页。
[2] 脱脱等：《宋史》卷一八五《食货下七·香》，中华书局，1985，第4538页。

上。货多陶器,大小相套,无少隙地"①。由此则文献可见,北宋以来,中国海舶都将陶瓷器作为理想的压舱物,海商频繁运载销售陶瓷器到南海诸国,他们充分利用船舱的空间,尽可能地装载陶瓷器,达到所谓"大小相套,无少隙地"的效果。装载运输陶瓷器的经验如此丰富,正可以说明陶瓷器是宋代船舶经常运载出海贸易的最大宗商品。有元一代,"瓷器之属博易"政策依然延续。与宋代统治者的考量一样,元政府同样出于避免铜钱大规模外流的发生,要求用不值钱的陶瓷与海外进行博易。综而论之,宋元两代的海洋开放政策促成了以东南沿海为中心的环中国海洋社会经济的繁盛,环中国海海域成为中世纪世界航海体系的一个主要中心。以东南船家的远洋木帆船、定量航海技术和四洋航路网的形成为主要标志的大航海时代的到来,成为宋元时期海洋性瓷业格局急剧扩张的重要基础。

在前代累积的基础上,宋元时期制瓷技艺得到大幅度的提升,各地的窑口如雨后春笋般涌现出来。以宋代为例,根据考古学家们对中华人民共和国成立以来宋代窑址的调查,全国共有170多个县发现瓷窑址,其中宋代的窑址多达130个,约占总数的65%。② 由于市场竞争激烈,因此各地民窑的生产积极性得到提升。宋代的瓷器胎质、釉料和制作技术等方面都有新的提高,制瓷工艺不断创新,瓷器的质量、产量也就有了极大提升。与此同时,也产生了一个窑场生产出新的产品,其他窑场就纷纷效仿的普遍现象,由此在全国形成了以定窑、钧窑、耀州窑、磁州窑、龙泉窑、景德镇窑和建窑、德化窑等一些名窑为中心的瓷窑体系。特别是东南沿海一带,出现了数量众多、专门制造外销瓷的窑口,这也是之前从未出现过的现象。在宋代之前,比如唐代生产外销瓷的窑口虽然分布广泛,南北方很多地方都生产瓷器,如越窑的青瓷以及邢窑的白瓷等等,但是"这个时期是中国瓷器外销的初始阶段,是让当地人认识其价值的阶段。各窑均以质量较好,带装饰的产品输出。这说明,

---

① 朱彧:《萍洲可谈》,李伟国点校,中华书局,2007,第133页。
② 戴鸿文:《论宋代瓷器外销的历史条件》,《辽宁大学学报(哲学社会科学版)》1994年第5期。

在中国尚未出现专门的生产外销瓷的窑场，对于哪种瓷器和哪个地区出口最合适，还处于自发的选择之中"①。宋元时期，东南海洋性瓷业的扩张集中表现在面向海洋市场的瓷系品种大规模发展。随着越窑青瓷业的衰落，龙泉窑系青瓷产业兴起并迅速扩张，而且闽、粤等沿海地区的仿龙泉窑系的青瓷业急剧增长，同时源于景德镇窑的青白瓷系和以建窑、吉州窑为中心的黑釉瓷系等也都密集出现于东南沿海成百上千窑口中。定窑覆烧技术、磁州窑釉下黑花、耀州窑犀利的刻花以及钧窑多彩的窑变色釉技术都直接或间接地在东南瓷业中产生了影响。② 有学者将宋元时期的东南海洋性瓷业生产基地归纳为：宁绍平原地区，金衢盆地、浙南山地和瓯江，飞云江流域，闽江上游，闽江下游，闽南地区，韩江流域，东江流域，珠江口地区，雷州半岛，西江流域，桂东北地区。③

若以时间分段来看，北宋时期外销瓷的主力产品是浙江越窑系青瓷（越窑青瓷与温州窑青瓷）、江西景德镇窑白瓷与青白瓷、广东广州西村窑制品、广东潮州窑白瓷等。进入北宋末期，龙泉窑青瓷与福建陶瓷开始外销。至南宋，广东陶瓷与越窑系青瓷的输出数量变少，转以浙江龙泉窑青瓷、江西景德镇窑青白瓷、福建陶瓷为外销陶瓷的大宗。南宋末期开始，龙泉窑青瓷数量大大增加。根据西亚、东南亚与日本等世界各地遗迹所显示，元代中国陶瓷的消费组合中，龙泉窑青瓷数量超过半数。概而言之，宋元时期外销瓷器主要以龙泉青瓷为主，其次是景德镇青白瓷。尤其到了元代，景德镇青花瓷也大量用于外销。至于输出港口，日本学者森达也考察了中国海外贸易陶瓷器生产地及海外贸易运输线路的变迁，指出"南宋、元代中国陶瓷的输出，根据不同的外销地点，主要的输出港口不同，外销陶瓷器的内容组成也有差异。一般而言，外销东南亚与西亚的路线，是以泉州为据点，而开往日本的贸易

---

① 秦大树：《中国古代陶瓷外销的第一个高峰：9～10世纪陶瓷外销的规模和特点》，《故宫博物院院刊》2013年第5期。
② 中国硅酸盐学会编《中国陶瓷史》，文物出版社，1982，第227—231页。
③ 王新天：《中国东南海洋性瓷业的历史进程》，天津古籍出版社，2019，第141—167页。

船,则是以福州与宁波为出发地"①。

论及宋元陶瓷器外销的路线与国家,无论是文献记载,还是考古发掘,均体现这一时期我国陶瓷器广泛参与海外贸易的盛况。以文献记载为例,赵汝适的《诸番志》和汪大渊的《岛夷志略》对宋元时期的陶瓷器贸易均有明确且详细的记载。这些记载已为国外考古发现所证实,发现器物数量之多、地区之广已非唐瓷可以比拟。以《诸番志》一书记载为例,当时与中国有商业往来的 57 个国家和地区中,其中明确记有"瓷器博易"的国家或地区涉及十多处,占到"志国"总数 1/4 以上。② 其中,有南毗(印度),真腊(柬埔寨),占城(越南),渤泥、佛罗安、单马令(以上皆属马来西亚),三佛齐、蓝无里、阇婆、西龙宫(以上皆属印度尼西亚),细兰(斯里兰卡),麻逸、三屿(菲律宾),层拔(坦桑尼亚)等国家,外销瓷器有青瓷、白瓷、青白瓷等品种。实际上当时陶瓷器销售范围远不止这些国家和地区,这一点可以从今天许多国家出土的宋瓷得到进一步印证。兹将《诸番志》有关陶瓷器的对外贸易记载摘录如下。

占城(今越南南部)条"番商兴贩用瓷器等博易"。真腊(今柬埔寨)条"番商兴贩用瓷器等博易"。三佛齐(今印度尼西亚苏门答腊)条"番商兴贩用瓷器等博易"。另有日罗亭、潜迈、拔沓、加罗希等,均属今马来西亚。还有新拖(今印度尼西亚爪哇岛西部)、监篦(今印度尼西亚苏门答腊东岸),皆为三佛齐属国,番商兴贩也应有瓷器一项。蓝无里(今印度尼西亚苏门答腊 Lambri)条"番商兴贩用瓷器等为货"。阇婆(今印度尼西亚爪哇)条"番商兴贩用青白瓷器交易"。单马令(今马来西亚南部)条"番商用瓷器、盆钵博易"。凌牙斯加(今马来西亚南部)条"番商兴贩用瓷器等为货"。佛罗安(今马来西亚南部)条"番(商)以瓷博易"。渤泥(今印度尼西亚加里曼丹)条"番商兴贩用青瓷器等博易"。另有西龙宫、什庙、日丽、胡芦曼头、苏勿里、马胆逾、马喏等,均在今印度尼西亚加里曼丹附近,"商人以白瓷器货金易

---

① 森达也:《宋元外销瓷的窑口与输出港口》,《考古与文物》2016 年第 6 期。
② 参见余军:《宋代"海上陶瓷之路"探研》,《宋史研究论丛》2020 年第 1 期。

之"。细兰（今斯里兰卡）条"番商博易用瓷器等为货"。南毗（今印度半岛西岸）条"用瓷器为货"。故临（今印度西南部魁郎）条"用瓷器为货"。层拔（今坦桑尼亚桑给巴尔）条"以瓷器为货"。麻逸（今菲律宾珉都洛岛）条"商人用瓷器等博易"。另有白蒲延、里银、东流、新里汉等，均在今菲律宾群岛一带，皆为麻逸所属，商人亦用瓷器等博易。三屿（今菲律宾群岛）条"博易用瓷器、五色烧珠为货"。①

从赵汝适《诸番志》一书记载可知，宋代对外贸易的陶瓷器品种有青瓷、白瓷、青白瓷，以及盆、钵粗器。当时与中国进行陶瓷器贸易的国家和地区，包括现在的越南、柬埔寨、印度尼西亚、马来西亚、菲律宾、印度、斯里兰卡，甚至远达非洲的坦桑尼亚。由此可以看出，宋代陶瓷器的输出范围相当广泛，这与国内外出土的宋代陶瓷器标本是一致的。例如，在1974年于泉州湾后渚港出土的宋代沉船中，多数陶瓷器位于船头船尾各舱，窑口繁多，有建窑、龙泉窑和泉州地区窑址的产品，器形有碗、堆、瓮、钵、瓶、釜、壶、盒盖和军持等，能复原的有58件。其中，瓷器的釉色有青釉、黑釉、白釉和影青等数种，器形小碗类为多；陶器釉色有青釉、青黄釉、酱色釉、紫色釉和黑釉，器形以瓮、罐为多。

元代陶瓷器的对外输出在宋代的基础上有所扩展，种类更多，同时输往更多的国家和地区，尤其是在东南亚和南亚地区有了更加深入的渗透。周达观的《真腊风土记》"欲得唐货"条说："其地想不出金银，以唐人金银为第一，五色轻缣帛次之；其次如真州之锡镴、温州之漆盘、泉处之青瓷器。"② 由此可知，元代前期泉处青瓷受到柬埔寨人的广泛欢迎。论及元代外销瓷的最详尽记载，非汪大渊的《岛夷志略》莫属。该书是研究元代瓷器输出不可或缺的史料。书中涉及瓷器外销的地方比《诸番志》的记载更多，共有44个地方。青瓷外销15处、处州瓷外销5处、青白花瓷外销16处、青白瓷外销3处、粗碗外销5处，外销瓷器可

---

① 叶文程：《宋元时期我国陶瓷器的对外贸易》，载《中国古外销瓷研究论文集》，紫禁城出版社，1988，第35—36页。
② 周达观：《真腊风土记》，夏鼐校注，中华书局，1981，第148页。

分为青白花瓷器、青白瓷、青瓷和处州瓷器四类。

兹将该书所记元代陶瓷对外贸易情况介绍如下：三岛（同三屿，今属菲律宾群岛）条"贸易之货用青白花碗之属"。麻里噜（今菲律宾马尼拉）条"贸易之货用瓷器、盘、处州瓷、水坛、大瓮之属"。苏禄（今菲律宾苏禄岛）条"贸易之货用青珠（即青色烧珠）、处器之属"。无枝拔（今印度南部）条"贸易之货用青白处州瓷、瓦垒之属"。占城（今越南南部）条"货用青瓷、花碗烧珠之属"。真腊（今柬埔寨）条"货用黄红烧珠之属"。日丽（今印度尼西亚苏门答腊）条"贸易之货用青瓷器、粗碗之属"。遐来物（今新加坡）条"贸易之货用青瓷粗碗之属"。彭坑（今属马来西亚）条"贸易之货用瓷器之属"。吉兰丹（今马来西亚吉兰丹）条"货用青盘、花碗、红绿烧珠之属"。丁家庐（今马来西亚南部）条"货用青花瓷器之属"。戎（今马来西亚克拉地峡）条"贸易之货用青白花碗、瓷壶、瓶、紫烧珠之属"。罗卫（今属马来西亚）条"贸易之货用五色烧珠、青白碗之属"。罗斛（今泰国华富里）条"货用青器"。东冲古剌（今马来西亚宋卡）条"贸易之货用青白花碗、大小水埕之属"。苏洛鬲（今马来西亚吉打）条"贸易之货用青白花器、水埕、小罐之属"。针路（今马来半岛北部）条"贸易之货用五色硝珠、大小埕之属"。淡邈（今缅甸东南部）条"货用粗碗、青器之属"。尖山（今属马来西亚）条"货用青碗、大小埕、瓮之属"。八节那间（今印度尼西亚泗水附近）条"贸易之货用青器、埕、瓮之属"。三佛齐（今印度尼西亚苏门答腊）条"贸易之用红硝珠之属"。啸喷（今印度尼西亚）条"货用五色硝珠、瓷、瓦瓮、粗碗之属"。暹（今泰国）条"贸易之货硝珠之属"。爪哇（今印度尼西亚爪哇岛）条"货用硝珠、青白花碗之属"。文诞（今印度尼西亚班达岛）条"货用乌瓶、青瓷器之属"。龙牙犀角（今马来西亚南部）条"贸易之货用青白花碗之属"。苏门傍（今属泰国）条"贸易之货用大小水埕之属"。旧港（今印度尼西亚巨港）条"贸易之货用四色烧珠、处瓷、大小水埕、瓮之属"。班卒（今印度尼西亚苏门答腊）条"贸易之货用瓷器之属"。蒲奔（今印度尼西亚加里曼丹）条"贸易之货用青瓷器、粗碗、大小埕、瓮之属"。假里马打（今属印度尼西亚）条"贸易之货用青色烧珠之属"。文老古（今属印度尼西亚）条"贸易之货用烧珠、青瓷器、埋器之属"。龙牙门（今新加坡）条"贸易之货处瓷器之类"。灵山（今越南归仁以北）条"贸易之货用粗碗、烧珠之属"。花面（今印度尼西亚苏门答腊）条"货用粗碗、青处器之属"。淡洋（今印度尼西亚苏门答腊）条"贸易之货用粗碗之属"。班达里（今印度班达拉里）条"贸易之货用青白瓷、五色烧珠之属"。曼陀郎（今印度曼德维）条"贸易之货用青器之属"。喃诬哩（今印度尼西亚亚齐）条"贸易之货用青白花碗之属"。东淡邈（今印度南部）条"贸易之货用烧珠之阔"。加里那（今伊朗）条"贸易之货用青白花碗之属"。千里马（今斯里兰卡东岸）条"贸易之货用粗碗之属"。须文那（今印度孟买北部）条"贸易之货用人小水埕之属"。小唄喃（今印度西南部）条"贸易之货用青白花器之属"。朋加剌（今孟加拉国）条"贸易之货用青白化器之属"。放拜（今印度孟买）条"货用红白烧珠之属"。万年港（今文莱）条"贸易之货用记瓶之属"。马八儿屿（今印度半岛东岸）条"贸易之货用红绿烧珠之属"。阿里思（今埃及西岸库赛）条"贸易之货用青烧珠之属"。天堂（今沙特阿拉伯麦加）条"贸易之货用青自花器之属"。天竺（今印度半岛）条"贸易之货用青白化器之属"。甘埋里（今印度科摩罗群岛）条"互易去货红色烧珠、青白花器、瓷瓶等"。①

由《岛夷志略》一书中的记载可以看出，相较于宋代，元代外销陶瓷器的花样品种大为增加，以青白花碗、青白花器、青瓷器为主，品种有碗、罐、瓶、瓮、壶、埕、坛等。此外，陶质的坛、罐、瓮、壶、埕等也大量外销。其对外销售的国家和地区，除了《诸番志》所列国家和地区之外，又增加了"天竺""朋加剌""天堂"等南亚、西亚许多国家和地区。元代福建陶瓷器外销国家和地区达到四五十个。元代出口的中国陶瓷器与宋代有同有异，差异之处在于：第一，南海周边民众更喜欢价格便宜的中国陶器，尤其是缸、瓮之类的大型陶器，进口量较大；第二，由于福建经营海上贸易的人较多，多数出口的龙泉窑青白瓷器，实

---

① 叶文程：《宋元时期我国陶瓷器的对外贸易》，载《中国古外销瓷研究论文集》，紫禁城出版社，1988，第37—40页。

际上生产于福建诸窑，元代福建陶瓷生产规模很大，德化、晋江等地发现了许多元代的陶瓷窑遗址；第三，白瓷的迅速崛起不可忽略，白瓷产地以景德镇和福建德化窑为好。①

总而言之，在宋元时期，以海运为主的陶瓷之路基本确立。东海贸易主要从浙江宁波出发，前往朝鲜、日本。南海航线上，从广州或者泉州出发，向南沿着今天的越南、柬埔寨、泰国、马来西亚和印度尼西亚的海岸线航行，穿过马六甲海峡，跨越印度洋，到达斯里兰卡，驶向印度；然后，向北沿着印度大陆的西海岸航行，可到达更西边的巴基斯坦和波斯湾地区，或者从另一个方向穿过阿拉伯海，到达亚丁、也门，然后向北驶往叙利亚、埃及，或者向南到达索马里的摩加迪沙。宋元时期，沿着海上丝绸之路远销日本、朝鲜、东南亚、非洲等地的中国陶瓷器，以其价廉物美、品种齐全、功能多样，迅速占领了这些海外市场，成为当地社会各阶层竞相购买的舶来品。这些中国陶瓷器不仅提升了当地人的生活品质，还在一定程度上，潜移默化地改变了他们的生活方式与社会文化。②

此外，宋元陶瓷器在亚非诸国的畅销，也引起各国仿制中国陶瓷器的热潮。宋元制瓷工艺的外传，更直接促进各国制瓷业的发展。③ 日本陶瓷学家和历史学家三上次男把运输陶瓷器的海上航线称为"陶瓷之路"，他说："在中世纪时代，东西方两个世界之间，连（联）结着一根坚强有力的陶瓷纽带，它同时又是东西方文化交流的桥梁。对于这条连（联）结东西方的海上航路，我就姑且称它为'陶瓷之路'吧。"④ 宋元"海上陶瓷之路"当然不是专指陶瓷器的海外贸易之路，只不过在传统的丝绸等贸易之外，在该时期的海外输出商品中，陶瓷器居于显要地位。

---

① 徐晓望：《中国福建海上丝绸之路发展史》，九州出版社，2017，第 227 页。
② 彭维斌：《海丝航路上的宋元福建外销瓷：兼谈中国外销瓷对东南亚社会文化的影响》，载《中国古陶瓷学会福建会员大会暨研讨会论文集》，东北师范大学出版社，2016，第 52—66 页。
③ 冯小琦主编《古代外销瓷器研究》，故宫出版社，2013，第 407—418 页。
④ 三上次男：《陶瓷之路：东西文明接触点的探索》，胡德芬译，天津人民出版社，1983，第 251 页。

二、金属制品与钱币

宋元时期输出到海外的商品,远远不止陶瓷器、丝绸等物资,金属物品也是其中不可忽视的一种重要外销商品。金属物品之所以大量输出贩卖于域外,原因在于该时期中国的金属冶炼和金属器皿制造,在当时世界上居于领先地位。这些物品的出口,对于海外诸地区人民的生产与生活,无疑起着有益的促进作用,也因此成为该时期舶货的重要商品。该时期外销金属物品主要包括三大类:一般日用器具和工具、金属料锭、金属通货。无论是文献记载还是实物资料,都表明宋元时期铜铁及其制品一直都是中国对外出口的畅销货物。

以日用器具和工具为例,如日常生活中的各类炊器、盛食器、乐器,生产活动中的各类垦殖、砍伐工具,都是海洋世界"欲得唐货"的重要内容,在宋元时期各类载籍和后世考古发掘中屡见不鲜。例如,《诸番志》记载宋代泉州海商运到菲律宾的大批物品中,就有铁鼎、铁针等;跟随元使赴真腊的周达观在《真腊风土记》中记载,铁锅、铜盘和针也都被列入主要贸易品中。尤其是铁锅、铜盘,最受真腊民众欢迎。论及该时期金属制品的舶出,最值得一提的文献当属汪大渊的《岛夷志略》,因为作者乘船出海,每到一处,即记下当地的物产,以及中国商人在当地销路最好的贸易品。通过他的记载,可见中国商船中所载商品,除少部分为收购他国货品外,绝大多数都是中国的特产。而在这些"贸易之货"中,除了素有盛名的丝织品和陶瓷器外,铜铁类矿石及制成品也占据了相当大的比重。汪大渊在书中共记录海外地名百余个,有将近六成地区都进口中国的铁、铜原料或制成品。其中,铁及铁制品的出口地区比铜类制品更加广泛。

涉及日用器具和工具,最具代表性的莫过于南海国家进口最多的铁鼎和铜鼎。尤其是铁鼎,在环中国海区域极受欢迎。在《岛夷志略》所记载的一百余个国家或地区之中,简单标明进口鼎的有麻逸和无枝拔,进口铜鼎的有民多郎、东冲古刺、苏洛鬲、淡邈、旧港、特番里等六个港市,进口铁鼎的有麻里鲁、遐来勿、针路、龙牙菩提、班卒、龙牙

第四章 货通中外:宋元时期的中外海洋贸易商品

181

门、金塔、东淡邈、天堂等九个港市，进口铜铁鼎两种的有八都马、尖山、都督岸等三个港市。《岛夷志略》提及的"鼎"，到底是何种器物？柔克义译注的《岛夷志略》将其翻译成大锅或锅。夏德和柔克义在《诸番志》的译注中，将其译作三足鼎和香炉。而苏继顾先生指出，《岛夷志略》和《诸番志》中的"鼎"皆指灶，是一种类似锅的炊具。① 另有宋代《淳熙三山志》记载了福建出产的生铁及民间打造的农具、锅釜出口海外的史实。铁，宁德、永福等县有之。庆历三年（1043），发运使杨告奏请朝廷在福建严行禁法，民间除打造农器锅釜等外，不许私贩下海。两浙运司奏："当路州、军自来不产铁，并漳、泉、福等州转海兴贩，逐年商税课利不少，及宫中抽纳折税，收买打造军器。乞下福建运司晓示，许有物力客人兴贩。乃令召保，出给长引，只得诣浙路去处贩卖。"②

再以印度为例，根据汪大渊的《岛夷志略》记载，中国商舶前往印度贸易之时，时常以"铁器""铁条""铁鼎""针"等为"贸易之货"。季羡林先生曾经指出："这就说明，尽管古代印度有钢铁生产，而且印度生产的钢铁还输出国外，在古代颇有一些名气。但是，'中国产'的钢在某一个时期某一个地区曾输入印度，这是无法否认的事实……约生于公元后820—830年之间的阿拉伯地理学家Ibn Kurdadhbah（伊本·胡尔达兹比），在他的游记里提到中国的钢铁、瓷器和大米。可见一直到九世纪中叶以后中国的钢铁还是能够同瓷器相提并论的产品。另一位阿拉伯地理学家Ibn muhdhih（伊本·穆哈迪希和生于公元后941年左右），在克什米尔看到一座观象台，是用中国钢铁造成的。这个例子足以说明中国钢铁确实传入印度……传入的时间决不会就是公元后十世纪，恐怕要早得多。"③ 因此，梵文中有Cinaja一词，意思是"钢"，其字面意思是"中国产的"。除了铁之外，宋元时期中国商船在印度各地贸易时，还使用大量金、沙金、云南叶金、银、花银、铜钱、铜鼎、铜线、铅、

---

① 汪大渊：《岛夷志略校释》，苏继顾点校，中华书局，1981，第37页。
②《宋元珍稀地方志丛刊》（甲编七），王晓波等点校，四川大学出版社，2007，第1663页。
③ 季羡林：《中印文化交流史》，新华出版社，1991，第22页。

斗锡、水银等。

除了金属制成品之外，该时期还有大量金属材料（锭块），如铜、锡、铅的出口，成块的铜、铅、锌经常出现在宋元沉船遗物中。此现象正如有关研究者所指出："在以往的水下考古研究中，除了钱币之外，其他金属器物似乎没有受到太多关注。然而，在古代海外贸易中，金属原材料或金属制品是国际市场的重要商品，用以制作武器或农具；同时，金属也是上佳的压舱物。"① 近年来不断增多的水下考古资料足以佐证，铜、铁等金属材料是整个中古时代中国向海外销售的主要商品之一。1989年，印度尼西亚廖内群岛省林加群岛的鳄鱼岛海域发现一艘宋代沉船。船上发现较多的金属器，其中铜锭数量较多，质地为纯铜，长方形，无款，尺寸为13厘米×16厘米，重约4.6千克；铜环129件，孔径6厘米—8厘米、厚0.5厘米—1.2厘米；铜锣8件，直径27厘米—29.5厘米；菱口铜镜8面；铜钱2枚，其中一枚是"开元通宝"。②

除了日用器具和工具、金属料锭，金属通货也是宋元时期常见的船货。众所周知，"我国古代的铜、银、金等金属货币的历史悠久……尤其是作为汉唐以来货币主流形态的历代圆形方孔铜币在环中国海的对外经济与贸易体系中发挥了重要的作用"③。有宋一代，其实是中国历史上货币品种最多的时期，铜钱、铁钱、金银同时并用，却还是以铜钱为主币。这些金属通货兼具货币和商品双重属性，是该时期海外贸易中极为特殊的一类商品。

与鼓励瓷器、丝织品出口相反，宋元时期历代统治者对于金属通货的输出长期持禁止态度。实际上，金银、铜钱在北宋初年与南海诸国的贸易中是合法的贸易商品。开宝四年（971）设置市舶司之后，"凡大食、古逻、阇婆、占城、勃泥、麻逸、三佛齐诸番并通货易，以金银、缯

---

① 李庆新：《南宋海外贸易中的外销瓷、钱币、金属制品及其他问题：基于"南海Ⅰ号"沉船出水遗物的初步考察》，《学术月刊》2012年第9期。
② 有关鳄鱼岛宋代沉船运载金属及其用途，参见杨晓春：《东南亚海域10~14世纪沉船出水锡锭用途小考》，《海洋史研究》2018年第2期。
③ 吴春明：《环中国海沉船：古代帆船、船技与船货》，江西高校出版社，2003，第359页。

钱、铅锡、杂色帛、瓷器,市香药、犀象、珊瑚、琥珀、珠琲、镔铁、鼊皮、玳瑁、玛瑙、车渠、水精、番布、乌樠、苏木等物"①,允许使用"金银、缗钱"来博买舶货。随着大量铜钱的外流与海上贸易的兴盛,宋代开始出现"钱荒"这一严重的历史现象。宋代导致"钱荒"的原因是多方面的,既因铜钱向官府集中,又沉淀于民间(富豪)之中,与海外贸易大量流失也有着直接的关系。铜钱透漏出界现象严重,尤其出海船舶的输出量之大和一去不返造成的彻底流失,使得宋朝君臣上下深以为患,因此从北宋中叶开始限制铜钱"出南番"②。《嘉祐编敕》对铜钱下海作如下规定:"商客番客往南番者,听逐人各带路费钱五百文,过此数者,许诸色人陈告,犯人依杂禁条将铜钱出中国界刑名施行……仍委市舶司并缘海州军常切点检。"③ 宋神宗熙宁年间(1068—1077)推行新法,曾一度废止钱禁,"自熙宁七年颁行新敕,删去旧条,削除钱禁,以此边关重车而出,海舶饱载而回,闻沿边州军钱出外界,但每贯收税钱而已",不过元祐之初又很快加以恢复,"元丰八年,哲宗嗣位,复申钱币阑出之禁"。④

到了南宋时期,由于海外贸易在社会生活中愈加重要,铜钱外流的问题也更加突出,统治者对于铜钱日益外流现象忧心忡忡,因此屡下禁令,甚至祭出刑法。南宋绍兴十一年(1141),尚书刑部规定:"诸舶船起发,贩番及外番进奉人使回番船同。所属先报转运司,差不干碍官一员躬亲点检,不得夹带铜钱出中国界。仍差通判一员谓不干预市舶职事者,差独员或差委清强官覆视。候其船放洋,方得回归。诸舶船起发,贩番及外番进奉人使回番船同。所委点检覆视官同。容纵夹带铜钱出中国界首者,依知情引领、停藏、负载人法,失觉察者减三等。即覆视

---

① 脱脱等:《宋史》卷一八六《食货下八·互市舶法》,中华书局,1985,第4558—4559页。

② 有关宋代"钱荒"的表现及原因,参见高聪明:《宋代货币与货币流通研究》,河北大学出版社,2000。

③ 张方平:《乐全集》卷二六《论钱禁铜法事奏》,收入《景印文渊阁四库全书》第1104册,台湾商务印书馆,1986,第274页。

④ 脱脱等:《宋史》卷一八〇《食货下二·钱币》,中华书局,1985,第4384页。

官不候其船放洋而辄回者徒一年。"① 刑部法令规定，出国船只与国外番船放洋之时，必须经过本路转运司"不干碍官员一员躬亲点检"，确认没有走私铜钱之后，才能放行。若有相关违法行径，将受到法律处罚，但是处罚的力度不大，因而其实际效果一般，铜钱走私仍屡禁不止。于是，绍兴二十八年（1158）九月，南宋政府加码颁布"铜钱出界罪赏"。其中，诸以铜钱与番客博易者，徒二年，千里编管；二贯流二千里，二十贯配广南。此时有关"钱禁"的处罚已经相当严厉。到了南宋嘉定十二年（1219），"臣僚言以金银博买，泄之远夷为可惜。乃命有司止以绢帛、锦绮、瓷漆之属博易"②，不许再用金银来博买舶货。三年之后，嘉定十五年（1222）臣僚上奏："国家置舶官于泉、广，招徕岛夷，阜通货贿。彼之所阙者如瓷器、茗、醴之属，皆所愿得，故以吾无用之物，易彼有用之货，犹未见其害也。今积习玩熟，来往频繁，金银、铜钱、铜器之类，皆以充斥外国。"③ 由此奏言可见，南宋之时由泉州、广州两处港口出口的主要海外贸易商品，不仅仅包括"瓷器、茗、醴之属"，更有彼此都需要以致"充斥外国"的贵金属和铜钱。

虽然宋朝廷三令五申，严禁银钱外流，但是由于铜钱贸易存在诱人的巨大经济回报，实现所谓的"贩一钱可得数千百钱之货""每是一贯之数，可以易番货百贯之物，百贯之数，可以易番货千贯之物，以是为常也"，因此铤而走险者不乏其人。携运铜钱赴海外博易者仍然前仆后继，中外海舶"冒禁潜载铜钱博换"屡禁不止。宋朝历代政府颁布的各项禁令如同虚设，铜钱外流现象从未被禁绝。如同《宋史》记载："南渡，三路舶司岁入固不少，然金银铜铁，海舶飞运，所失良多，而铜钱之泄尤甚。法禁虽严，奸巧愈密，商人贪利而贸迁，黠吏受赇而纵释，其弊卒不可禁。"④ 此则文献系针对南宋的市舶贸易而论，一方面指出市

---

① 陈彬强、陈冬珑、王万盈主编《泉州海上丝绸之路历史文献汇编：初编》，厦门大学出版社，2020，第 75 页。
② 脱脱等：《宋史》卷一八五《食货下七·香》，中华书局，1985，第 4538 页。
③ 徐松辑《宋会要辑稿》，刑法二之一四四，中华书局，1957，第 8372 页。
④ 脱脱等：《宋史》卷一八六《食货下八·互市舶法》，中华书局，1985，第 4566 页。

舶贸易税收对于南宋王朝财政的重要性，所谓"岁入固不少"，但另一方面也意识到铜钱外泄危害极大，即使"法禁虽严"，也不禁感叹"其弊卒不可禁"。

禁止铜钱外流的措施日益严密，也从侧面体现宋朝铜钱在海外贸易中受到极大的欢迎。《宋会要辑稿》记载："番夷得中国钱，分库藏贮，以为镇国之宝。故入番者非铜钱不往，而番货亦非铜钱不售，利源孔厚，趋者日众。"① 最著名的例子是南宋理宗淳祐年间（1241—1252），日本商人在温州、台州一带贩货交易铜钱，一次性运回铜钱100000贯，以致台州城内一月间无铜钱可用，城内交易几近瘫痪。宋日铜钱贸易的兴盛，由此可见一斑。时任广东转运使的包恢（1182—1268）目睹此现象，随即上《禁铜钱申省状》，称"沿海浙东、福建、广东海之民，无一家一人不泄者"②。

相关海上考古资料亦给予充分证明。1974年于泉州湾后渚港发掘的宋代沉船，随船发现唐、宋铜钱504枚。其中，唐钱33枚，除1枚乾元重宝外，其余均为开元通宝。北宋钱358枚，南宋钱71枚，字锈蚀42枚。以"元丰通宝"为最多（55枚），"熙宁元宝"次之（43枚），再其次是"元祐通宝"（39枚）。该批铜钱中年代最晚的是2枚"咸淳元宝"，铸于咸淳年间（1265—1274），是判断海船沉没上限年代的有力佐证。作为返航海船，泉州湾沉船仅仅发现504枚铜钱，尚不足以证实中国铜钱的国际化程度。但另一艘南宋沉船（出港）"南海一号"上则载有铜钱17000多枚，可以概约推断中国铜钱是当时海上贸易的主要通货。统计数据显示，近年来日本境内出土或发现的中国铜钱达55万多枚。其中，宋钱占比82.4%。至1959年，东非发现古代中国、罗马、埃及等国钱币总计405枚。其中，中国钱币233枚，占57%，能鉴定出年代的绝大多

---

① 徐松辑《宋会要辑稿》，刑法二之一四四，中华书局，1957，第8372页。
② 包恢：《敝帚稿略》卷一《禁铜钱申省状》，收入《景印文渊阁四库全书》第1178册，台湾商务印书馆，1986，第715页。

数为宋钱（占91%），彰显当时中国在东非贸易中所占的地位。①

有关宋钱流入域外诸国之后的使用，学界已经有不少的研究成果，但看法不太一致。例如，黄纯艳指出："宋钱在各国行用的特点并非一样。根据宋钱在各国货币体系中的作用和地位大体上可分为两大类：一是深受中国政治经济制度和文化传统影响的高丽、日本和交趾，与宋一样以铜钱为本位货币，流入的宋钱在这三国均作主币行用；二是深受阿拉伯、印度经济文化影响的东南亚（除交趾外）及印度南部沿海和阿拉伯地区实行金银本位币制，宋钱虽大量涌入，但主要担当辅币职能。"②周鑫认为，两宋时期中国铜钱在更广阔的海上丝绸之路贸易圈中流动，成为与金、银并驾齐驱的货币商品。但作为海上丝绸之路新崛起的货币商品，宋钱的使用并非如之前学者所夸大评估的，已成为海外诸国的通行货币，而是因其本身的多样性而呈现多元化趋势。如因其优质的铜料性被高丽、交趾、蓝无里等国熔铸为铜器，或因其高雅的艺术性和长久的保值性被高丽、日本、交趾等国藏诸府库、埋诸地下。这些大多没有发挥货币长期的价值尺度与支付手段的功能。而单就价值尺度与支付手段的功能来说，两宋时期中国铜钱作为通行货币流通的海外诸国明确的仅有日本、交趾，其他都只是疑似在民间小规模使用。③

客观而言，作为海上丝绸之路新崛起的货币商品，宋钱的使用因其本身的多样性而呈现出使用多元化的趋势。它在不同的国家和地域有着不同的用途，例如流入高丽的宋钱并未行使货币的支付和购买功能，而是主要作为艺术品被珍藏，或被当作铜料熔化改铸为铜器。宋代铜钱所含有的青铜是红铜和锡、铅的合金，具有熔点低、硬度大、可塑性强、耐磨、耐腐蚀、色泽光亮等特点，重熔之后可以作为制作兵器、生活用品和宗教用品的重要原材料，因此"广南番舶多毁钱以铸铜器"。直到

---

① 参见张星：《和而不同的10—14世纪海上丝绸之路货币：以泉州湾宋代沉船为视角》，《福建金融》2020年第8期。
② 黄纯艳：《略论宋朝铜钱在海外诸国的行用》，《中州学刊》1997年第6期。
③ 任志宏主编《资本合作与南亚机会：海上丝绸之路金融合作发展报告（2016）》，中国金融出版社，2016，第399页。

14世纪，印度、波斯、亚齐、暹罗、阿拉伯等地商人，都大量收购中国铜钱，用于熔化制作各种厨房用具，如锅、罐、盘、碗，或装饰品。

元代的情况与宋有别，在宋朝之时十分重要的铜钱逐渐没落。随着元朝逐步推行纸钞，并且为了强迫百姓使用纸钞而禁用铜钱，铜钱在元朝统治者眼中变为"无用"的废品，所以社会上存在着大量过剩的铜钱。元廷使用钞法需要的金银等物，看起来似乎是极聪明之举，但是市场并没有按照元政府最初的设想而发展。例如，南亚诸国本身使用的货币以及贸易习惯都以金银为主。至元十二年（1275），泉州提举司上书"舶商皆以金银易香木"，元廷遂下令禁止。此外，《元典章·刑部条禁》对市舶出口船货作了严格的规定：金、银、铜、铁货，男子、妇女人口并不许下海私贩诸番。到了元延祐元年（1314）修订的《市舶则法》，其中规定"不许下海私贩诸番"的商品更多，金、银、铜钱、铁货依然在列，这反而从侧面印证了当时金属制品的出口量是相当惊人的，以及贵金属、钱币出海仍是相当普遍的现象。例如，韩国新安元代沉船的船货铜钱是世界沉船考古史上最大规模的发现，有唐、宋、辽、金、元、西夏铜钱，重量达到惊人的28吨，远远超过了正常贸易的货币需要量，反映了当时日本需要从中国进口大量铜材料和铜钱。

三、丝织品

古代中国丝织品种类众多，有绢、绸、锦、绫、布等，历来深受世界各国人民的欢迎与追捧，因此丝织品作为中国传统的对外输出商品，也是宋元时期东南一带海外贸易最重要船货之一，在该时期的角色与地位仅次于陶瓷器、铜钱。根据《宋史·食货志》记载，自宋代立国之初，即以金银、缗钱、铅、锡、杂色帛、瓷器与海外诸番贸易。其中，丝绸和布匹始终属于输出于海外的大宗商品之一。宋朝统治者一直将其视作"赡军足国之资"，因此丝织品不管是通过朝贡还是民间贸易途径，其舶出种类丰富而且数量极大。

宋元时期，伴随着纺织技术取得突破性的进展，全国丝织业进入空前鼎盛时期，更为重要的是纺织生产和对外输出格局发生了重大的转变。全国丝织业中心逐步转移到东南沿海，其中江南的杭嘉湖和福建的泉州等地成为重要的丝织业中心，制造的丝织品产量和质量逐渐名列全国前茅。分析此一时期东南桑蚕丝织业高度发达的原因，乃多方要素造成。除了全国经济中心地位整体南移趋势的影响之外，该时期东南沿海作为海外贸易中心的地位凸显而起到的带动作用，也是不可忽视的原因之一。

通常认为，中古之后中国丝织业中心转移到江南诸府。宋元时期福建的丝织业已得到较大发展。以迅猛发展的泉州丝织业为例，正是受到海外贸易对丝织品大量需求的刺激与推动，本地区农业、手工业得以蓬勃发展，丝织业亦应运而兴起。历经仁宗、神宗、哲宗三朝的北宋同安人苏颂曾咏叹泉州"弦诵多于邹鲁俗，绮罗不减蜀吴春"①。他将泉州所产的丝织品与四川盆地和长江三角洲的著名丝织品相提并论。元代曾到过泉州的摩洛哥旅行家伊本·白图泰也曾高度评价："刺桐城出产绸缎，较汉沙（杭州）及汗八里（北京）二城所产者为优。"② 近代历史学家张星烺为其注释道："刺桐城在中国宋时，为丝业中心点，与杭州并称一时之盛。"③ 这些都反映了宋元时期泉州的丝织业誉满中外。

除了泉州之外，福州也是当时生产丝织品的主要城市之一。20世纪几次考古发掘出土的丝织品，足以证明福州是宋元海上丝绸之路重要的货源基地之一。1975年10月，福建省文物考古工作队在福州市第七中学扩建操场的工地上发掘、清理出一座三合土结构的石圹墓。墓主人黄升是南宋宗室赵氏家族中的一名年轻贵妇，其父亲为福州宋代状元黄朴。该墓出土随葬品共436件，其中丝织品服饰占354件（服饰201件，整匹丝织品及剩料153件），具体有袍、衣、背心、裤、裙、抹胸、围兜、巾、佩饰、香囊、荷包、被衾、粉扑、花边、丝绒、丝绵、整匹的

---

① 苏颂：《苏魏公集》卷七《送黄从政宰晋江》，收入《景印文渊阁四库全书》第1092册，台湾商务印书馆，1986，第167页。
② 转引自福建省政协文化文史和学习委员会等编《福建海上丝绸之路：史钢》，福建人民出版社，2021，第179页。
③ 张星烺编注《中西交通史料汇编（第二册）》，朱杰勤校订，中华书局，1977，第76—77页。

丝织品剩料等，质地有罗、绫、绮、绢、纱、绉纱、缎等。这些丝织品绝大部分保存完好，质地比较坚实。丝织品的纹样，除平素织物外，多为大小提花的折枝花卉纹，只有个别的为印花的花卉、动物纹等。① 此外，1986年8月，考古人员在福州北郊茶园山一处工地，发掘、清理了一座宋端平二年（1235）夫妻合葬墓，共出土各种珍贵丝织品400多件。此墓葬的丝织品与黄升墓出土的丝织品，在品种、质地、工艺上颇有相似之处。这充分证明福州在宋代已是一个主要的丝织品生产基地。诸多第一手考古资料和出土实物，有力地证明了福州作为中国海上丝绸之路的主要古港城市，是畅销国外的古代丝绸的重要生产基地。

宋元时期丝织品的海外输出路线，由广州、泉州和明州至日本、朝鲜、印度、东南亚和阿拉伯各国。泉州一地最令人瞩目，集丝织生产与海外贸易于一体。赵汝适的《诸番志》一书，翔实地记述了宋代泉州港口的丝织品已经远销至朝鲜的新罗，越南的占城，柬埔寨的真腊，印度的南毗、故临，斯里兰卡的细兰，菲律宾的三屿，马来西亚的凌牙斯加、单马令，印度尼西亚的三佛齐、阇婆、苏吉丹、渤泥、西龙宫、什庙、日丽、苏勿里、马胆逾、马喏等20余个国家和地区。具体产品有绢伞、绢扇、白绢、假锦、建阳锦、锦绫、皂绫、五色绢、丝帛等，可谓琳琅满目。以宋代丝织品重要的对外贸易国日本为例，当时除了日本来华的使节、学问僧等带去大量的丝织品，正常的海上贸易也有大量丝织品被运往日本。中国的丝织品深受当地追捧，当时日本称中国的丝织品为唐绫、唐锦，而称本国的同类产品为和绫、和锦，而唐绫、唐锦的价值远在和绫、和锦之上。北宋崇宁四年（1105），泉州商客李充出海前往日本贸易之时，带有两浙路市舶司颁发的"公凭"式样。从中可知，作为纲首的李充自备商船一只，带领69名水手赴日，其主要货物都是丝绸和瓷器，有"象眼肆拾匹、生绢拾匹、白绫贰拾匹、瓷埦贰百床、瓮堞壹百床"②，所带的五种货品中就有三样精美的丝织品，即"象眼（丝织

---

① 福建省博物馆编《福州南宋黄升墓》，文物出版社，1982。
② 转引自章深：《宋元海上丝绸之路史》，世界图书出版广东有限公司，2020，第184页。

品的一种）、生绢、白绫"。甚至如本土织造颇为发达的高丽，宋代商船运往高丽的货物主要也是丝和丝织品，宋代生产的"五色缬绢"在高丽更是抢手货。

而南海及印度洋沿岸的阿拉伯世界更是中国丝织品的传统需求国，《诸番志》即记载了宋朝向南海、印度洋各贸易国运去丝织品的诸多信息。据《宋会要辑稿》的不完全记录，宋朝接受海上诸番的朝贡达300多次，丝绸是回赠的主要物品。例如南宋绍兴二十六年（1156）回赐三佛齐国大批丝织品，在《赐三佛齐国敕书》中即记载了这次回赠的具体品种、数量，有衣着绢600匹、生绫1170匹、红锦300匹等。再以印度为例，因为宋代海上贸易较以前发达，中国丝绸更多地被运往印度，一部分就地被当地市场消化，另一部分转运他国售卖。例如《岭外代答》卷二所记，中国舶商先到达南印度的故临国，然后易小舟去大食。《诸番志》卷上记载了商人在南毗国博易用货就有"缬绢"等中国货。

到了元代，中国丝织品外销比起宋代更显兴旺繁盛。即使在元代中期，政府一度禁止丝、绵、布、帛下海，如延祐元年（1314）修订的《市舶法则》，其中规定"不许下海私贩诸番"的商品目录中提及丝绵、缎匹、销金绫罗等。但通过《岛夷志略》的记载来看，各种丝织品都可下海贩卖，这也从侧面反映出当时海外对于中国丝织品的强烈渴求，中国的锦、缎、绸、绢、帛等物品，在南海市场上非常紧俏。元代，中国丝织品运往印度的文献记录也有不少。《岛夷志略》在介绍印度诸地的情况时，常常提到当地的土产，同时还要提及一笔"贸易之货"。这些"贸易之货"反映了当地的市场需要和民众所好，也是中国输出的主要商品，其中常常有丝织品之类在当地进行贸易。例如，在特番里的贸易之货有"五色缎、锦缎"；班达里，用"诸色缎"；大八丹，用"南丝"；加里那，用"细绢"；土塔，用"五色绢、青缎"；须文那，用"五色绸缎、青缎"；小唄喃，用"五色缎"；朋加剌，用"南北丝、五色绢缎"；大乌爹，用"五色缎"。诸如此类，不一而足。

与宋代一样，泉州依然是丝织品的生产和销售中心。从辐射范围来看，南宋中期泉州港对外丝绸贸易口岸只有14个，到了元末丝绸和布匹贸易口岸分别达到39个和55个，数量得到成倍增加。《岛夷志略》一

191

书，记载元代由泉州港销售的丝织品在50多个国家和地区风行，输出范围东起菲律宾的昌宋，印度尼西亚的马鲁古、班达、帝汶，西至印度的科泽科特，伊朗的霍尔木兹，伊拉克的巴士拉，也门的亚丁，沙特阿拉伯的麦加，埃及的杜米亚特，直到大西洋摩洛哥的丹吉尔，南面最远运销索马里的摩加迪沙、坦桑尼亚的基尔瓦。至于输出的丝织品种类，《岛夷志略》所记泉州出口的纺织品种类颇为繁多，可谓史无前例，大体涵盖了布、锦、缎、绢四大类目。布类有印花布、青布、花布、五彩红布、五色布、丝布、红丝布等。锦类有建宁锦、青波丹锦、丹山锦等。缎类有色缎、连缎、青缎、五色缎、锦缎等。绢类有细绢、山红绢、色绢、红绢、狗迹绢、赫色绢等。元代泉州最佳的丝织品是缎料，又因泉州古称刺桐，因此泉缎往往以"刺桐缎"的名称销往海外市场，享有极高的声誉，乃至成了丝缎的代名词。摩洛哥地理学家伊本·白图泰在其游记中描述道："此城甚壮丽。织造绒及一种名为刺桐缎之缎子，较之行在汗八里所织之缎为优。"① 随着质地优良的泉州丝织品畅销海外，刺桐缎也逐渐成为一种语言文化融入当地社会。据张星烺先生考证，"英、德文中称缎为萨丁（Satin），其音乃由刺桐（Zaitun）转变而来；德文称丝为萨依特（Seide），这是由拉丁字萨他（Seta）变成，而萨他又是由刺桐转音的"②。

我们以丝织品中最为精美、工艺也最复杂的丝绸为例，具体分析宋元时期丝织品的海外销售市场。该时期喜欢丝绸的海外国家大部分分布在中亚、西亚和南亚地区。《诸番志》记载：大秦国（拜占庭）"妇人皆服珠锦"；又如大食国（阿拉伯帝国）"王头缠织锦番布……衣锦衣系玉带……用百花锦。其锦以真金线夹五色丝织成"；芦眉国"以金银为钱，有四万户，织锦为业，地产绞绡"。这些国家虽然能够自产丝绸，但因为中国的丝绸别有风味，因此依然深受欢迎。至于和中国贸易较多的南海及印度洋国家，情况有三种。其一，如安南、占城，很早就推行中国

---

① 转引自方豪：《中西交通史》，上海人民出版社，2008，第349页。
② 张星烺编注《中西交通史料汇编（第二册）》，朱杰勤校订，中华书局，1977，第77页。

蚕桑业，能够自行生产丝绸，但也进口一些中国丝绸。其二，为丝织业不景气的国家，但因文化发展程度较高，出现了国家组织，上层社会以华美服饰为荣，他们也喜欢中国丝绸。例如阇婆，自产"杂色绣丝，吉贝绫布"，也会进口中国丝绸。再如渤泥国"无丝蚕，用吉贝花织成布"，但其女性喜欢中国丝绸，"富室之妇女，皆以花锦销金色帛缠腰"，商人到渤泥国出售的货物中有"假锦、建阳锦、五色绢"。其他国家中，柬埔寨进口假锦，三屿进口"皂绫缬绢"，三佛齐进口锦、绫、缬绢，单马令、凌牙斯国、南毗国等进口缬绢，蓝无里国进口丝帛，以上这些国家和地区都是中国丝绸出口的重要市场。其三，由于东南亚气候炎热，所以南海周边有不少"裸国"。例如《诸蕃志》记载的苏吉丹"皆裸体跣足，以布缠腰"。对于这些地区的平民来说，生活用品比丝绸重要。例如麻逸国，"商人用瓷器、货金、铁鼎、乌铅、五色琉璃珠、铁针等博易"①，其中并未提及丝绸。总而言之，丝绸在东南亚有一定的销路，但最喜欢中国丝绸的还是中亚和西亚的国家。在这些国家，华丽的丝绸是身份的象征，因而进口数量较多。由海路出口中亚及西亚的中国丝绸多由三佛齐、阇婆等南海重要港口转运，部分由伊斯兰巨商在中国直接采购运出。福建商人会将中国丝绸运到东南亚的重要港口，出售给中亚和西亚的商人，他们也有机会到印度洋进行贸易。②

四、茶叶

众所周知，茶叶最早产于中国。中国不但是古代世界茶文化的发源地，也是茶叶产品的主要输出国，在很早的时候就向域外输出茶叶。我国著名阿拉伯史学家纳忠认为"茶是唐代大食商人采购的大宗商品之一"③，推测茶叶在唐代已经传到了比波斯还往西的阿拉伯地区。其文献依据是成书于851年的阿拉伯文抄本《中国印度见闻录》，书中提到了中

---

① 赵汝适：《诸番志》卷上，清《学津讨原》本，第39页。
② 徐晓望：《中国福建海上丝绸之路发展史》，九州出版社，2017，第145—146页。
③ 纳忠：《中世纪中国和阿拉伯的友好关系》，《历史教学》1979年第1期。

国的茶叶，描述"在各个城市里，这种甘草叶售价很高，中国人称这种草叶叫茶（Sakh）。此种干草叶比苗荷的叶子还多，也略比它香，稍有苦味，用开水冲喝，治百病"①。到了宋元时期，由于国内各地区茶叶大量种植，茶叶产量较唐代有了更大幅度的提升，充足的物质基础为宋代茶叶海外贸易的发展提供了强有力保障。该时期茶叶贸易也十分盛行，榷茶制度更加完善，茶税已经成为宋代财政收入的重要来源。

以福建地区为例，宋代福建路所产的茶叶极具特点，凭借其极好的品质和精良的制茶工艺，迅速成为茶叶市场中的新贵，品质无出其右。茶叶主产地在建州、南剑州两地。建州茶又以北苑所产茶叶为最精，素有"建宁腊茶，北苑为第一"的说法。故宋人周绛称之为"天下之茶建为最，建之北苑又为最"②。元代建宁路北苑茶更加名闻天下，仍然在贡茶中占据重要地位。王祯曾记："闽、浙、蜀、荆、江湖、淮南皆有之（指茶），惟建溪北苑所产为胜。"③ 元朝还在武夷山的四曲设置了御茶园。从此之后，除建安的北苑茶之外，武夷山茶叶也开始慢慢外销于国外市场。除了闽北的北苑茶和武夷茶之外，南安莲花峰名茶（现称石亭绿茶），也是宋元时期海商非常重视的主要出口物品。

种种迹象表明，唐宋以来华南地区的茶叶已经作为一种重要的海洋贸易商品。中国茶文化的海外传播，沿着海上丝绸之路的北线、南线逐渐形成对周边国家、地区及藩属国的茶叶移植、茶产业、茶市场及茶文化的辐射。例如南宋绍熙二年（1191），日本僧人荣西（1141—1215）从中国留学回国，著有《吃茶养生记》二卷。该书是日本第一部关于茶艺的理论书，有人甚至将其与唐代名士陆羽的《茶经》相媲美。④ 该书是

---

① 苏莱曼·哈桑：《中国印度见闻录》，中华书局，1983，第17页。
② 钱仲联、马亚中主编《剑南诗稿校注》，浙江教育出版社，2011，第238页。
③ 王祯：《农书译注》（上），缪启愉、缪桂龙译注，齐鲁书社，2009，第365页。
④ 有关该书概况及宋代饮茶文化的东渡，参见关剑平主编《荣西〈吃茶养生记〉研究》，中国农业出版社，2020；高桥忠彦：《宋代饮茶文化的东渡与荣西的〈吃茶养生记〉》，《三联生活周刊》2004年第2期；郭清香：《神圣与世俗：试论荣西〈吃茶养生记〉的两个维度》，《内蒙古师范大学学报（哲学社会科学版）》2020年第1期。

用中国古代文言文写成的,序云:"茶,养生之仙药也,延龄之妙术也。山谷生之,其地神灵也。人伦采之,其人长命也。天竺、唐土同贵重之,我朝日本曾嗜爱也。"① 作者认为吃茶既能解渴提神,又能养生益寿。此外,书中还记录了一些制茶的方法,在"五脏和合门"的"明调样"一章云:"见宋朝焙茶样,朝采即蒸即焙之……焙棚敷纸,久不焦许诱火入,工夫而焙之,不缓不急,终夜不眠,夜内焙上,盛好瓶,以竹叶坚闭,则经年岁而不损矣。"② 以上内容详细记述了宋代的制茶法,足见中国茶文化对日本茶道的深远影响。

有宋一代,海上茶叶运销路线已经较为发达。具体而论,日本、朝鲜均从中国进口茶叶,输出路线主要是海路,输出地点多为明州(宁波)。而广州、泉州两地主要通往南海诸国,尤其是泉州港成为两宋茶叶输出的最大港口,其贸易区域远达非洲、西亚、东南亚、日本。南宋嘉定十五年(1222)十月,臣僚进言:"国家置舶官于泉、广,招徕岛夷,阜通货贿。彼之所缺者,如瓷器、茗、醢之属,皆所愿得。故以吾无用之物,易彼有用之货,犹未见其害也。"③ 由此可见,茶叶已经与瓷器、丝织品一样,同为外贸的主要商品之一。这种贸易结构在福建一带更是如此,因为福建茶质量上乘,具有广阔的市场需求,所以成为官府与茶商竞相输出的高级茶叶。为了保证茶叶外销利润归于官府掌控,宋朝政府于建炎二年(1128)"以市舶官兼茶事",将出港输出茶叶的商舶均纳入市舶管理体系内。对于那些"不畏法禁,规利之徒,依前般载腊茶,经由海道贩卖",即企图规避市舶司监管的行为,宋朝一再严厉申明"私载建茶入海者斩"。④ 法令虽然严厉,但是茶叶海上走私活动根本禁止不住,茶商仍然违法公行,这也从侧面体现出域外人士对于中国茶叶的追求与消费。

---

① 转引自李开周:《宋茶》,四川文艺出版社,2022,第147页。
② 转引自钱朴主编《陆羽茶文化研究·第四期》,湖州陆羽茶文化研究会,1994,第63页。
③ 徐松辑《宋会要辑稿》,刑法二之一四四,中华书局,1957,第8372页。
④ 陈祖椝、朱自振编《中国茶叶历史资料选辑》,农业出版社,1981,第480页。

在宋元时期的沉船和相关遗存中，我们无法找到该时期茶叶出口的直接证据。这是因为茶叶属于有机质类文物，故而在海水中很难保存下来。不过沉船中所遗留陶瓷茶具的发现，可以视为从考古学领域发现的间接证据。"这些唐宋元时期东南外销瓷器系统的茶盏的大量出口海外，从一个侧面反映了中国东南的茶叶和茶艺已经同时传播到了环中国海各国，否则茶艺和饮茶都将是无源之水、无米之炊。"① 其中，宋代的建窑黑釉盏最具代表性，它是中国古代最为著名的茶具，也是当时点试茶家的最爱，伴随着茶文化的海外传播而大量外销到日本、东南亚甚至环印度洋两岸地带。宋代斗茶品茗之风盛行，到浙江天目山佛教寺院参禅学法的日本僧人开始使用建盏喝茶，并把它们带回日本。由于他们不知建盏产自何处，因而将其称之为天目碗。现保存在日本的大量建盏天目茶碗，除了日本僧人带回去的一部分外，其余绝大多数是通过中国出口贸易输入的。日本是当今世界上收藏天目茶碗最多的国家，其品种之丰富，器物之精美，是世界上任何国家所无法比拟的。

1996年，海南琼海的渔民在西沙华光礁进行捕鱼作业时发现了一艘南宋时期从事海外贸易的沉船。考古工作者于1998年对其进行初步调查和试掘，2007年至2008年分两个阶段完成考古发掘工作。② 通过水下考古发掘，在沉船内发现大量陶瓷器，其中茶器品种相当丰富，数量也相当可观。这些不同器型的茶器，即是宋元时期茶叶海洋贸易繁荣的实物写照。总而言之，这些茶器的发现，使我们有充足的理由相信：茶器产品的域外流通是基于海外各地饮茶和贸易的需求，它在沉船遗存中大量出现的背后是该时期茶叶的大量输出。

五、药物

宋元时期输出海外的诸多商品中，以金属、瓷器、丝绸为大宗，这

---

① 吴春明：《环中国海沉船：古代帆船、船技与船货》(下)，江西高校出版社，2007，第490—491页。

② 张聪：《论华光礁Ⅰ号沉船出水茶器与宋代茶叶海外贸易之关系》，《农业考古》2022年第2期。

也最为中外学者瞩目，研究成果最多，研究论述者亦多，但是对于该时期中药输出的关注却略显冷清，相关研究成果寥寥无几。不过诸多历史文献记载足以证明，中国药物是宋元时期海上丝绸之路上的重要舶货之一。宋元时期，中国药物输出涉及的国家和地区众多。以最具代表性的日本为例，该国医学的发展与中国密切相关。观察该国中医学术的发展与繁荣，显然与他们大量引进中药有关。早在唐代，中日两国之间商贸往来频繁，中药材的贸易就是其中的重要内容之一。在日本的正仓院里，时至今日还保存着一些从唐代传入日本的中药材。例如鉴真东渡日本时，他所携带的药物有麝香、胡椒、甘蔗等，其中一部分药物也交由正仓院保存至今。随着中医学在日本的影响与日俱增，日本社会上至皇室贵族，下到一般百姓，对于中医学的信任日益提升。也正因如此，宋元时期日本社会对于中药材的需求也就有了进一步的增长。

　　检阅官方文献，例如《宋史》记载，曾有日僧一次从宋朝带回龙骨十橛、石硫黄七百斤。前文提及的日僧成寻，他在中国居留时，宋神宗皇帝待之甚厚。当神宗询问日本需要何种中国货物时，成寻将中药材放在首要位置。宋代以官方名义赠送日本的中国药物品种及数量不少。据日本《百炼抄》记载，承历二年（1078）"诸卿讨论大宋国贡物事，锦、广黄等也"。广黄，即牛黄，是名贵的中药，出自广南者谓之广黄。证之以《宋史·日本传》，可知这是在日本入宋僧仲回自明州返国时由地方官所赠。宋仁宗天圣六年（1028），福州商人周长裔赴日贸易时，在给右大臣藤原实资所献的方物中，就有麝香2剂、丁香50两、沉香5两、熏陆香20两、何（诃）梨勒10两、石金青30两、光明朱砂5两。可见他带到日本的舶货中有不少中药。英宗治平三年（1066）五月初一，宋商王满赴日时，也曾向天皇献上灵药与鹦鹉等。除了上述官方记载之外，民间的交流更为频繁。宋商频繁泛海前往日本经商，中药材即是舶货之一。据日本藤原明衡的《新猿乐记》记载，宋代日本进口的中国商货有四十余种，其中就有龙脑、巴豆、雄黄、沉香、麝香、檀香、木香等二十余种中药材。宋朝传入日本的药物多是香药类和矿物质药物，内服类较少。

　　再以高丽为例，在北宋之时，宋廷曾多次派遣使者经海路到达高丽，每次都携带大量中药材加以赠送。其中，馈赠数量最多的一次，是在高丽文宗三十三年（1079），一次就赠送阿胶、天麻、半夏、柴胡、当归、麦冬、五加皮、枸杞、麻黄等一百种中药材；此外，还别赐牛黄 50 两、龙脑 80 两、朱砂 300 两、麝香 50 剂等珍贵名药。另《高丽史》一书中也有不少宋商贩运中药到高丽的记载。例如高丽显宋年间，"宋福州虞瑄等百余人来献香药""广南商人陈文遂等来献香药"等。所谓"献"，实际上就是将药物卖给官方。从百余人的规模来看，宋商贩运至高丽的药物，不管是在种类还是数量方面都不在少数。

再以丝绸之路南线为例，宋元中药材经过南线航路外传到东南亚地区是十分普遍的现象。从自身条件来看，东南亚各国地处亚热带、热带地区，潮湿闷热的自然环境不利于大多数中草药的生长，并且其自身医药条件有限，十分需要大批的中药材作为补充。从地理位置来看，东南亚处于"十字路口"的重要位置，既是"海上丝绸之路"的必经之地，也是东方货物的主要集散地。从与中国的关系来看，东南亚各国离中国相对较近，运输中药材可采用方便快捷的海上航运，且运输途中不必耗费太多的人力、物力即可到达，因此也大大降低了成本。在诸多因素的综合作用下，大量的中药材经南线航路传到东南亚诸国，再转运到遥远的印度及阿拉伯地区。① 具体来看，从南线航路运输中药材所到达的东南亚国家，主要有占城、交阯、真腊。例如真腊一地，《续资治通鉴长编》记载，宋神宗熙宁年间，宋与交阯作战。宋朝廷下诏书，让位于交阯南部的占城、真腊两国与宋"协力攻讨"，并"遣容州节度推官李勃、三班奉职罗昌皓赍敕书，赐二国药物、器币"。② 元初周达观的《真腊风土记》记载，真腊欲得之唐货，有硫黄、草芍、白芷、麝香、檀香等药材。

六、书籍

宋元时期还向海外输出一种特殊的商品——书籍。作为具有文化性

---

① 李艺：《海上文化线路视域下中药外传线路考：以宋代为例》，《西部学刊》2017 年第 7 期。
② 李焘：《续资治通鉴长编》卷二七三，中华书局，1995，第 6674 页。

质的商品，各类书籍在宋元时期曾通过海上丝绸之路，大量输出到高丽、日本等国。回溯中国古代雕版印刷史，宋元时期是一个关键且重要的阶段。尤其宋朝是中国雕版印刷的黄金时代。具体而言，北宋之后，中国的印刷技术取得了重大的突破，从北宋的毕昇发明活字印刷后，中国的印刷术便处于当时世界领先水平。有宋一代，除了印刷术十分发达之外，出版中心开始逐渐向东南一带转移。宋初的出版中心是在四川盆地。北宋末年，杭州一跃成为全国出版中心之一。到了南宋，因为临安（杭州）成为国都，当地出版业就更加兴盛了。此外，因为福建盛产木材，纸张和木版供应十分充足，建宁府也逐渐成为全国出版中心之一。尤其是建安县的麻沙、崇化两镇的出版业更为兴盛。① 有宋一代，官府、私家、民间三大出版系统各领风骚，最终形成了浙江、福建、四川三大出版中心。尤其是作为海商贸易根据地的东南沿海地区出版业的兴盛，为书籍海外输出提供了充足的物质保障。

　　首先以高丽为例，据史书记载，随着汉字传入朝鲜半岛，汉籍开始广为传播。到了宋代，两国之间的文化交流形式多种多样，内容亦十分广泛，而典籍交流则是其中最为重要的内容②。宋代大批书籍，囊括了经、史、子、集四大部类，通过官方途径流入高丽，再加上两国间发达的商贸往来，民间交往在促进两国典籍交流中也扮演了重要的角色，这是之前从未曾出现的特征。通过对两国间典籍交流的观察与分析，双方书籍交流渠道除了使节往来这类官方渠道，高丽王朝还通过僧人、留学生和民间贸易途径搜集、购买中国书籍。总体而言，官方交流与民间渠道有着各自的角色与分工，官私两个渠道在书籍选择方面各有偏重。论及宋代与高丽的典籍交流，高丽王室是不可忽视且极其重要的推动力量。高丽王室大多喜好典籍，例如高丽宣宗王运，根据《宋史·高丽

----

① 参见李瑞良：《福建出版史话》，鹭江出版社，1997；李晓花：《福建古代刻书业繁荣的科技因素》，《新世纪图书馆》2009年第2期；许道和：《"麻沙本"的雕版印刷》，《福建论坛（社科教育版）》1983年第5期；丁春：《论福建古代三大雕版印刷中心的转移》，《福建中医药大学学报》2013年第3期；章宏伟：《南宋出版业考述》，《古代文明》2013年第2期。

② 杨渭生：《宋与高丽的典籍交流》，《浙江学刊》2002年第4期。

传》所载"运仁贤好文,内行饬备,每贾客市书至,则洁服焚香对之",由此可见一斑。正因如此,高丽王室派遣的使者到中国后就到处访购书籍。元代时,高丽政府曾派人乘船到江南购书,一次性便购得一万八百卷,数量之巨,令人惊讶。除此之外,高丽王室还鼓励前来贸易的中国商人到高丽献书,并给予其优厚报酬。而高丽求书,宋廷除了赐予之外,有时候也开放书籍市场,让高丽使节自购书籍。例如神宗熙宁七年(1074),诏国子监"许卖九经、子、史诸书与高丽国使人"①。

从宋元史籍记载来看,根据赵汝适《诸番志》的记载,新罗(高丽)"地出人参、水银、麝香、松子、榛子、石决明、松塔子、防风、白附子、茯苓、大小布、毛施布、铜磬、瓷器、草席、鼠毛笔等。商舶用五色缬绢及建本文字博易"②,这里面最引人瞩目的是"建本文字",其与丝织品一样能够与高丽进行物品交换。宋代的建阳是著名雕版印书中心,以朱熹为首的闽学论著正是通过建阳麻沙镇的刻书中心行销天下。《诸番志》所谓的"建本文字",应该就是指来自建阳的印刷品。与中国史籍对此稀少记载不同,高丽史籍中就记载了许多书商往来的记录:如高丽显宗十八年(1027),"宋江南人李文通等来献书册,凡五百九十七卷"③;高丽宣宗四年(1087),"宋商徐戬等二十人来献新注《华严经》板"④;又如高丽明宗二十二年(1192),"宋商来献《太平御览》"⑤。诚如朱熹弟子熊禾所作的《书坊同文书院上梁文》中提及"书籍高丽、日本通"⑥,描述的都是建阳书坊大量贩书出洋的盛况。根据郑麟趾所编《高丽史》不完全统计,自宋真宗大中祥符五年(1012),到南宋祥兴元年(1278),宋商以民间贸易形式到高丽达130余次,人数有

---

① 杨仲良:《皇宋通鉴长编纪事本末》,李之亮校点,黑龙江人民出版社,2006,第1553页。
② 赵汝适:《诸番志》卷上,清《学津讨原》本,第43页。
③ 郑麟趾等编《高丽史》(上册),国书刊行会,1908,第70页。
④ 同上书,第145页。
⑤ 同上书,第311页。
⑥ 熊禾:《勿轩集》卷四《书坊同文书院上梁文》,收入《景印文渊阁四库全书》第1188册,台湾商务印书馆,1986,第805页。

5000余人。由此可见，虽然宋朝和高丽经由民间渠道进行的海上书籍交流，或许不如使节来往这种官方交流正式，但是在数量上绝对远远超出官方渠道。至于输入到高丽的书籍种类与特征，民间商贸途径与官方交流途径也存在显著的差异。"如果说由官方进入高丽的书籍，不是新修新编，就是如官刻九经那样的有特殊意义的善本或是秘籍，那么由民间商贸途径进入的可能就是名人别集或其他的流传广泛、民间可以大量刊刻的书籍……可以说，民间贸易可能是宋与高丽典籍交流的方式中，量最大、范围最广的一种"。①

再以日本为例，情况与高丽颇为类似。隋唐以来，日本多次遣使来华学习中国文化，并借此携回不少中国书籍。南宋之后，伴随着中日商贸活动日益频繁，大量入宋僧搭乘商舶来华游历学禅，汉籍也随之带入日本。宋亡元兴之后，虽然经历两次交战，两国间的友好关系中断十几年，但从元朝中期之后，双方关系复苏，书籍交流亦重新开始。此外，日本人也非常喜爱中国书籍，无论是佛教经卷、制度典章、儒家经典，还是诗歌词曲、笔记小说，都是他们极力搜罗求购的对象。到了宋元时期，中国与日本政府之间的正式往来虽不如唐朝活跃，但民间贸易一直存在并延续，有时候还非常繁荣。正是由于民间贸易渠道的存在，宋代的图书典籍才得以络绎不绝地涌入日本。这一时期传入日本的汉籍，大部分是写本，后期有少量的宋刊本入境。大体而言，宋元时期中日图书流通的渠道也分为官方和民间两类，只是不同阶段承担的主体有异。至于该时期输入日本的汉籍数量，没有一个具体准确的数字，不过"在域外所藏中国古文献中，无论就数量还是质量而言，均以日藏中国古文献为最。在大量日藏中国古文献中，内含明代及明代以前的善本近9000种，其中唐人写本就有至少32种，宋元刊本约1000种"②。由此可见，宋元时期汉籍大量流入日本的历史面貌。

宋元时期，除了海商群体之外，还有一股不可忽视的力量，就是僧

---

① 花兴、魏崇武：《宋与高丽的典籍交流考论》，《国家图书馆学刊》2013年第2期。
② 陈东辉：《关于域外所藏中国古文献的若干思考》，载天一阁博物馆编《天一阁文丛（第8辑）》，浙江古籍出版社，2010，第92页。

侣群体。那些搭乘商舶往来两国的僧侣也是图书流通的重要载体。例如，日本现保存有多种宋刻版本的《大藏经》，都是旅宋日僧归国时带回的。根据《泉涌寺不可弃法师传》记载，来华日僧俊芿回国时（嘉定四年，1211）带回的书画有：十六罗汉二本（三十二幅），水墨罗汉（十八幅），南山、灵芝真影各一幅，律宗大小部文三百二十七卷，天台教观文字七百一十六卷，华严章疏一百七十五卷，儒道书籍二百五十六卷，杂书四百六十三卷，法帖御书堂帖等碑文七十六卷。书籍画卷数量颇多。日僧圆尔辨圆于宋理宗端平二年（1235）来华，于淳祐元年（1241）回国，归国时也带回大量经书和儒家书籍。元代亦是如此，当时来华日本人以求佛向法的僧人居多，他们主要为求取佛经，顺便也带回一些世俗书籍。总之，不论是出于传播佛法，或是爱好中国的学术和文学，都激发日本人到元朝搜求书籍的需要。当时的日本对元进行贸易，输入品除铜钱、丝织品、香药外，主要是经卷、书籍和文具等。日本不仅从中国输入书籍，而且为了更加广泛地传播文化，自己也从事翻刻，从而带动本国出版业的发展。①

第三节　宋元时期的代表性输入货物

一、香药

植物香料、药物在古代载籍中通称为"香药"。它既是传统中医入药的重要材料，还是宫廷和贵族需要的奢侈品，在中世纪以来愈加兴盛的佛教活动中也必不可少，因此是环中国海海洋经济贸易史上数量最大的舶来品，在宋元时期表现得尤为典型。根据《诸番志》的记载，宋朝时输入中国的香药有二百余种，占到全部舶来商品的半数以上。这些香药大部分为奢侈消费品，但也可以入药或作调料。罗香林先生在《宋代

---

① 周清澍：《元代汉籍在日本的流传和翻刻》，《文史知识》1998年第9期。

香药贸易史》一书中指出:"夫香药种类至繁,作用至多,可为防腐避垢、去疾治瘟,寓有圣洁之意,非第芬芳馥郁,足为适性怡情而已。在昔化学香味未兴时代,天然香药实与民生日用不可分离,而中土所生产者少,必常取给于外。是故海舶往来,每多香药。而宋代对外贸易,亦缘是发达。"① 罗先生所指香药为狭义而言,而宋元人所指的"香药"一般是广义上的,是对进口的香料和药物的统称,不仅包括西亚地区的香药,而且包括许多南海香药。

回溯香药输入中国的历史,早在汉唐时期,香药已经跨越山海进入中国。然而在很长一段时间内,西北内陆仍然是香药入华的主要通道。它曾是中古时期丝绸之路贸易中的重要商品,犹如出口的丝绸受到西域诸国的推崇一样,进口到中国的香药也备受中国社会各阶层的喜爱。尤其是有唐一代,进口的外来香药超过之前任何一个朝代,无论是植物香药种类还是动物香药种类,都位列第一。② 直至中唐以后,香药贸易的主阵地才真正从陆地转向海洋,以对外开放著称的宋元两朝更是将海上香药贸易推向巅峰。宋元以来,海外香药的进口品种和数量激增,南海、印度洋几十个国家和地区都不同程度地出产并向中国输出香药,真腊、三佛齐、渤泥、大食等是最重要的香药产地和集散地。需要注意的是,宋元时期香药贸易不仅是单方面输入的过程,也包含了香药输出的内容。该时期使用的香药主要产自东南亚、南亚以及阿拉伯地区,这些香药经由番商或宋元商人之手贩运至中国。宋元政府除了在国内直接销售香药之外,还将香药向辽、夏、金以及高丽、日本等国进行转口贸易以获利,也有部分中国海商将海外贸易所得香药转售于东亚的日本和高丽,但其规模远不及输入中国的部分。

众所周知,香药是宋元时期海外贸易的一项大宗进口货物,但香药在其中究竟占有什么样的比例和地位?赵汝适的《诸番志》卷下记载:

---

① 林天蔚:《宋代香药贸易史》,中国文化大学出版部,1986,"罗序"。
② 有关唐代外来香药输入中国的历史,参见温翠芳:《唐代外来香药研究》,重庆出版社,2007;肖荣:《中古时期广州香药辨析》,《广州大典研究》2018年第2期。

"番商贸易至，舶司视香之多少为殿最。"① 其中，"殿最"指等级的高低，显见当时市舶司以香药的数量多少作为评价番商贸易等级的标准，这足以证明香药在海外进口货物中占有极其重要的地位。宋代香药的进口贸易、贩运、加工生产、销售，直至香药消费，已形成重要的香药产业，成为仅次于盐业、茶业、酒业等行业，在宋代社会经济中占有重要的地位。白寿彝先生亦曾指出："宋时，大食商人在中国贩卖之商品，可以分为香药、犀象、珍宝三大类……唐时大食商人的商品，以珍宝驰名于世。宋时则以犀象，尤其是香药，为人所重。"②

有关宋代海外进口香药的品种，根据《宋史·食货志》的记载，北宋太平兴国年间政府公布的香药目录有37种，南宋绍兴年间猛增至300多种，元代从海上进口的香药品种有增无减。香药的进口量也很大，如熙宁十年（1077）广州进口的香药就达到348673斤，建炎四年（1130）泉州博买的香药达86780斤，绍兴二十五年（1155）从占城运到泉州的香料达65639斤，绍兴二十六年（1156）三佛齐向宋朝进贡的乳香81680斤、胡椒10750斤、檀香19935斤。宋元两朝相关载籍均有详细介绍。

成书于北宋太平兴国八年（983）的《太平御览》分类中专分"香部"。香部目录及相关条文数罗列如下：香（39）、麝（14）、葳香（1）、郁金（9）、鸡舌（7）、龙脑（2）、雀头（1）、苏合（7）、安息（2）、薰陆（5）、流黄（2）、青木（8）、旃檀（5）、甘松（1）、艾纳（2）、藿香（7）、枫香（3）、栈香（4）、木蜜（3）、样香（1）、都梁（2）、沉香（14）、甲香（3）、迷迭（5）、零陵香（1）、芸香（14）、槐香（1）、兰香（39）、蘼芜（9）、蕙草（6）、蒚车（4）、杜蘅（6）、白芷（9）、荃香（2）、薰香（9）、兜末香（1）、反生香（1）、惊精香（1）、白蛤狸（1）、藁本香（1）、神精香（1）、龟甲香（1）。

南宋赵彦卫的《云麓漫钞》卷五所载有关诸国船舶至福建市舶司所运的香药，多有其他书籍未提及者，对于探讨宋代香药之路或香瓷之路颇有价值，兹摘录如下：

---

① 赵汝适：《诸番志》卷下，清《学津讨原》本，第2页。
② 转引自赖存理：《回族商业史》，中国商业出版社，1988，第85页。

福建市舶司，常到诸国舶船。大食、嘉令、麻辣、新条、甘杕、三佛齐国则有真珠、象牙、犀角、脑子、乳香、沉香、煎香、珊瑚、琉璃、玛瑙、玳瑁、龟筒、栀子香、蔷薇水、龙涎等；真腊亦名真里富，三泊、缘洋、登流眉、西栅、罗斛、蒲甘国则有金颜香等；渤泥国则有脑版；阇婆国多药物；占城、目丽、木力干、宾达侬、胡麻巴洞、新洲国则有夹煎；佛啰安、朋丰、达啰啼、达磨国则有木香；波斯兰、麻逸、三屿、蒲哩唤、白蒲迩国则有吉贝布、贝纱；高丽国则有人参、银、铜、水银、绫布等物。大抵诸国产香略同。以上舶船候南风则回，惟高丽北风方回。凡乳香有拣香、瓶香（分三等）、袋香（分三等）、榻香、黑榻、水湿黑榻、缠末。如上诸国，多不见史传，惟布舶司有之。①

宋代香药贸易中，乳香具有突出的地位和角色。简而言之，宋朝的香药贸易，在很大程度上可以说是"乳香贸易"。作为乳香的主要原输出国——大食国，与中国有着频繁的交往，有史籍可考和明文记载的大食使节来华就有57次，明确记录贡物名称的有17次。在这17次记载之中，有12次朝贡物品中有乳香等香药，概率达到七成以上，而实际比率很可能更大。赵汝适在指出香药在当时海外贸易中的突出地位时说，"番商贸易至，舶司视香之多少为殿最"，就是在"乳香"条下阐述的。若从财政角度来看，乳香在宋朝海外贸易和香药贸易中占有特殊地位。有宋一代，乳香自始至终都被官方视为重要的禁榷物，其财政方面的意义与影响有一个逐渐加强的过程，不少研究者已注意到这一历史现象。②例如日本学者土肥祐子围绕《中书备对》《庆元条法事类》等宋代文献中有关乳香的记载，详细考订熙宁十年（1077）广州市舶司乳香贸易量和各等级香药的价格，并结合王安石变法的背景，说明乳香对市易务融资的积极作用。此外，她还指出主管市舶司官员的黜陟也与乳香密切相

---

① 赵彦卫：《云麓漫钞》，古典文学出版社，1957，第75页。
② 雷闻、康鹏、张国旺主编《隋唐辽宋金元史论丛（第十一辑）》，上海古籍出版社，2021，第187—202页。

关，说明"舶司视香之多少为殿最"为不刊之论。①

有文献记载，乳香分为十三个商品等级，每个等级都有一个专门的名称。

> 乳香一名薰陆香，出大食之麻啰拔、施曷、奴发三国深山穷谷中。其树大概类榕，以斧斫株，脂溢于外，结而成香，聚而为块。以象辇之至于大食，大食以舟载易他货于三佛齐，故香常聚于三佛齐。番商贸易至，舶司视香之多少为殿最。而香之为品十有三，其最上者为拣香，圆大如指头，俗所谓滴乳是也；次曰饼乳，其色亚于拣香；又次曰饼香，言妆时贵重之置于饼中。饼香之中，又有上中下三等之别；又次曰袋香，言妆时止置袋中，其品亦有三如饼香焉；又次曰乳榻，盖香之杂于砂石者也；又次曰黑榻，盖香色之黑者也；又次曰水湿黑榻，盖香在舟中为水所浸渍而气变色败者也。品杂而碎者曰斫削，簸扬为尘者曰缠末，皆乳香之别也。②

据记载可知，宋代进口的乳香，其产地为阿拉伯半岛东南部和非洲索马里，三佛齐对于乳香的积极推销是宋代乳香贸易活跃的重要因素。除此之外，乳香产量的增加，波斯、阿拉伯医药文化的传入，宋政府转型为香药专卖者或经营者的角色等因素，都是宋元时期乳香成为香药贸易大宗的原因所在。

宋元时期香药大量进口的原因，若从统治者角度出发，显然是为了通过发展海外贸易而增加财政收入。以宋代为例，在巨额军费开支的压力下，自北宋真宗朝之后，政府财政入不敷出，在财政困难吃紧的情况下，统治者想方设法开源以增加财政收入，而海外贸易的市舶收入，无疑是宋朝政府财政经费的一个重要来源，正所谓"市舶之法，颇助国用"③。又由于

---

① 土肥祐子：《试论宋代的舶货》，《国际社会科学杂志（中文版）》2014年第2期。
② 赵汝适：《诸番志》卷下，清《学津讨原》本，第1—2页。
③ 脱脱等：《宋史》卷一八六《食货下八·互市舶法》，中华书局，1985，第4560页。

香药是宋代市舶进口中的主要舶货，在市舶收入中占有主要地位，如《诸番志》卷下记载："番商贸易至，舶司视香之多少为殿最。"关于宋代政府市舶香药收入，以及香药收入在政府财政中的比重问题，夏时华曾做过细致的梳理考证，得出南宋时期政府香药舶货收入比北宋时期提高不少，基本上超过一百万贯，甚至在绍兴末达到两百万贯，而且"宋代政府香药收入在财政总收入中的实际比率应比郭正忠所说的1‰－2‰要高一些，当在2‰－3‰左右"①。比例虽然看似不高，但是其在宋代财政收入中还是具有相当的地位，正如《宋史·食货志》所称："宋之经费，茶、盐、矾之外，惟香之为利博。"②

若从社会需求而言，与前代相比较，宋代用香之风进一步下移，除了上层社会官僚贵族奢侈消费之外，也开始大量进入下层社会平民百姓的日常生活中，几乎达到了巷陌皆香的境地。从宋代开始，平民消费力量的兴起直接推动了香药贸易的活跃。正如黄纯艳所言："宋代普通居民对进口品消费的增长，为进口品提供了潜力巨大的市场，极大地推动了海外贸易的发展。"③宫廷、官僚日常要用香，寺庙、道观和祠堂需熏香，宋人熏香、饮食、佩饰、药用、祭祀、美容等生活都要用到香药，导致香药消费量惊人，用香情况之普遍远胜前代，成为宋代社会总消费的一个重要组成部分。正是社会香药消费需求的旺盛不止，从而不断推动海外各类香药源源不断地进口。④

论及该时期香药贸易的基本渠道，主要有朝贡贸易和民间贸易两种。前者是具有官方性质的国际贸易，主要集中于北宋前期。根据《宋会要辑稿》的记载，在与宋朝有朝贡关系的32个国家中，香药朝贡达到

---

① 夏时华：《宋代香药业经济研究》，陕西师范大学博士学位论文，2012，第152页。
② 脱脱等：《宋史》卷一八五《食货下七·香》，中华书局，1985，第4537页。
③ 黄纯艳：《宋代海外贸易》，社会科学文献出版社，2003，第214页。
④ 参见夏时华：《宋代上层社会生活中的香药消费》，《云南社会科学》2010年第5期；夏时华：《宋代平民社会生活中的香药消费述论》，《江西社会科学》2010年第12期；孟彭兴：《论两宋进口香药对宋人社会生活的影响》，《史林》1997年第1期。

213次。前来宋朝进行香药等朝贡贸易的海上丝绸之路沿线诸国主要有交阯、占城、三佛齐、大食、阇婆、渤泥、蒲端、宾同陇、丹流眉、陀婆罗、天竺、注辇、层檀、蒲甘、勿巡、拂菻等。其中，尤其是占城、三佛齐、大食等国对宋朝的香药朝贡贸易规模较大，贸易也较为频繁，这显然与这些国家盛产香药、海上贸易比较发达密切相关。以三佛齐为例，在北宋天禧二年（1018）的朝贡中，进贡的香药有龙涎香（抹香鲸的肠内分泌物）36斤、乳香81680斤、苏合油278斤、木香117斤、丁香30斤、肉豆蔻2674斤、檀香19935斤、笺香（沉香的一种）364斤等等。三佛齐一地，本身虽然也产香药，但品质毕竟不属于上乘。较之中南半岛诸国（如柬埔寨），三佛齐国的沉香较差，其最盛产的檀香也比不上印度。乳香的极品则出自北非和南阿拉伯半岛，龙涎香更不产于兹。而大食等国的优质香药齐聚三佛齐，显然是三佛齐利用其居于马六甲海峡通道两侧而借势开展中转贸易的优势。不过到了南宋之时，香药朝贡贸易由原来的估价回赐为主转变为以抽解和买为主、估价回赐为辅，导致海外诸国朝贡贸易积极性大为下降，香药朝贡贸易随之由繁盛渐趋衰弱。

再以民间贸易而言，宋代国内外海商是香药贸易活动的主体，除了海商群体之外，还包括国内的官僚贵族、船户、船员水手等。在从事海上香药贸易的国外海商中，以大食、三佛齐商人为主，他们所经营的香药番货贸易规模十分庞大。根据相关记载可知，大食商人经常以朝贡使节的名义对宋朝进行香药朝贡贸易，规模较大且比较频繁。例如南宋绍兴六年（1136）八月，蒲罗辛自己造船一只，从大食贩运乳香至泉州，市舶计抽解价钱高达三十万贯，由此可见其经营香药贸易规模之大。至于三佛齐海商经营香药的活跃度，赵汝适曾记："（三佛齐）经商三分之一……土地所产：玳瑁、脑子、沉速暂香、粗熟香、降真香、丁香、檀香、豆蔻，外有真珠、乳香、蔷薇水、栀子花、腽肭脐、没药、芦荟、阿魏、木香、苏合油、象牙、珊瑚树、猫儿睛、琥珀、番布、番剑等，皆为大食诸番所产，萃于本国……其国在海中，扼诸番舟车往来之咽喉。"① 而主要来自东南沿海地带的国内海商实力也不遑多让,这些海商实力大多雄厚,所经营香药番货规模也相当大。

以1974年泉州后渚港发现的宋代海船为例,该船出土的文物非常丰富,"其中香料木占出土遗物总数的绝对多数,未经脱水时其重量达4700多克。它们分布于各舱而以第三、四、五舱为最多。香料木多为枝桠状,长短粗细不同,出土时多系断段,一般长度3—10厘米,个别的长168厘米,直径1—4厘米。刚出土时颜色清鲜,有紫红和黄色。散乱于船舱的堆积层中,有的还有绳索绑扎成。经药物工作者鉴定证实,香料中降真香最多,檀香次之"②。这些"出土的香料药物,均为南海诸国及阿拉伯沿岸的舶来品。其主要产地:降真香出三佛齐(印度尼西亚巨港附近)、阇婆(爪哇);檀香出阇婆;沉香出真腊(柬埔寨);苏木出交州(越南)、阇婆;胡椒出苏吉丹(爪哇中部);槟榔出南海诸国;乳香出于大食(阿拉伯半岛南部);龙涎香出自非洲;玳瑁出于占城;朱砂、水银国内外皆产,但交阯、波斯亦产之。总之海船出土的香料药物多为南洋诸国所产,或为东南亚一带集散的货物。它表明船是航行于以上国家的海域"③。关于这艘宋代海船所载香药的研究成果不少。④ 有学者还根据海船发现的香药、货贝和环纹货贝、船体附着物的地理分布、宋元两代中国海舶航行印度洋的文献,考证认为泉州湾宋代海船应当自印度洋返航。⑤

宋代国内海商在从事海上丝绸之路香药贸易过程中,出于分担海外贸易风险、筹集贸易资本或合作经营的考虑,他们实行贸易合伙制经营,大体上分为合本经营、委托经营、结伴经营等经营方式。以合本经

---

① 赵汝适:《诸番志》卷上,清《学津讨原》本,第6—7页。
② 福建省泉州海外交通史博物馆编《泉州湾宋代海船发掘与研究》(修订版),海洋出版社,2017,第26页。
③ 同上书,第80—81页。
④ 参见吴鸿洲:《泉州出土宋海船所载香料药物考》,《浙江中医学院学报》1981年第3期。
⑤ 杨斌:《当自印度洋返航:泉州湾宋代海船航线新考》,《海交史研究》2021年第1期。

营为例，南宋秦九韶在《数学九章》中记载了当时四位海商租赁海船进行海上丝绸之路沉香、胡椒等香料贸易，所需资金高达四十二万四千贯，因此他们需要共同出资才能使贸易得以进行。秦氏在当时四位海商共同出资经营沉香、胡椒等香药货物贸易归来后，设计了一道关于推算各家本利的算术题，最后他设列一个四元一次方程，解决了利润分配的问题。

> 问：海舶赴务抽毕，除纳主家货物外，有沉香五千八十八两，胡椒一万四百三十包（每包四十斤），象牙二百一十二合（以大小为合，斤两俱等），系甲、乙、丙、丁四人合本博到。缘昨来凑本，互有假借。甲分到官供称，甲本金二百两、盐四袋、钞一十道；乙本银八百两、盐三袋、钞八十八道；丙本银一千六百七十两、度牒一十五道；丁本度牒五十二道、金五十八两八铢。以上共估值四十二万四千贯。甲借乙钞、乙借丙银、丙借丁度牒、丁借甲金。今合拨各借物归原主名下，为率均分上件货物。欲知金银袋盐度牒原价及四人各合得香椒牙几何？
>
> 答曰：甲金每两四百八十贯文，本一十二万四十贯文，合得沉香一千四百八十八两，胡椒三千五十包一十一斤五两（五十三分两之七），象牙六十二合；乙盐每袋二百五十贯文，本七万六千贯文，合得沉香九百一十二两，胡椒一千八百六十九包二十一斤二两（五十三分两之六），象牙三十八合；丙银每两五十贯文，本一十二万三千五百贯文，合得沉香一千四百八十二两，胡椒三千三十七包三十九斤五两（五十三分两之二十三），象牙六十一合四分合之三；丁度牒每道一千五百贯文，本一十万五百贯文，合得沉香一千二百六两、胡椒二千四百七十二包八斤三两（五十三分两之十七），象牙五十合分合之一。①

由这则文献可知，海商甲、乙、丙、丁共同出资经营，共担风险，才完成此次海上丝绸之路香料贸易，然后按照各自出资股份的多少来分

---

① 秦九韶：《数学九章》卷九下《均货推本》，收入《景印文渊阁四库全书》第797册，台湾商务印书馆，1986，第558页。

配相应的贸易利润，这属于典型的合伙制性质的合本经营。夏时华等认为"这种合伙制性质的合资经营显然极大地激发了当时沿海地区民间资本活力，反映了宋代海上丝绸之路香料贸易中资本发展的积极方向，也成为促进当时海上丝绸之路香料贸易发展的重要的内在制度性因素之一"①。

正由于海上丝绸之路香药贸易的繁荣，促使宋朝政府积极参与其中，并进行相应的香药储藏机构设置和管理政策制定。宋代官方设有专门的香药储藏机构——内香药库，相关机构还包括太府寺、金部、香药库、内藏库、左藏库、榷货务、杂卖场、编估局、打套局等九个部门之多。为了因应朝贡贸易和民间贸易两类方式，宋代政府对香药贸易的管理也大致分为朝贡贸易和市舶贸易两种政策。所谓朝贡贸易政策，即政府对于以朝贡贸易名义进献香药的管理。② 以宋代为例，海上丝绸之路香药朝贡贸易在北宋前期走向繁盛，但在北宋中期以后逐渐转向衰落，至南宋时甚至转入萧条。而市舶贸易政策针对进出口贸易中的香药，经过市舶司的检查、抽税、禁榷、博买等流程，这部分香药才能统一在市场上流通。由于宋代香药主要通过商人交易买卖的形式运往或输出中国，故市舶贸易政策在宋代香药贸易中起着至关重要的作用。

虽然宋代统治者十分重视香药贸易并加强管理，但是香药贸易产生的丰厚利润，导致有宋一代香药走私贸易非常盛行。该时期走私的区域集中于东南沿海地带，参与走私的主体颇多，既有大小商人，就连权贵官僚、市舶官吏、沿海民众、边境官兵等都参与其中。例如，绍兴五年（1135）二月侍御史张致远指出福建沿海"民以私贩为业者，十率五六……福建前此群盗，皆异时私贩之人也"③。南宋之时，泉州巨商王元懋走私香药的规模很大，时间较长，且贿赂市舶官员以逃避抽解。除了

---

① 夏时华、王春：《宋代海上丝绸之路香料贸易的合伙制经营考察》，《青海社会科学》2021年第1期。
② 有关宋代诸国香料朝贡贸易的研究，参见夏时华、袁林：《宋代海上丝绸之路诸国香料朝贡贸易规模与所持态度考察》，《上饶师范学院学报》2022年第1期。
③ 李心传：《建炎以来系年要录》，中华书局，1988，第1395—1396页。

商人之外，市舶官吏、权贵官僚都参与其中，一些市舶官吏更是直接利用职务之便，私下收买或强买番商香药宝货。针对香药走私现象，朝廷经常颁布禁令。例如，政和三年（1113）七月宋徽宗颁布禁令："至道元年六月二十六日敕应知州、通判诸色官员，并市舶司官、使臣等，今后并不得收买番商香药禁物。"①

至于宋代香药大量走私的背后原因，除了丰厚利润吸引、官吏对走私稽查不力等因素之外，市舶司对于香药抽解博买过重是其中最重要的原因。有宋一代，设在广州、泉州、明州等地的市舶司对香药番货进行抽解和博买，虽然颁布有一定的比例，但往往过于沉重。当时市舶抽解过重问题较为凸显，从宋代朝廷的诏令中就可以看出。例如，南宋绍兴十七年（1147）十一月宋高宗"诏三路市舶司今后番商贩到龙脑、沉香、丁香、白豆蔻四色，并依旧抽解一分，余数依旧法施行。先是绍兴十四年，一时措置抽解四分，以市舶司言番商陈诉抽解太重，故降是旨"②。隆兴元年（1163）十二月，有臣僚指出："舶船物货已经抽解，不许再行收税，系是旧法。缘近来州郡密令场务勒商人，将抽解余物重税，却致冒法透漏，所失倍多，宜行约束。"③ 正是因为市舶司抽解博买过重，常常导致许多商旅无利可图，因而他们不惜冒法犯禁走私。面对较为盛行的香药走私贸易，宋代政府采取了相应的防范措施，打击香药走私活动，极力维护合法香药贸易秩序，以此确保市舶收入。尽管如此，香药走私贸易活动还是频繁发生，诚如夏时华分析指出："宋代政府试图从法律和制度层面上采取措施打击香药走私活动，但法令和制度的执行者往往成为破坏者，使打击香药走私的效果不佳。"④

元代海外贸易往来，香药也很多。汪大渊《岛夷志略》中所记载的香药品种计有降真香、乳香、黄熟香头、梅花片脑、粗熟香、檀香、栀子花、丁香、小丁皮、速香、胡椒、沉香、木香、肉桂、没药、白豆

---

① 徐松辑《宋会要辑稿》，职官四四之九，中华书局，1957，第3368页。
② 徐松辑《宋会要辑稿》，职官四四之二五，中华书局，1957，第3376页。
③ 徐松辑《宋会要辑稿》，职官四四之二六，中华书局，1957，第3376页。
④ 夏时华：《宋代香药走私贸易》，《云南社会科学》2011年第6期。

蔻、蔷薇水、槟榔、苏木、茄蓝木、樟脑、大枫子、罗斛香、安息香、金颜香、黄蜡、龙涎香、腽肭脐、犀角、麝香、硼砂等二十余种。又如王元恭纂修的《至正四明续志》，列举的舶货：细色中有……南安香、苏合油……阿魏、乌犀、腽肭脐、丁香、丁香枝、白豆蔻、荜澄茄、没药、砂仁、木香、细辛、五味子、桂花、诃子、大腹子、茯苓、茯神、舶上茴香……黄熟香、粗熟、黄熟头、速香、沉香、暂香、笺香、虫漏香、没斯宁、蟹壳香、蓬莱香、登楼眉香、旧州香、生香、光香、阿香、委香、嘉路香、胡椒、降真香、檀香、糖霜、苓苓香、麝香、脑香、人面干、紫矿、龙骨、大枫油、泽泻、黄蜡、八角茴香、金颜香、朱砂、天竺黄、桔梗、锉香、硼砂、新罗漆、笃耨香、乌黑香、搭泊香、水盘香、肉豆蔻、水银、乳香、喷哒香、龙涎香、栀子花、红化、龙涎、修割香、硒砂、牛黄、鸡骨香、雌黄、樟脑、鹤顶、罗纹香、黄紧香、赖核香、黑脑香油、绿矾、雄黄、软香、脊蛉皮、三泊、万安香、土花香、化香、罗斛香、毕拨、桂皮等。粗色则有草豆蔻、丁香皮、良姜、藿香、射香、印香、桂头、石决明、云白香、断白香、暂脚香、画黄、杏仁、松香、细割香、条截香等。① 除了文献记载之外，考古亦给予充分证明。韩国新安元代沉船出水有檀香木、药材、胡椒、果核等，仅从腐败朽烂的堆积中残存下来的长度在1—2米的紫檀香木就有1017根。这些香料应该是原产西洋、南洋地区经华南港口集散中转的，说明香药在以东南沿海为中心的环中国海海洋社会经贸体系中广阔的辐射范围。②

总而言之，宋元时期香药贸易的发展，与前代相比较，大体表现在以下三个方面：其一，贸易次数和规模更为巨大，香料在舶货中占主要比重，香料贸易规模也是动辄数万斤，出现了专门贩运香料的大型贸易船"香舶"；其二，贸易范围更为广阔，囊括了更多海外国家，南宋赵

---

① 王元恭：《至正四明续志》卷五《市舶物货》，台湾成文出版社，1983，第5891—5893页。

② 吴春明：《环中国海沉船：古代帆船、船技与船货》（下），江西高校出版社，2007，第513页。

汝适的《诸番志》就详细记载了当时58个海外国家和地区，这些地区大多与中国有着经贸往来，向中国输入香药；其三，海外市舶贸易超越朝贡贸易，成为宋元时期香药贸易的主要形式。至于香药输入对于中国社会的影响，作为宋元时期海洋贸易标志性产品的香药，其大量输入不仅减轻了政府的财政压力，充实了中央和地方的税收来源，而且带动了沿海经济的发展，加强了中国与世界、沿海与内地的经济联系与互动，促进了亚洲海域区间内商品贸易链的形成与完善。更为重要的是，各类香药在宗教、医疗、饮食领域的广泛应用，不仅对中国各阶层的日常生活产生了积极影响，而且完成了其自身从奢侈品到大众消费品的身份转变。

二、药物

早在汉代，外来药物的输入即已开始，至唐代已经非常盛行，如世界上第一部由国家颁布的药典——《新修本草》（颁行于659年）已经记载了不少外来药物。进入宋代，随着海上贸易的不断发展，大量药物借由海路输入我国，并得到了广泛的应用。药物在宋元时期的"舶货"中所占的比重，仅次于香料。海外各国的药品，也是当时政府极为重视的商品之一。苏颂的《本草后序》说："嘉祐二年八月三日诏：朝廷累颁方书，委诸郡收掌，以备军民医疾。访闻贫下之家，难于检用，亦不能修合……其番夷所产药，即令询问榷场市舶商客，亦依此供析，并取逐味各一二两或一二枚封角，因入京人差赍送，当所投纳，以凭照证，画成本草图；并别撰图经，所冀与今本草经并行，使后人用药，知所依据。奏可。"① 由此可见，北宋嘉祐年间编撰《本草图经》之前，苏颂曾建议宋仁宗进行一次全国性的药物大普查，其中也包括外来药物。正因如此，北宋政府命令各产药地所，征集药图，撰写说明文字及提供标本，对番夷所产药品，亦令询问榷场市舶客商，依样绘成本草插图，并指令全国州、军、郡、府送呈当地所产各种药物及其用药说明。该书提

① 掌禹锡：《嘉祐本草辑复本》，尚志钧辑复，中医古籍出版社，2009，第532页。

到的古代国名有于阗国、疏勒、大食国、波斯国、诃陵国、夏国、佛誓国、伽罗古国、昆仑、昆仑盘盘国、扶南国、天竺、单于、大秦国、西胡国、安南、西竺、弗林、倭、韩等等，还提及诸多海外药材主要通过商舶运到中土，且多数运至广州。种种记载，从侧面反映了宋代药物交流已达到空前繁荣。

到了元代，通过海上丝绸之路进入中国的药物名目越来越多，仅据元《大德南海志》卷七"舶货"一门的记载，有脑子、阿魏、没药、胡椒、丁香、肉豆蔻、白豆蔻、豆蔻花、乌爹泥、茴香、硫黄、血竭、木香、荜拨、木兰皮、番白芷、雄黄、苏合油、荜澄茄等二十余种，其实数量远不止此。这些药物主要出产于海外诸国，有的在元朝以前已经传入我国，且被我国人民培植和应用，现在仍广泛应用于临床医疗实践。这些文献记录，对于了解元代中外药物的贸易与交流有重要的意义。① 具体而言，这里面有不少药物不见于前代文献的记载，自宋元时期才开始进口到中国，最具代表性的如大风子（大枫子）、乌爹泥。大风子产于中南半岛和印度南部，可用来治疗大风病（麻风病）和皮肤病。它最早见于《宋会要辑稿》所载市舶货物名目中，此外《岭外代答》《岛夷志略》《真腊风土记》书中也曾提及。乌爹泥即孩儿茶，在医学上用作收敛剂。它在元代始见于记载，以《大德南海志》的记载为最早。乌爹泥作为一种外来物品，历史上其称谓多样，如孩儿茶、孩儿香、孩儿土等。它主要是作为药用，还可入茶、做香料等，产于印度西南沿海、苏门答腊至中南半岛一带，同时也是榜葛剌、满剌加、爪哇、暹罗等国的朝贡物品之一。②

以上列举的仅仅是南海（东、西洋）的药物，该时期从高丽、日本进口的货物中，也有不少当地出产的药物。例如，来自高丽的有人参、红花、麝香、茯苓、细辛、甘草、防风、牛膝、白术等。南宋《宝庆四

---

① 陈李、郑洪：《元大德〈南海志〉残本的中医药文化元素考察》，《南京中医药大学学报（社会科学版）》2017年第1期。
② 有关孩儿茶的释义、产地及入华时间，参见李峻杰：《孩儿茶考辨》，《海交史研究》2010年第1期。

明志》记载从高丽运到明州的货物有"细色：银子、人参、麝香、红花、茯苓、蜡。粗色：大布、小布、毛丝布、绸、松子、松花、栗、枣肉、榛子、椎子、杏仁、细辛、山茱萸、白附子、芜荑、甘草、防风、牛膝、白术、远志、茯苓、姜黄、香油、紫菜、螺头、螺钿、皮角、翎毛、虎皮、漆、青器、铜器、双瞰刀、席、合簟。"① 在这些货物中，用野生植物加工而成的药物所占比重最大，是中医不可缺少的药物。日本向中国输出大量硫黄，有一次即达五十万斤之多。② 硫黄除了用来制作火药，也是一种药物。

三、宝物

所谓宝物，指宋元时期南海（东、西洋）各处所出产的珍奇之物。根据《宋史》记载，"市舶"是以金、银、香药、犀象、珊瑚、琥珀、珠非、镔铁、鼊皮、玳瑁、玛瑙、车渠、水晶、番布、乌樠、苏木等物进行交易，其中大多数属于"宝物"一类。元《大德南海志》开列的"宝物"有象牙、犀角、鹤顶、真珠、珊瑚、碧甸子、翠毛、龟筒、玳瑁。象牙、犀角、珊瑚、珠非（真珠）、玛瑙、水晶，被当时人视为珍贵之物。琥珀是一种树脂化石，可以用来制作首饰。鼊皮，大概是一种龟皮。车渠是蚌类海洋动物，壳可以制作饰物。③ 鹤顶是鸟名，其脑盖骨"厚寸许，外红，里如黄蜡之娇，甚可爱"，可用作腰刀靶鞘之类。碧甸子又作碧靛子，即绿松石，可作装饰品。翠毛又作翠羽，是翡翠鸟的羽毛，常用作上层妇女凤冠的装饰品。龟筒是大龟的壳，作装饰用。玳瑁是一种海龟，其壳也可作饰物。这些"宝物"主要用于装饰，以满足上层社会奢侈生活的需要。但是，上层阶级对奢侈生活的追求是无止境的，"宝物"进口之风在宋、元时期愈来愈烈。元代中期，回族商人

---

① 罗濬等：《宝庆四明志》卷六《郡志六·叙赋下·市舶》，收入《景印文渊阁四库全书》第 487 册，台湾商务印书馆，1986，第 84—85 页。
② 徐松辑《宋会要辑稿》，食货三八之三二，中华书局，1957，第 5482 页。
③ 姚徽：《试说"车渠"》，《江苏教育学院学报（社会科学版）》2000 年第 3 期。

贩卖珠宝给宫廷,"分珠寸石,售值数万",以致成为国家财政的一大负担。

以镔铁为例,它是古代由国外传入中国的一种优质钢料,也称作"宾铁"或"斌铁",是由波斯语 Spaina 音译而成的。其原产于波斯(今伊朗)、罽宾(今克什米尔)、印度等地,具有两个鲜明的特点:极其坚利、表面带有花纹。有学者经过文献考证,认为其更接近于包括乌兹钢、布拉特钢的坩埚钢系列。镔铁一直是中国的主要进口产品之一,古文献提到的几个主要产地,如罽宾、波斯、大食、天竺等,恰恰也是坩埚钢的主要产地,其作为一种高质量的钢铁制品在中西技术文化交流史中占有重要地位。① 在明代曹昭《格古要论》卷六"镔铁条"有以下描述:"镔铁出西番,面上自有旋螺花者,有芝麻雪花者。凡刀剑器打磨光净,用金丝矾矾之,其花则见,价值过于银……尝有镔铁剪刀一把,制作极巧,外面起花镀金,里面嵌银回回字者。"② 由此可知,其在古代主要用来制作刀剑,由其制作而成的武器,因表面带有花纹,因此价格昂贵。

梳理镔铁输入中国的历史,它大约在南北朝时期始传入中国。隋唐时期,镔铁多用作贡品或礼品传入中国,因此数量极其有限。及至宋元时期,镔铁才开始作为商品大量传入,不过当时还是被视为珍品,价值与珠玉相提并论。而且政府规定镔铁为官府统一贸易的物品,所谓"非出官库者,无得私相贸易",属于需要严格控制交易的商品。到了元代,甚至出现了以"镔铁"命名的机构——镔铁局。不过,潜伟撰文认为这个"镔铁局"只是借用"镔铁"这个名称,仅仅是对来自中亚、西亚等

---

① 有关镔铁的考证,参见章鸿钊:《中国伊兰卷金石译证》,《地质专报》乙种第三号,1925;杨宽:《中国土法冶铁炼钢技术发展简史》,上海人民出版社,1960;潜伟:《"镔铁"新考》,《自然科学史研究》2007年第2期;中国科学院自然科学史研究所、中国科学院传统工艺与文物科技研究中心编《鉴古证今:传统工艺与科技考古文萃》,安徽科学技术出版社,2014,第171—177页;胡维佳主编《中国古代科学技术史纲(技术卷)》,辽宁教育出版社,1996,第171—174页。
② 转引自胡小鹏:《中国手工业经济通史(宋元卷)》,福建人民出版社,2004,第714页。

地的色目人铁匠们进行管理的一个机构，并非造作钢铁制品的机构，更不是专门进行镔铁制作的机构。他推测工部下设的"提举右八作司"才是真正可能进行镔铁制作的机构。据《元史·百官志》记载，工部下设有"提举右八作司"，其"秩正六品，提举二员，同提举一员，副提举一员，吏目一人，司吏九人，司库十三人，译史一人，秤子一人，掌出纳内府漆器、红瓮、捎只等，并在都局院造作镔铁、铜、钢、鍮石、东南简铁，两都支持皮毛、杂色羊毛、生熟斜皮、马牛等皮、鬃尾、杂行沙里陀等物"①。关于宋元时期镔铁的用途，由于其性能优良并且较为稀少，镔铁主要用于制作宝刀、宝剑之类，也有少部分用于制作手工业工具和特殊生活用品。例如，常常见于文献记载的镔铁日用品，有贵族束带、贵重乐器、丹家用铁粉等。元代杨瑀在《山居新语》中说："镔铁胡不四，世所罕也，乃回回国中上用之。制作轻妙，余每询铁工，皆不能为也。"② 这反映了镔铁制成的器物逐渐在民间出现，由此可见它再也不是上层统治阶层专享的物品。概而言之，镔铁的传入具有双重的意义：一是作为产品交流，在一定程度上满足了某些人的特殊需要；二是作为技术交流，与我国花纹钢工艺、钢铁锻打工艺之间起到互相影响、互相促进的作用。

再以象牙一物为例，其自先秦始即是上层统治者独享的奢侈品。宋代之前，象牙多为朝贡物品，极少在民间贸易流通。有宋一代，由于商品经济的发展和对外贸易的繁荣，象牙逐渐成为商品贸易中的大宗。宋人在著作中惯用"香药犀象"一词概括海外输入的货物，由此可见一斑。通过海外各国朝贡贸易方式输送的象牙，据《宋史》等史料统计，宋朝之时，海外各国朝贡贸易中的象牙数目远远超过前代，其中占城进贡象牙 350 株、交阯 154 株、丹眉流 61 株、注辇国 60 株、大食 58 株、三佛齐 16 株、渤泥 6 株。推动象牙进口的最大动力，来自当时上层统治者对于象牙的喜爱以及象牙制品逐渐普遍化的趋势。

正是在此背景之下，南海诸番商携象牙纷至沓来，他们拥有雄厚的

---

① 宋濂等：《元史》卷八五《百官一·工部》，中华书局，1976，第 2146 页。
② 转引自杨宽：《中国古代冶铁技术发展史》，上海人民出版社，2004，第 226 页。

资财，足迹遍及中国沿海、内地及边疆。例如北宋太平兴国五年（980），三佛齐国番商李甫诲乘舶船载香药、犀角、象牙至海口。南宋绍兴元年（1131）广州市舶官员向朝廷报告："大食人使蒲亚里所进大象牙二百九株，大犀三十五株，在广州市舶库收管。缘前件象牙各系五七十斤以上，依市舶条例，每斤价钱二贯六百文九十四陌，用本钱五万余贯文省。欲望详酌，如数目稍多，行在（南宋都城杭州）难以变转，即乞指挥起发一半，令本司委官秤估，将一半就便搭息出卖，取钱添同给还蒲亚里本钱。"① 仅仅蒲亚里一个人的进货，竟然使得市舶司难以支付货款，以致上奏朝廷请求就地拍卖一半货物，还给蒲亚里本钱，这也从侧面看出象牙、犀角价值之不菲。宋代市舶司对象牙贸易的管理主要是以"抽解"征收舶税、以"禁榷"进行专买专卖、以"博买"强制收购。宋代象牙贸易量的增加，使象牙制品逐步呈现从贵族独享的奢侈品向市井消费品过渡的趋势，就算如此，象牙依然是奢侈品。

总而言之，宋元时期南海（东、西洋）的各类奇珍异物输入我国的历史十分悠久，汉唐以来海外诸番为迎合中原统治阶级和上层贵族奢华腐朽生活的需求，以期在朝贡关系和自由贸易中获得丰厚的回报，不断从西洋、南洋海域运送大量的奇珍异物。这些奇珍异物主要包括矿物类的玛瑙、琥珀、朱砂、翡翠、水晶、宝石等，热带生物类的犀角、象牙、玳瑁、珍珠、孔雀尾、珊瑚等，东南沿海还是诸番国奇珍异物到岸的主要集散地。

---

① 徐松辑《宋会要辑稿》，职官四四之一四，中华书局，1957，第3370页。

结论：
宋元时期的海外贸易与中外文化交流

一、中外海商往来与宋元时期中外政治、经济和文化交流

宋元时期，在积极的海外贸易政策的影响下，东南沿海的居民纷纷出海贸易，至于具体的数量，史料未见记载。葛金芳等根据地方志数据，推算南宋时期沿海从事海上运输和贸易的水手群体可达数万人的规模。① 这一估算十分笼统，不过可以肯定的是，这一群体的总量还是相当庞大。如朝鲜半岛的高丽王朝，林真奭据《高丽史》统计，在1012—1192年的180年间，宋代海商前往高丽进行贸易见于记载的就有117次，其中能确知人数的有77次，共4548人。② 仅北宋时期，沿海海商赴日本贸易有明确时间记载的达70次，一些知名的大商人如孙忠、朱仁聪、周文德等多次往返日本。史料中也有大量沿海居民出海经商的记载，如贩海之商，江淮闽浙处处有之。福建的漳州、泉州、兴化等临近海域，也多建造船只，自备财力，兴贩牟利。

宋元时期的中国海商主要包括三类，具有皇家背景的宗室及各级文武官员、世代从事海外贸易的大商巨贾和民间普通的中小海商。

海外贸易有巨额的利润，尽管朝廷三令五申，但皇亲国戚、各级官员参与海上经营者屡见不鲜。南宋时期，宗室参与海外贸易的情况屡见

---

① 葛金芳、汤文博：《南宋海商群体的构成、规模及其民营性质考述》，《中华文史论丛》2013年第4期。
② 林真奭：《中朝经济文化交流史研究》，辽宁人民出版社，1984，第35页。

于史籍。至于官员，则更为普遍，如郑公明知雷州时三次搬运铜钱下海博易番货，赵伯东守雷州多破官钱收买商货航海以归，宰相郑清之的儿子曾盗用朝廷钱帛以易货外国，甚至连苏轼也曾贩数船苏木入川为时人所共知。南宋初年大将张俊以回赐为名，把五十万缗现金交付军中老卒至海外贸易生利，该老卒"到海外诸国，称大宋回易使，谒戎王，馈以绫锦奇玩……其君臣大悦，以名马易美女，且为治舟载马，以犀珠香药易绫锦等物，馈遗过当，是以获利如此"①。这里实际上是以逆向回赐的思维，将中国价值低廉的丝织品交换为价值较高的珠犀香药，故能"珠犀香药之外，且多得骏马，获利数十倍"②。乾道七年（1171），宋廷"诏见任官以钱附纲首而贩过番贸者有禁"③，但两宋时期，具有官方背景的海外贸易始终未能禁绝，"边关重车而出，海舶饱载而回"的现象时有发生。元代实行的官本船贸易制度，更是各级官员以国家名义经商的直接体现。大德五年（1301），杭州路总管杨梓之子杨枢，以官本船渡海至西洋贸易。元统二年（1334），皇后为谋取利润，中书省派出两艘商船赴海外经商。类似的例子不胜枚举。

宋元时期的海外贸易，起主导作用的是那些蹈海数十年、拥有巨额资本以放洋兴贩为毕生行当的巨商大贾。据《夷坚志》记载，建康巨商杨二郎，往来南洋十余年后得以"累赀千万"。泉州杨客，为海贾十余年，致赀二万万。温州巨商张愿，世为海贾，往来数十年，未尝失时。这些巨商在早期积累一定的资本后，一般不再亲自冒风险出海，他们或出租海船，或雇人贸易。王元懋就曾雇佣"吴大作纲首，凡火长之属一图账者三十八人，同舟泛洋"④。这些大舶商贩易所得也是批发给小商销售。宋人王巩在《随手杂录》中记载了一个李氏老姐为主人买珠子的事，李氏"所货珠子，归则失去。告其主，以金十两偿之，其主不

---

① 丁傅靖辑《宋人轶事汇编》，中华书局，2003，第808页。
② 同上。
③ 脱脱等：《宋史》卷一八六《食货下八·互市舶法》，中华书局，1985，第4566页。
④ 洪迈：《夷坚志》，中华书局，2006，第1345页。

许"①。她的主人就是批发经营舶货的大海商。百贯以下的小海商往往只有"少或十贯、多或百贯"的本钱,而造一条载重700料左右的小型海船仅铁钉就需200斤,这些小海商是无法承担的。他们只能"转相结托,以买番货而归",合资经营,如泉州商客七人就曾同乘一舟浮海。② 元代实行官本船贸易时期,这些巨商往往利用政府委任为贸易代表或授予官职的机会,谋取海洋贸易利润。朱清、张瑄于"宋末抄掠海上,以为雄长",为纵横江浙地区的海商;宋亡后归顺元朝,被授予江南行省左右丞。二人利用手中控制的大量海舶组织经营海外贸易,始则"每岁海运诈称没于风涛,而私自转人外番货卖",其后不断做大,利用官船往返海外,"巨艘大舶,帆交番夷中"。他们往来于高丽、琉球之间,"父子致位宰相,弟侄甥婿皆大官,田园宅馆遍天下,库藏仓庾相望"③。

民间普通中小海商是宋元时期海外贸易的主体,他们主要由沿海地区的小商小贩、贫苦农民、渔民和无业游民等组成,地位卑微,资本微薄。这些海商或为生计所迫,或为利欲驱使,出海逐利。例如,台州郑四客曾"为林通判家佃户,后稍有余羡,或出入贩贸纱帛、海物",有些人"因商贩折本,无路得食,不得已求生"。④ 这些商人人数众多,经营方式也多种多样。按照宋朝规定,"商贾于海道兴贩,并具人船、物货名数、所诣处,经州投状。往高丽者,财本必及三千贯"⑤。对于一般小商人来说,根本无力筹集三千贯的资金,因此只能搭附大商之船,在商船上租得一定的舱位,从事小本买卖。他们搭乘大商之船,萍水相逢,临时凑集于一条海船上,其同出海贩易,所需费用共同贴补,故一般称之为"贴客"或"搭客"。因为受控于大商人,一般海商貌似利润

---

① 王巩:《清虚杂著三编》,中华书局,2017,第110页。
② 曲金良主编《中国海洋文化史长编》(典藏版),中国海洋大学出版社,2017,第1072页。
③ 陶宗仪:《南村辍耕录》卷五《朱张》,王雪玲点校,辽宁教育出版社,1998,第62页。
④ 洪适:《盘洲文集》卷四《招安海贼札子一》,收入《景印文渊阁四库全书》第1158册,台湾商务印书馆,1986,第525页。
⑤ 转引自白明编著《中国对外贸易史·上卷》,中国商务出版社,2015,第80页。

丰厚，实际上非常辛苦。他们百余人甚至数百人聚集在海船中，"舶船深阔各数十丈，商人分占贮货，人得数尺许，下以贮物，夜卧其上。货多陶器，大小相套，无少隙地"①。宋元以后，随着东南沿海民间私人海外贸易的发展，大量的中小海商越来越凸显出他们的重要性。正如葛金芳在评述南宋海商群体时所说，这是一支强力不能压制的求生力量，亦是南宋海外贸易不竭活力的源头之一。南宋海商群体的广泛存在及其作为海外贸易的主导力量这个事实，可以充分说明南宋海外贸易的民营性质，同时亦是南宋时期的江南区域经济一度出现海洋发展路向的确凿史据之一。②

海外来华的商人，唐宋时期称为"番商"。唐代文献《唐国史补》称："南海舶，外国船也。每岁至安南、广州、师子国舶最大，梯上下数丈，皆积宝货。至则本道奏报，郡邑为之喧阗，有番长为之主，领市舶使，籍其各物，纳舶价，禁珍异，番商有以欺诈入牢狱者。"③从唐代海外交往的情况看，这里的"番商"主要指波斯、大食、印度、锡兰以及南海诸国的海商。宋代赵汝适在《诸番志》卷上"志国"中也有提及"番商兴贩""番商转易""番商每抵一聚落"等等。据统计，与宋朝有贸易关系的海外国家共有五六十个，很多国家都有商人来华贸易。其中，商人来华比较多的国家主要有高丽、日本、交趾、占城、三佛齐、大食等。据记载，宋代到中国的番商，以大食国、三佛齐国、阇婆国为多，"今天下沿海州郡，自东北而西南，其行至钦州止矣。沿海州郡，类有市舶。国家绥怀外夷，于泉、广二州置提举市舶司，故凡番商急难之欲赴诉者，必提举司也。岁十月，提举司大设番商而遣之。其来也，当夏至之后，提举司征其商而覆护焉。诸番国之富盛多宝货者，莫如大食国，其次阇婆国，其次三佛齐国，其次乃诸国耳"④。

---

① 朱彧：《萍洲可谈》，李伟国点校，中华书局，2007，第133页。
② 葛金芳、汤文博：《南宋海商群体的构成、规模及其民营性质考述》，《中华文史论丛》2013年第4期。
③ 转引自王孝通：《中国商业史》，东方出版中心，2020，第92页。
④ 周去非：《岭外代答校注》，杨武泉校注，中华书局，1999，第126页。

交阯商人来华贸易主要集中在钦州，占城商人在华贸易被宋政府限于广州一地，但其商人来华者仍然很多。据张祥义先生统计，北宋时占城来宋朝贡共63次，南宋时仅高宗、孝宗两朝有8次。朝贡很多时候是商人为获得优惠的幌子，其实是一种贸易行为。三佛齐商人来华人数尤多，仅在泉州"三佛齐海贾以富豪宅生于泉者，其人以十数"①。真里富商人也常赴宋贸易，其国商人"欲至中国者，自其国故洋，五日抵波斯兰，经真腊、占城等国可到钦廉州"。此外，阇婆、渤泥、注辇等国商人来华贸易之事，史籍中也可稽考，此不赘举。② 总的来说，两宋时期来华贸易的外商数量相当庞大。

泉州是外商的集中居住地之一。林光朝说："东南有海道，所以捍隔诸番，如三佛齐、大食、占城、阇婆等数国，每听其往来，相为互市。遂于岭南之广州、福建之泉州，各置市舶一司。诸番通货，举积于此。"③ 早在唐宋之际，福建部分沿海城市，如泉州等地，已有番商居住。宋代更是有很多人聚集在泉州。"舳舻辐辏，日闻夷俗之归心；宝货云屯，坐见海商之富国"④。"泉之地并海，蛮胡贾人，舶交其中，故货通而民富"⑤。南宋初年，泉州市舶司更加致力于吸引外商，"福建市舶司言：番舶纲首蔡景芳招诱舶货，自建炎元年至绍兴四年，共收息钱九十八万缗。诏补景芳承信郎"⑥。

从太祖开宝元年（968）至孝宗乾道四年（1168）大食来华贸易有史可考者达49次。在华外商中，以阿拉伯商人数量最多，也最引人注目。

---

① 曾枣庄、刘琳主编《全宋文·第二百八册》，上海辞书出版社、安徽教育出版社，2006，第76页。
② 转引自黄纯艳：《宋代来华外商述论》，《云南社会科学》1997年第4期。
③ 杨士奇：《历代名臣奏议》卷三四九《四裔·林光朝》，台湾学生书局，1985，第4549页。
④ 陈渊：《默堂集》卷一一《贺张市舶再任》，收入《景印文渊阁四库全书》第1139册，台湾商务印书馆，1986，第355页。
⑤ 张纲：《华阳集》卷一《连南夫知泉州》，收入《景印文渊阁四库全书》第1131册，台湾商务印书馆，1986，第8页。
⑥ 李心传：《建炎以来系年要录》，中华书局，1988，第1743页。

聂德宁统计了《宋史》等典籍中有姓名可考的大食海商共9人,具体为蒲啰辛、辛甲陁罗、施那帏、蒲押陁黎、陁婆离、李亚勿、蒲加心、蒲亚里、蒲希密等。① 在泉州和广州的番坊里有很多蒲姓外商,"蒲"是阿拉伯民族姓氏"阿卜"的汉译,这类外商绝大多数来自大食。例如广州的大食国商人,"番人衣装与华异,饮食与华同。或云其先波巡尝事瞿昙氏,受戒勿食猪肉,至今番人但不食猪肉而已。又曰汝必欲食,当自杀自食,意谓使其割己肉自啖,至今番人非手刃六畜则不食,若鱼鳖则不问生死皆食。其人手指皆带宝石,嵌以金锡,视其贫富,谓之指环子,交阯人尤重之。"② 泉州大食国商人也很多,由于他们多信奉伊斯兰教,泉州还专门修建了清真寺。泉州现存最早清真寺始建于宋真宗大中祥符二年至三年之间(1009—1010),其名为圣友寺。

在华阿拉伯商人资金雄厚,在宋代海外贸易中占有重要的地位。大食商人蒲罗辛一次贩到的乳香价值达30万贯。外商蒲亚里贩到的象牙、犀角等商品总价值之大,使广州市舶司所储本钱都不够博买。绍兴二十六年(1156),三佛齐商人蒲晋携带的商品中乳香就有8万斤、胡椒万斤、象牙40斛,名香宝器甚众。蒲姓外商在泉州结成大海商集团,资财冠于诸商。《桐江集》卷六记载:"泉之诸蒲为贩作三十年,岁一千万而五其息。"③

大食国商人辛毗陁罗,最初是作为贡使来到中国,后被授予广州番坊的番长。宋神宗熙宁五年(1072)四月五日,"大食勿巡国遣使辛毗陁罗,奉表贡真珠、通犀、龙脑、乳香、珊瑚笔格、琉璃水精器、龙涎香、蔷薇水、五味子、千年枣、猛火油、白鹦鹉、越诺布、花蕊布、兜罗绵毯、锦襈、番花箪"④。六月二十一日诏令:"大食勿巡国进奉使辛押(毗)陁罗辞归番,特赐白马一匹,鞍辔一副,所乞统察番长司公

---

① 聂德宁:《〈诸番志〉中的"番商"与"舶商"辨析》,《海交史研究》1987年第2期。
② 朱彧:《萍洲可谈》,李伟国点校,中华书局,2007,第134—135页。
③ 转引自黄纯艳:《宋代来华外商述论》,《云南社会科学》1997年第4期。
④ 徐松辑《宋会要辑稿》,番夷七之三二,中华书局,1957,第7855页。

事,令广州相度其进助修广州城钱银,不许。"①

辛毗陁罗在广州期间,最为后世称道的业绩便是设立番学。为外族立学,是宋代教育事业的创举,对当时以及后世的中外文化交流产生了深远影响。创立番学之时,辛毗陁罗"亦捐资以完斋宇,复售田以增多之……且愿置别舍,以来番俗子弟,群处讲学,庶太平德泽无远迩之限也"②。从海外进口的各类香药,必须经过一定的程序加工后才能使用,宋代广州甚至出现了专门的"和香人"行当。辛毗陁罗创立了当时和香的规范方法,称"辛押(毗)陁罗亚悉香",其具体组成为:沉香(五两)、兜娄香(五两)、檀香(三两)、甲香(三两,制)、丁香(半两)、大石苈(半两)、降真香(半两)、安息香(三钱)、米脑(二钱白者)、麝香(二钱)、鉴临(二钱另研,详或异名),上为细末,以蔷薇水、苏合油和剂,作丸或饼,热之。此方以植物香为主,动物香微量。主剂用香十一种,和剂用香两种,剂型为丸或饼。按其基本成分而言,应属海药本草之列。③ 辛毗陁罗在广州数十年,积累了巨量的财富,致力于中外贸易,在当时具有比较大的影响,宋政府特地授予他"归德将军"的散官头衔。

中外海商的商业活动,对宋元时期中外政治、经济、文化交流产生了重大而深远的影响。

首先,中外海商促进了宋元时期的中外经济交流和商品流通。中外海商通过市舶司贸易、朝贡贸易和民间私人贸易,使双方所需的商品互通有无,大大促进了中外经济交流。中国海商对外输出的商品主要是绫罗绸缎、青布、花布、青铜、铁器、纸扎、牙梳、瓷器、文具、书籍、茶叶、金银首饰、糖果、草席、凉伞、绢扇、酒、米、食盐、青盘、花碗等等,来华外商主要输入白金、铜、锡铅、象牙、翠毛、犀角、沙金、硫黄、铜器、刀剑、人参、水银、麝香、肉桂、槟榔、香料、孔雀、鹦鹉、黄蜡、苏木、大枫子、降真香、玳瑁等等。就进口商品而

---

① 徐松辑《宋会要辑稿》,番夷四之九二,中华书局,1957,第7759页。
②《永乐大典方志辑佚》,马蓉等点校,中华书局,2004,第2457页。
③ 蔡鸿生:《宋代广州番长辛押陁罗事迹》,《澳门理工学报》2011年第4期。

言,象牙、犀角、翠毛、鹦鹉等珍奇异品满足了皇宫和社会上层的需求,各种香料、药材、日常用品和军需用品则对普通大众的生产生活,以及国家社会、经济、军事等方面的发展发挥了重要的作用。就出口商品而言,各种手工业制品、金属制品、工艺品和农副产品对所在国的经济社会和民众的日常生活也非常重要。宋商到达渤泥国,"其王与眷属率大人到船问劳,船人用锦借跳板迎,肃款以酒醴"①,这充分说明海商受到所在国的欢迎。

美国历史学家斯塔夫里阿诺斯说:"宋朝时期,中国人首次大规模从事海外贸易,不再主要依靠外国中间商。"② 不仅如此,宋代海商还成为新的中间商,通过远洋贸易,将西太平洋和印度洋国家的各种物品输送到东北亚地区,销往日本的有沉香、丁香、麝香等香药,鹦鹉、孔雀等鸟兽,销往高丽的有香药、沉香、犀角、象牙等。随着宋元海商在海外的影响不断扩大,很多人成为批发商,直接将各种商品批发给所在国的贸易商转手销售,每当宋商抵达后,"蛮贾丛至,随长大簸篱搬运货物而去""蛮贾乃以其货转入他岛贸易"。在一些南海国家,宋元商人流行"住冬",在当地购买苏木、白锡、木香等,次年利用季风顺洋流贩卖到阿拉伯地区,并通过阿拉伯人将这些货物销售到大西洋沿岸国家,实现了全球范围内的商品流通。

其次,中外海商在贸易过程中,充当了宋元政府与海外各国政府之间的使者,促进了中外关系的发展。与历代政府一样,宋元时期同样注重朝贡贸易,发展同各国的朝贡关系,朝贡使团本身就是受所在国国王派遣来到中国。使团到达中国后,必须携带国王授权的"贡表",其本身就是沟通双方关系的使者。在宋元政府的回赐中,均通过使团回赐给该国国王大量物品,以嘉奖其朝贡行为。中国海商在海外贸易中,同样承担了类似的功能。熙宁八年(1075),宋欲联占城攻交阯,曾"募海商

---

① 转引自方豪:《中西交通史(上册)》,商务印书馆,2021,第299页。
② 斯塔夫里阿诺斯:《全球通史:从史前史到21世纪》(上册),吴象婴等译,北京大学出版社,2006,第261页。

三五人,作经略司委曲说谕彼君长"①。政府派遣使者出访,海商不辞辛苦,主动为其提供各种消息,"福建、两浙有旧贩高丽海商,知朝廷遣使,争谋以轻舟驰报"②。一些海商经常主动承担为双方传送公文的任务。宋高宗即位后,即通过宋商蔡世章把即位诏书送到高丽,密州人平简因多次往返高丽传送公文还被授予"三班差使"。商人孙忠至少四次传送日宋间的牒文。在促进中外关系发展上,海商黄真等人协助宋朝和高丽恢复了中断40余年的外交关系最为典型。黄真原为福建商人,长期往返于高丽航线贸易。熙宁元年(1068),南宋政府派遣黄真去高丽,表达希望双方恢复外交关系的意思,而当时高丽王朝正有此意,双方一拍即合,经过黄真数次往返其间,宋朝和高丽重新恢复了外交关系。

再次,宋元时期海商贸易促进了中外文化的交流。宋元时期,商贸往来成为中外文化交流的重要载体,中医、武术、手工业技术、茶文化、食文化、儒家文化等通过海商广为传播。两宋之间,通过朝贡贸易和民间贸易,《黄帝八十一难经》《伤寒论》《肘后方》《川玉集》《巢氏病源》《张仲景五脏论》《小儿药证病源》《太平圣惠方》《素问》《针灸甲乙经》《明堂经》《脉经》《神农本草经》等中医典籍先后传播到高丽和日本,对当时两国的医学发展起到重要的推动作用。在茶叶贸易的推动下,宋元时期的茶文化在南洋各国非常流行。同样,食文化也广为外传。考古学证据显示,早期中国到菲律宾的狩猎者,已经与当地人发生了深远的饮食文化交流,中国饮食文化对菲律宾本土餐饮带来了深远的影响。正如费尔南德斯所言,菲律宾食物景观的基础是来自陆地、海洋和天空,并使用简单方法加以烹制的本地食物。这些当地食物受到外来影响,而最早进入的外来影响,是由中国商人带来的中国饮食。据历史学家考证,从10世纪起中国商人在菲律宾一直从事贸易活动。③ 中国社会非常热衷于从来华外商那里探听未知的世界,尤其是大

---

① 李焘:《续资治通鉴长编》卷二七一,中华书局,2004,第6651页。
② 同上书,第7076页。
③ 参见施吟青:《华人饮食在菲律宾的涵化与本土化》,载陈志明主编《东南亚的华人饮食与全球化》,厦门大学出版社,2017,第153—174页。

量阿拉伯人在中国定居以后，大大促进了伊斯兰文明在中国的传播。至今，福建泉州还保存着相当多的宋元时期伊斯兰教遗址，便是有力的证明。

二、瓷器贸易与宋元时期中国陶瓷文化在海外的传播

在宋元时期的海外贸易中，瓷器是中国出口范围最广、数量最多、质量最高的商品，在当时中国航船能够到达的范围内，都可以看到中国瓷器的身影。一些和中国无直接通商关系的国家，瓷器也经中转贸易为这些国家所熟悉。

在亚洲中华文化圈，中国的瓷器大量输入朝鲜半岛、日本和越南。宋初从中国到朝鲜半岛的路线主要三条，其中陆路一条，从辽东通过鸭绿江南下；海路两条，一条从山东半岛渡海到开城，一条从宁波出发渡海前往。陆路和山东半岛的路线主要是运输北方河南、河北等地，如定窑、耀州窑、磁州窑的瓷器；宁波的海路则输送越窑、景德镇窑、龙泉窑、建窑的产品。后来随着北方辽国的兴起，宋朝与高丽的陆路和北方海路交通逐渐断绝，两国之间只能依赖南方海道。淳化三年（992），北宋政府将两浙市舶司由杭州迁到明州。熙宁七年（1074），高丽"遣其臣金良鉴来言，欲远契丹，乞改涂由明州诣阙"①，得到宋政府的同意。至此，明州成为宋朝和高丽王朝官方往来和贸易的唯一港口。在官方的朝贡贸易中，高丽向宋朝贡献方物，而宋朝则赏赐给高丽礼品。宋神宗元丰元年（1078），安焘出使高丽，携带的赏赐物品中，即有瓷盆十个、盖碗十副等。在民间贸易方面，瓷器也是当时明州运输到高丽的主要商品之一。

韩国首尔国立中央博物馆保存部分出土的宋代中国瓷器，基本上可以反映出宋朝和朝鲜半岛的瓷器交流情况。朝鲜出土的青瓷，主要是北宋初期越窑的产品，其中一款青瓷唾盂的盂腹所饰莲瓣纹与现藏苏州博物馆961年重修苏州虎丘塔时贡纳的青瓷莲瓣纹碗托相似，碗形口沿饰

---

① 脱脱等：《宋史》卷四八七《外国传·高丽》，中华书局，1985，第14046页。

以莲花和花叶组成的线刻卷草纹和莲瓣纹，是10世纪越窑鼎盛期的器物纹饰特征。这一时期唾盂的出土不多，因而这件青瓷盂的造型、纹饰可以说是当时整个越窑青瓷的代表。关于白瓷，主要是由河北定窑输送到朝鲜半岛，其中数量较多的是白瓷钵及其同类产品。白瓷钵的口缘部饰以五朵五圈花纹，这种奇数团花以及牡丹卷草纹，是定窑纹样中常见的在刻线内侧再加一条复线的手法。① 此外，磁州窑的白地黑彩瓶，江西吉州窑的黑釉瓷碗，耀州窑、临汝窑、龙泉窑的青釉瓷器，景德镇窑的青白瓷等在朝鲜半岛各地的考古发掘中也时有发现。其中，以景德镇窑的青白瓷最为常见。

中国瓷器通过各种途径传入朝鲜半岛的过程，也是中国制瓷技术在当地传播的过程。正是在中国的影响下，朝鲜半岛研制出本土青瓷，并在此基础上开发了青花瓷产品。朝鲜半岛的制瓷技术最初来源于浙江越窑已经是学界的共识，但越窑的技术是通过何种途径传播到朝鲜半岛的，仍有不同的意见。然而，由于史料记载的缺乏和考古文物的不确定性，制瓷技术传入朝鲜半岛的具体时间无法确定，但高丽王朝青瓷技术的获得和日渐发展，是一个渐进的过程。这一过程是中国和朝鲜半岛人民共同推进的结果。从考古发掘分析，越窑制瓷技术很可能是在10世纪前中期即五代时期传入朝鲜半岛的。

北宋宣和年间徐兢随使出访高丽，回国后撰写《宣和奉使高丽图经》，其中涉及高丽人的日常饮食器具。这些瓷器以青瓷为主，完全模仿了越窑的风格。"燕饮之礼，供张帟幕之属，悉皆光丽……器皿多以涂金，而或以银，而以青陶器为贵"。② 高丽器皿"观其制作，古朴颇可爱。尚至于他饮食器，亦往往有尊、彝、簠、簋之状。而燕饮陈设……仿佛三代遗风也""盘盏之制，皆似中国"③。高丽"迩来颇喜饮茶，益治茶具，金花乌盏，翡色小瓯，银炉汤鼎，皆窃效中国制度"④。"陶器

---

① 中泽富士雄：《朝鲜半岛出土的宋代瓷器》，晏新志译，《文博》2000年第5期。
② 徐兢：《宣和奉使高丽图经》卷二六，清《知不足斋丛书》本。
③ 徐兢：《宣和奉使高丽图经》卷三〇，清《知不足斋丛书》本。
④ 徐兢：《宣和奉使高丽图经》卷三二，清《知不足斋丛书》本。

色之青者，丽人谓之翡色。近年已来制作工巧，色泽尤佳。酒尊之状如瓜，上有小盖，而为荷花伏鸭之形。复能作碗、碟、杯、瓯、花瓶、汤盏，皆窃仿定器制度"。① 陶炉"狻猊出香亦翡色也。上有蹲兽，下有仰莲以承之。诸器惟此物最精绝。其余则越州古秘色，汝州新窑器，大概相类"②。从这里看，高丽烧制的青瓷瓷器种类和精致程度已经大大提高，瓷器的基本特征也大致与越窑相仿。在中国的影响下，朝鲜半岛的瓷器生产逐渐由青瓷过渡到青花瓷。高丽后期，朝鲜半岛的青瓷生产进入衰退期，粉青沙瓷、白瓷陆续出现，明显受到宋末和元代瓷器的影响。

宋朝和日本的贸易，尤其是南宋与日本的贸易，主要通过宁波港和温州港前往日本的博多、大轮田泊、肥前、越前等港口。从日本出土的中国陶瓷看，宋元时期也是中日陶瓷贸易比较兴盛的时期。目前日本出土的中国瓷器能够确定年代的大概为总数的70%，宋代时期的陶瓷占到确定年代总量的75%。从出土范围看，日本各地都出土了数量不一的中国宋元陶瓷，说明此时从中国输入日本的陶瓷非常普遍。

这一时期中国陶瓷在日本出土地点的分布极为广泛，北起东北列岛，南到冲绳群岛，各地的遗址都有发现。发掘这一时期港口遗址、豪族城址和住宅遗址、寺院遗址、祭祀遗址等，几乎都曾发现中国陶瓷。尤其是当时政治与商业中心京都、广岛福山、九州福冈均有集中的发现。考古发掘中，在镰仓海岸采集到的青瓷碎片总数达四五十万片，几乎全是日本视为最珍贵的浙江龙泉窑青瓷以及福建同安窑的青瓷和青白瓷。这些瓷器的来源比较多元，基本上涵盖了龙泉窑系、同安窑系的青瓷，景德镇和江南地区民窑的白瓷，福建、广东等民窑烧制的铁釉陶器、彩釉陶器和黑釉陶瓷等中国主流瓷器。日本一般把施有黑釉的中国瓷器通称为"天目"，其名称的由来，据说是入宋留学的日本禅僧在浙江天目山修业，归国时曾从天目山携带回去黑釉茶碗，故有"天目"之称。实际上所谓"天目"瓷器，是福建建阳窑、晋江磁灶窑和江西吉州

---

① 徐兢:《宣和奉使高丽图经》卷三二，清《知不足斋丛书》本。
② 同上。

窑的产品。日本九州大学收藏有一件日本出土的宋代黑釉茶碗,底部墨书"张纲"两字。宋代从事海外贸易舶船的船长叫作"纲首",又叫"都纲"。这件写有"张纲"铭款的黑釉茶碗,可能就是姓张的中国船长所用的碗。① 出土陶瓷中,主要包括碗、盆、盒子、经筒、壶、水注、水滴等,种类还是相当丰富的。其中,常见的碗类特征是圆唇带圈足和口沿外折、圈足较高,壶类多为能注水的四耳壶。

中国陶瓷对日本陶瓷生产和陶瓷文化产生了深远的影响。早在奈良时代,受唐三彩的启发,日本模仿烧制出绿、黄、褐色相结合的奈良三彩。目前存世的器物包括罐、瓶、钵、碗、盘等。中国五代以后随着越窑青瓷传入日本,日本社会转而模仿越窑的青釉瓷器。宋代日本陶艺家加藤四郎左卫门在我国浙江学习五年陶艺,回国后在京都、知多、爱知等地开窑未成,后来在山田郡濑户村发现优质泥土及丰富的薪料,于是开窑烧造,终于获得成功。其作品上刻有"藤四郎烧"闻名全日本,被称为"濑户烧"。传世的日本仿中国瓷器有仿龙泉出戟三足炉、仿影青刻花瓶、仿浙江青釉划花瓶等。

宋元时期,中国外销瓷主要通过两国之间的朝贡贸易输入越南。北宋开宝元年(968),交阯向北宋朝廷遣使进贡,和宋朝初步建立起宗藩关系。整个宋朝,交阯和宋朝的朝贡贸易络绎不绝,最密集时每年一次,是东南亚诸国和宋朝朝贡贸易最为频繁的国家之一。交阯进贡主要由陆路,通过广西的钦州和邕州,由当地使节迎接送入京城。交阯进贡的物品主要是土特产和手工艺品,包括象牙、犀角、金银器、纱罗、桂皮、白蜡和其他香料,还有一些大型动物如象、驯犀等。宋朝回赐的物品多是交阯人民生活必需品,如草药、瓷器、锦绢、书籍等,价值和数量往往是其进贡的好几倍。瓷器多是其中的赏赐品,时人称交阯贡使"擎负贡物者固无几,而皆为使者负贩至都"②。可见宋朝与交阯之间是名副其实的朝贡贸易。因陆地接壤,宋朝和交阯之间在边防军事管理下开展边境互市。前来贸易的有交阯官府组织的谓之"大纲"的贸易团

---

① 陈文平:《宋代对日陶瓷贸易试探》,《上海大学学报》2000年第1期。
② 周去非:《岭外代答校注》,杨武泉校注,中华书局,1999,第59页。

队,也有谓之"小纲"的其国富商,同时还有小商小贩。宋朝周去非的《岭外代答》中所记《邕州永平寨博易场》《钦州博易场》描绘了宋朝与交阯商人在博易场进行贸易的盛况,"凡交阯生生之具,悉仰于钦,舟楫来往不绝也"①。占城与宋朝边境不接壤,便通过对外港口,如广州、泉州等,与宋朝进行市舶贸易。"(开宝)四年,置市舶司于广州,后又于杭、明州置司。凡大食、古逻、阇婆、占城、勃泥、麻逸、三佛齐诸番并通货易。以金银、缗钱、铅锡、杂色帛、瓷器,市香药、犀象……苏木等物。"② 在宋代基础上,元代继续维持与交阯的朝贡贸易,并在杭、明、广、泉等地设置市舶司管理对外贸易。由于元代青花瓷烧制成功,遂成为中越贸易中较重要的流通商品之一。

9世纪之前,越南处于中国管辖下,制瓷业就一直处于模仿中国的状态。9世纪后,中国瓷器开始大量向海外输出,越南在引进中国陶瓷的同时,也尝试自己生产瓷器。由于技术不够成熟,仍以模仿宋瓷器物为主,器型以钵、碗为主,内壁绘有花纹,外身雕以莲纹,胎土较细,具有典型的唐宋瓷特点。13世纪以后,受中国陶瓷大量输入的刺激,越南各朝都曾派出工匠至景德镇学习青花烧制技术③,不断研习制釉、彩绘等技术。越南生产出的青花、五彩为装饰的陶瓷制品,与中国青花瓷具有极高的相似度。

考古发现证明,宋元时期,中国瓷器已经大量进入非洲。埃及,因其地处欧亚非三大洲交界处,位于交通要道,成为北非地区发现中国瓷器文物最早、最丰富的国家。位于埃及开罗南部的福斯塔特遗址是世界上出土中国瓷器最多的地方之一。福斯塔特是埃及古城,始建于公元7世纪,在开罗成为商业中心前一直是埃及的经济、商业中心,成为考古学界关注的重点区域。自20世纪起,来自英、法、美、日等国的考古学家陆续在这里开展发掘工作,迄今共发掘出两万余件中国瓷器碎片。这

---

① 周去非:《岭外代答》卷五,清《知不足斋丛书》本。
② 脱脱等:《宋史》卷一八六《食货下八·互市舶法》,中华书局,1985,第4558页。
③ 郭振铎、张笑梅主编《越南通史》,中国人民大学出版社,2001,第360页。

233

些中国陶瓷的质量几乎都非常优良……自唐末至五代大量生产出口的越窑瓷、黄褐釉瓷器等，碗的里面饰以花纹，即葵花瓣纹，有时还有很少的镂空制品，是挂有柔和雅致的青绿色釉的精品……这里出土的元代青花瓷，在景德镇烧制的洁白素地的瓷器上，用鲜艳的钴蓝描绘出花纹、兽纹或风景、人物等的青花瓷……这种非常优秀的元代青花瓷片，从福斯塔特遗址中发现了几百片。虽说这些只是碎片，但对于研究元代的青花瓷却是非常珍贵的资料。①

在开罗东郊著名的阿斯巴尔清真寺附近，有座人造山丘，上面"散布着大量优质的中国陶瓷片。其中，有大量的南宋、元、明时代的龙泉青瓷，南宋、元、明时代的景德镇青白瓷；元、明、清时代的青花瓷；明清时代的五彩等，真像是被捣毁了的富豪住宅区的废土。如果这个山丘到处都是这样，那么运到开罗的中国陶瓷的数量就更是惊人了，可能当时在开罗的每个家庭都使用着优质的中国陶瓷器吧"②。地中海之滨的古城也是埃及繁荣的海口城市，在对其进行的考古发掘中，发现了一些是12世纪至14世纪南宋至元代的瓷器，可能是富人们装饰居室之用。

北非的苏丹也是发现众多中国瓷器的国家。其境内的埃得哈布港，是古代亚非海上贸易的重要中转站，从东方印度开往非洲甚至欧洲的船只都在这里停泊。中国的瓷器正是往来商船装载的重要货物之一。埃得哈布港沿红海沿岸，绵延约两公里，到处散布着包括自唐宋至元明清等中国各朝的陶瓷碎片："龙泉窑贴花双鱼盘，灰绿色釉，内底边缘划有两道阴弘纹，中间有贴花双鱼"，是南宋烧制；"印有八思巴文的翠青釉青瓷片"，是元代龙泉窑产品；"青花碗残片，胎白色，略厚有细少粒，釉较厚，浅青白色，底足无釉呈浅棕色。器内饰莲花和莲叶，色青灰，有的地方色较深"，是元代晚期的产品；"青花小碗，饰缠枝花卉"，似是明永乐时期出产。这些中国陶瓷是在相隔海陆约一万五千公里的遥远的东亚制造，靠巨大的船舶和骆驼的脊背，长途跋涉运到这里。因此，这

---

① 三上次男：《陶瓷之路》，文物出版社，1984年，第15—16页。
② 同上书，第22页。

是一条充满艰辛的陶瓷贸易之路。

东非因其靠近亚丁湾、阿拉伯海和印度洋，有许多天然的海港，是古代商船经常停靠的港湾。东非地区的坦桑尼亚、肯尼亚、索马里、埃塞俄比亚等国家是中国瓷器遗址比较集中的国家。特别是坦桑尼亚，古瓷遗址遍及从北至南的整个海岸线，附近海域的奔巴岛、桑给巴尔岛、马菲亚岛和基尔瓦岛等也发掘有中国古瓷碎器碎片。坦桑尼亚出土的中国瓷器，其年代从12世纪持续至19世纪中期，瓷器种类包括青瓷、青花瓷、青白瓷等众多品种。1950年，英国人哲佛斯·马修对坦噶尼喀南部海域中的群岛考察时曾说道："能够鉴别出一些几乎可以肯定是来自暹罗的带釉瓷缸，和大量的中国瓷器……这些瓷器的年代从宋末到明初"①。1955年，英国人摩蒂默·韦勒在考察坦噶尼喀后也曾说："我生平从来未像过去两周在这里的沿海和基尔瓦岛一样，看到过如此众多的瓷器碎片。确切地讲，中国瓷器的碎片可以整铲整铲地铲起来……事实上我认为，如果说就10世纪以后的中世纪而论，坦噶尼喀被埋藏的历史是写在中国瓷器上的话，是合理的。"②

坦桑尼亚的基尔瓦岛不仅是坦桑尼亚，也是整个非洲出土中国瓷器最多的地方。基尔瓦岛是一座历史悠久的古城，西距非洲大陆海岸约1公里，13至14世纪之间曾是东非十分繁荣的商业中心。1958年至1965年间，英国考古学家奇蒂文在对基尔瓦城废墟发掘后写道："据访问过东非、看过这个（基尔瓦）遗址的美国弗里尔美术馆的约翰·波普说，这里其中既有10世纪唐末宋初的越窑瓷，也有白瓷碗；既有数目居多的14至15世纪初的青瓷，也有14世纪前、中期（元代）的凤凰卷草纹的青花瓷器。其中，还有元代的胎地刻花白瓷，所谓枢府窑的制品等，真是丰富多彩。"③

中国瓷器的大量输入对非洲本地的陶瓷业也起到了一定的促进作

---

① 戴维逊：《古老非洲的再发现》，屠信译，生活·读书·新知三联书店，1973，第261页。

② 同上书，第221页。

③ 三上次男：《陶瓷之路》，文物出版社，1984，第32页。

用。北非的埃及有悠久的制陶传统，中国瓷器大量输入后，其精美的图案、独特的造型很快吸引了当地的工匠，再加上流入非洲的中国瓷器比较昂贵，一般中下层人民无力购买，仿制中国瓷器成为非洲人民获得瓷器的一个有效方式。福斯塔特是当时埃及制陶中心，也是中国瓷器仿制中心。最初他们模仿唐三彩、青瓷，后来主要仿制元明时期的青花瓷。埃及设有模仿中国瓷器的专门作坊，采取父子相传的方式生产。埃及对中国瓷器的仿制仅限造型和纹样，器身多留有工匠落款，瓷胎也只使用埃及当地的陶土。

中国是世界上最早烧制出瓷器的国家，也是陶瓷烧制种类最多、技术最高的国家。在中外文化交流过程中，陶瓷是最重要的出口商品之一，也是外部世界认知中国文化的重要媒介。流传到海外的瓷器是中外经济文化交流的历史见证。与中国毗邻的朝鲜半岛和日本，至今已经发现为数不少的六朝时期的瓷器。唐朝以后，中国瓷器大量传入朝鲜半岛和日本。从目前两地出土的中国瓷器看，几乎囊括中国各个历史时期不同地区瓷窑生产的所有品类，有力证明了自古以来中国和朝鲜半岛、日本保持着密切的经济文化交流。受中原地区制陶技术传播的影响，后汉时期越南就能够制作灰釉陶瓷。越南汉墓出土的壶、鼎、甑、盆、碗、杯、匙、盘等物品，同中国汉墓出土的陶器几乎一样。在东南亚其他国家，如菲律宾、泰国、马来西亚等，都出土了大量汉代以来的瓷器。在非洲的北部、东部以及中南部，即沿波斯湾和印度洋海岸的许多国家，发掘出土了数量众多的中国瓷器，所涉中国朝代从唐宋至明清，种类包括青瓷、白瓷、青花瓷、五彩瓷等，器型有盘、碗、杯、盏、罐等，说明自唐以来至清代中期的近千年间，中国主要瓷窑所生产的瓷器绝大部分在非洲都有流传。中国和非洲尽管距离遥远，但往来非常密切。

中国瓷器技术长期居于世界领先地位，引发了世界各国竞相仿制，并进而引领世界范围内的陶瓷技术革命。中国的唐三彩流传到海外后，先后出现了日本奈良三彩、新罗三彩、埃及三彩。越窑的青瓷传播到日本和朝鲜半岛，在当地先后出现高丽秘色和日本青瓷。至于青花瓷的仿制，则出现伊朗青花瓷、土耳其青花瓷、越南青花瓷、泰国青花瓷、朝鲜青花瓷、日本青花瓷和欧洲青花瓷多种仿制品。随着烧制技术的进步，这些仿制品制作越来越精美，很多国家在仿制的基础上逐渐制造出具有本国特色的瓷器，甚至在技术上有新的发展和进步。明清以后，中国瓷器大量出口欧洲。为满足欧洲人的需求，中国先后引进欧洲的珐琅彩和西洋画法，将西方客户提供的铜版画或其他设计图样复制到瓷器上。在加工和制造定制瓷器的过程中，工匠们不断反复试验，结合中国瓷器生产技术，逐渐将西方珐琅彩改进为具有中国本土特色的粉彩，并成功运用于外销瓷的图案绘制，带动了中国瓷器技术的革新，在中西方瓷器交流史上留下了浓墨重彩的一笔。

三、香料贸易对宋元时期中国社会的影响

宋元时期，中国进口的海外商品中，各种香料毫无疑问位居第一。日本学者土肥祐子参考《宋会要辑稿》职官四四"市舶"条以及东洋文库藏藤田丰八手抄《宋会要辑稿》食货三八"市舶"条将其中记载进入中国的舶货货物全部抽取出来，并按内容加以分类，做成分类表，逐次加以分析，考察这些输入品的特征，进而考察当时海外贸易的特点。统计结果表明，所有物品总计超过 600 种，除去重复的共有 445 种。这 445 种输入品可分为植物、动物和矿物。其中，植物类 352 种占 80%，动物类 51 种占 11%，矿物类 42 种占 9%。将占总数 80% 的 352 种植物再加以细分，香料（含药用香药）占 73%（258 种），其次是布匹为 12%（41 种），香辛料占 10%（35 种），木材 6%（21 种）。[①] 如果将香料和用于调味的香辛料合并，则香料总量达到 83%。进口的香料最多，显然意味着中国社会对此有着广泛的需求。

从具体口岸来看，香料同样是大宗进口商品。以泉州为例，北宋初年，泉州进口的香料约 44 种，南宋绍兴三年（1133）进口香料高达 200 种以上。北宋哲宗绍圣二年（1095），永春知县江公望对刺桐港进

---

① 土肥祐子：《试论宋代的舶货》，《国际社会科学杂志（中文版）》2014 年第 2 期。

口香料有生动的描述：珍珠、玳瑁、犀象齿角、丹砂、水银、沉檀等香，稀奇难得之宝，其至如委。建炎四年（1130），泉州抽买乳香13等，86780多斤。绍兴二十五年（1155）占城进奉到泉州香料包括沉香390斤、附子沉香150斤、上笺香3690斤、中笺香120斤、笺香头块480斤、笺香头239斤，上速香3450斤，中速香1440斤，象牙168株，澳香300斤，玳瑁60斤，暂香120斤，细割香180斤，乌里香55020斤。元代运抵泉州的胡椒数量非常可观，但运往亚历山大供应西方世界各地需要的胡椒，就相形见绌，恐怕不过它的百分之一吧。1974年泉州湾出土宋代海船遗物中，香料药物有降真香、沉香、檀香、乳香、龙涎、玳瑁、胡椒、槟榔等，占出土遗物总数的绝大多数，未经脱水时其重量达4700多市斤。① 宋元时期的香料贸易，对当时泉州的社会经济和文化生活产生了深远的影响。"泉南佛国天下少，满城香气楠檀绕"，香料风靡泉州城。

海外香料大量进入中国，引发了当时人们对于异域的想象。宋元时期，中外交往空前繁荣，大量海外进口商品进入普通人的日常生产生活，域外"诸色番夷"不断来华并定居在中国，日益增多未曾见过的物和人引发了当时人们了解外部世界的欲望和兴趣。在当时中国人对异域的想象中，香料占有重要的地位。香料之族，最为名贵者当属龙涎香，龙涎香是抹香鲸的肠分泌物。抹香鲸体形硕大，能喷水柱，潜水能力极强，可深潜2200米且潜水时间长达2小时。这些特征与中国神话传说中"龙"的描述极其相似，故抹香鲸被认为是"龙"，而抹香鲸体内所产之香被认为是"龙"的涎沫，故将其称为"龙涎香"。② 由于龙涎香获取非常困难，价格也十分昂贵，"广州市直，每两不下百千，次等亦五、六十千"。③ 昂贵的价格，特殊的用途，加之"龙"在中国文化中的神秘性和超自然力量，都使得人们对龙涎香及其产地和生产方式产生了浓厚的

---

① 李玉昆：《宋元时期泉州的香料贸易》，《海交史研究》1998年第1期。
② 张锦鹏：《闻香识人：宋人对进口香药的利用与他者想象》，《福建师范大学学报》2020年第1期。
③ 张世南：《游宦纪闻》，张茂鹏点校，中华书局，1981，第61页。

兴趣，遂将中国有关"龙"的观念移植到海外。大食国龙涎香，赵汝适的《诸番志》认为"大食西海多龙"，即此龙为"海中之龙"，张世南的《游宦纪闻》认为大食国"近海傍常有云气罩山间，即知有龙睡其下"①，即此龙为"山中之龙"。关于该香的来源，二者都认为系龙睡觉时流的口水。无论是赵汝适还是张世南，都没有海外旅游的经历，上述信息可能来自中外海商的道听途说，而后他们加以中国式的想象，建构龙涎香及其出产地的形象，并对后世的认知产生了深远的影响。

香料在皇室、政府的官方活动和社会各阶层的日常生产生活中，都有广泛的应用。所谓"国之大事，在祀与戎"，古人将祭祀与战争并列，祭祀在中国古代国家政治生活中占有重要的地位。宋代每三年举行一次南北郊祀大礼，南郊祭祀用沉香，本天之质，阳所宜也；北郊祭祀用上和香，以地丁人亲，宜加杂馥。宋真宗大中祥符初年，在泰山举行封禅大典，道场科醮日夜无虚，焚香礼颂通宵达旦，所用之香以沉香、乳香为本，并以龙脑掺和其中。太庙岁五享，宗室诸王行事；朔祭而月荐新，则太常卿行事。在太庙祭祀中，则多用降真香，且须皇帝亲自封合。此外，在朝堂办公、祈雨祈福祈晴、朝廷宴饮、皇帝赏赐等政务性活动中，都要用到一定的香料。元代皇帝的日常生活也离不开香料。延祐年间，元仁宗患病，太子硕德八剌非常忧虑，其做法便是日夜焚香祈祷。在公务活动中使用香料所形成的制度性规定，如不同级别的祭祀使用不同等级的香料，皇帝根据臣属的官品高低赐给数量不等、级别不等的香料，使得香料逐渐超越其自身的价值功能，成为区分社会地位和等级身份的标志，形成具有阶层差异的用香文化，进而引发了社会各界对高品质香料的追捧和迷恋。

宋元时期，在士大夫阶层，使用香料成为一种社会时尚。无论是官方还是私人，每逢举行盛大的宴会必有香料，"会公宴，香药别桌为盛礼，私家亦用之"。各种香料芬芳宜人，其燃烧的烟雾可消除居室的污秽之气，美化居住环境，焚香薰衣成为文人士大夫的精致雅好。赵鼎焚香非常讲究，"堂之四隅，各设大炉，为异香数种。每坐堂上，则四炉

---

① 张世南：《游宦纪闻》，张茂鹏点校，中华书局，1981，第61页。

焚香，烟气氤氲，合于座上，谓之香云"①。姑苏一士人家，"有玉蟾蜍一枚，蟠腹中空，每焚香，置炉边，烟尽归腹中，久之，冉冉复自蟾口喷出"②。在社会上层的日常交往中，焚烧名贵的香料成为招待客人的必备之物，蔡京当权时，"谕女童使焚香，久之不至，坐客皆窃怪之。已而，报云香满，蔡使卷帘，则见香气自他室而出，霭若云雾，蒙蒙满坐，几不相睹，而无烟火之烈。既归，衣冠芳馥，数日不歇"③。我们虽然不清楚这究竟是何种香料，但能够"霭若云雾，蒙蒙满坐，几不相睹，而无烟火之烈"且"衣冠芳馥，数日不歇"，其品质定然极佳。宋元文人的日常生活，可谓达到了"无香不欢"的地步，在饮食、社交、焚香、熏衣、佩香、沐浴、化妆、书写、器具制作、宗教活动等生活诸多方面离不开香料消费，从而表现出其消费的多样性特点。

一般民众使用香料也相当普遍。何辉指出，政府消费在宋代社会总消费中占据重要地位，对民间消费产生巨大的牵制和影响。④ 实际上，对于民间消费来说，起到更大促动的是士大夫消费观的引领作用。与士大夫阶层一样，一般民众同样热衷于制作和使用各种香料食品。蜀人制作香药饼子："蜀人以榲桲切去顶，剜去心，纳檀香、沉香末并麝少许，覆所切之顶，线缚蒸烂，取出，俟冷，研如泥，入脑子少许，和匀作小饼，烧之，香味不减龙涎。"⑤ 在当时的东京，小商贩所卖的饮食果子就有诸般蜜煎香药果子、香药小元、小偷茶、鹏沙元之类。南宋临安有香药韵姜、砌香橄榄香药灌肺、二色灌香藕、薄荷蜜、沉香水、香薷饮等。酒肆中有麝香甘蔗、沉香藕花、麝香豆沙团子、香药木瓜等。民间各种节日庆典，香料也得到广泛的应用。清明节，东京五岳观每岁清明节，放万姓烧香游观。端午节时，南宋杭城人不问大小家焚烧午香一月。七月十五中元节，宋代民间百姓喜欢此日焚香祭鬼。每年的除夕，

---

① 丁傅靖辑《宋人轶事汇编》，中华书局，2003，第782页。
② 张邦基：《墨庄漫录》，中华书局，2002，第40页。
③ 庄绰：《鸡肋编》，中华书局，1983，第110页。
④ 何辉：《宋代消费史：消费与一个王朝的盛衰》，九州出版社，2016，第548页。
⑤ 吴其濬：《植物名实图考长编》，商务印书馆，1959，第936页。

更是使用香料的关键时刻，民间焚香祭祀祖先和诸神。元人描述百姓使用香料的情况云："熏陆番椒各有差，海南方物到贫家。自惭不及前人德，投我琼琚报木瓜。"① 总之，宋元时期，香料在普通民众的饮食、医疗、婚育仪式、宗教活动、节日习俗等日常生活中，成为不可或缺的必需品。

宋元时期进口的香料中，很大部分进入中国传统药学范畴，成为外来药物的重要组成部分，对中药学理论的创新和发展也发挥了重要的作用。

外来香药增加了中国传统本草的新种类。在宋朝政府官修的《开宝本草》《证类本草》《大观本草》《政和本草》等众多本草著作中，外来香药如乳香、龙涎香、珍珠、木香、没药、血竭、阿魏、苏合香、龙脑、沉香、没石子、蔷薇水、番栀子花、肉豆蔻、白豆蔻、安息香、芦荟、椰枣、丁香、无名异等百余种香药均被收录。一些著名的方书，如《苏沈良方》《普济本事方》《济生方》等，也记载了大量的香药。将唐宋两代官修本草进行对比，可以发现宋代本草中增加了莳萝子、红花、艾纳香、草果等外来香药。元代编修的《大元本草》称，"开辟以来，幅员之广，莫若我朝。东极三韩，南尽交趾，药贡不虚岁……西北之药，治疾皆良；而西域医术号精，药产实繁……然则欲广《本草》以尽异方之产，莫若今日也"②。海外各国的药物进入元朝，大大增加了当时的药物种类。更重要的是，宋代大量使用香药后，导致一些进口香药严重不足。中国开始引种栽培部分药物，实现了外来药物在中国的本土化种植。中国药用植物的栽培历史悠久，但在唐代的本草著作中，还很少看到外来药物在中国栽培的记载，绝大多数外来药物都明确标注海外来源地。宋代本草著作中，中国出产外来药物的记载明显增多。也正是从宋代开始，部分进口香药的外来身份逐渐淡化，日趋演变为中国出产的道地药材。

---

① 侯克中：《艮斋诗集》卷十《杨招讨送乳香胡椒答以木瓜煎戏赠》，收入《景印文渊阁四库全书》第1205册，台湾商务印书馆，1986，第502页。

② 李修生主编《全元文》（第38册），凤凰出版社，2004，第101页。

大量外来香药进入中国，宋代医家得以开发出大量含有香药的方剂。付璐等人详细统计了《太平惠民和济局方》中所载使用香药的情况。该书所收录的759首方剂中，含有香药的方剂共563首，占总方数的74.18%；方中含3味及以上香药的方剂共181首，占总方数的23.85%；方中香药味数占方中总药味数量的一半及以上的方剂共52首，占总方数的6.85%。相较于唐代的《备急千金要方》《外台秘要》，《太平惠民和济局方》不仅存在香药在方中所占比例增加的现象，且应用的香药种类范围也更加广泛。① 其实，如果将《太平惠民和济局方》与同时代的方书相比，可以发现宋代方书在香药的应用上比唐代大幅度增加。换言之，"喜用香药"是宋代方书和宋代医疗的普遍现象。《圣济总录》中仅以木香、丁香为丸散的方剂就多达上百首。"诸风"一门即有乳香丸8种，乳香散3种，乳香丹1种，木香丸5种，木香汤1种，没药丸5种，没药散2种，安息香丸2种，肉豆蔻丸1种。宋代创制的不少成药丸散至今仍在广泛使用，如苏合香丸，其主要成分为白术、木香、乌犀屑、朱砂、香附子、诃黎勒、沉香、白檀香、安息香、麝香、丁香、荜拨、龙脑、苏合香油、熏陆香，绝大部分都是海外进口的香药。此外，《太平惠民和剂局方》以香药为主的成药还有安息香丸、丁沉丸、大沉香丸、调中沉香汤、匀气散、丁香丸、青木香丸等等。元代的情况也是如此。元代《瑞竹堂经验方》，记载的一些方剂名明确标有"海上方"字样。该书中60%以上的方剂出现了香药，还有部分直接以香药命名的药方。"沉麝香茸丸"中有沉香、麝香、南木香、乳香、八角茴香、小茴香等；安息香丸中有延胡索、茴香、木香、真阿魏、真安息香、麝香、没药；丁香烂饭丸中有丁香、木香、缩砂仁、香附子等。

宋代医家在临床治疗中，将大量香药和香药方应用于内外各科，并广泛运用于日常食补和治疗各种瘟疫。关于内科治疗，以上述苏合香丸为例，该方为治疗中风、伤寒、心腹冷痛、气滞、小儿惊厥等宜温开诸症的常用方，具有芳香开窍的功能。在外科治疗方面，宋人不断强调外

---

① 付璐、林燕、马燕冬：《〈太平惠民和剂局方〉香药考》，《中华中医药杂志》2016年第10期。

科治疗中，合药断不可无乳香、没药。在具体治疗上，宋人用乳香为君药创制乳香涂方治疗乳痈，用乳香丸治疗痔瘘和反花疮，用乳香膏方治疗痈疽，等等。宋人陈自明认为，香药之所以能够应用于外科，和香药性味与气血顺逆有关，"气血闻香则行，闻臭则逆。大抵疮疡多因营气不从，逆于肉理，郁聚为脓，得香味，则气血流行"①。现代化学分析认为，用香药治疗外伤科痛，是因为香药大多可以抗菌消炎，强力抑制真菌。宋元时期的医家虽然没有明确指出这一点，但是对它的应用却早已得心应手。在治疗瘟疫上，香药也发挥了重要的作用。宋代医家们已经认识到"香能散疫气"。《圣济总录》记载有10条"辟瘟疫令不相传染"的方剂，使用方法也各不相同，或涂或烧或服或戴。《太平惠民和剂局方》中的紫雪丹、至宝丹等，至今依然是治瘟疫邪毒的名方。至于食补，成书于元明宗二年（1330）的《饮膳正要》，记载使用香料药物制作汤品、饮品、饼类食物、泡茶、酿酒、煮粥、服食等等，集中体现了元人对香料药物在食用方面的认识及使用情况。

　　香药在临床上的广泛应用，还促使宋元时期的医学家对香药进行了本草学的研究，从性味、归经的角度对外来药物加以中国式阐释，总结出芳香药性理论，创新性发展了传统本草学"四气五味"的药性理论，逐步实现外来药物的中药化。中国使用香药治疗的历史非常悠久，但直至宋代，才出现有关香药的系统性理论分析，对香药药性和疗效有了明确的认识。香药也大量应用于辟邪防疫、解表散邪、醒脾开胃、化湿化浊、通窍止痛、行气活血、开窍醒神。香药开窍，主要是利用香药辛香走窜的性质，来通关开窍、苏醒神志、疏通经络，还可以消肿去腐。香药化湿，主要是利用香药香燥的特点，燥湿进而醒脾。香药行气，主要是利用香药调理气分，消除气滞或气逆、解逆止呕、顺气宽胸、止呃平喘等。香药解表，主要是利用香药发散的特点，通过使患者发汗或微汗来解表祛邪。此外，宋代香药还用于发散、祛风、清热、温里、和胃、活血、补益等等。

　　宋代香药在民众日常生活、政府公务活动和中医药上的广泛使用，

---

① 陈自明编《外科精要》，人民卫生出版社，1982，第51页。

对宋元时期的社会经济产生了一定的影响。从商品经济上来说，消费不但是经济活动的终点，也是经济活动的起点，具体到香药，其大量进口既是广泛使用的前提，也是广泛使用的结果。香药的消费一定程度促成了宋元时期香药贸易的进一步扩张和国内商品市场的形成，宋代的汴京和杭州、元代的大都都有许多香药专卖区，著名的《清明上河图》中即有售卖香药的店铺。从社会文化上来说，香药的广泛使用，丰富了社会各阶层的物质文化生活，引起了社会价值观的嬗变。皇帝遇有宴饮、庆典活动或大臣丧葬时，赏赐大臣各种香药，以表示对臣下恩宠或哀悼，而在民间，香药也是人们礼尚往来的重要物品，使得香药成为维持政治统治或沟通人际关系的重要媒介。

宋代伊始，海上丝绸之路兴起，直接带动海外贸易之繁盛，大量进口大食、占城、真腊、阇婆等海外诸国的香料，为该时期社会生活带来了异域风情。宋代治国思想大体上重文轻武，因此社会文化氛围浓厚，总体趋于脱俗雅致，世人尤其是士人对于生活品位的要求有所提升。与此同时，宋时儒、释、道三家思想融合，礼佛事神等行为普遍流行，而香因自身独特的神圣性恰好能够满足此需求，上香敬佛、祭祀礼拜、祈祷拜神等无不用香。于是，香逐渐被广泛运用到日常生活的各个领域。

值得注意的是，虽然两宋时期用香相对前代较为普遍广泛，但因群体、各个地域生活水准和风俗不尽相同，而形成明显的地域差别和阶级差异。以阶层而言，上层社会在饮食、待客、熏衣、沐浴、化妆等生活方面都离不开香料消费，从而表现出其消费的广泛性和多样性。他们消费的香料，除了部分来自皇帝赏赐或下属贿赂之外，也可以从市场中大量购买而得，这足以说明宋元时期香料贸易、消费已经具备了高度市场化的特点。此外，这一时期广大平民在日常生活中也广泛使用香料。只不过与上层贵族们不同的是，他们因为受限于经济能力，所使用的是价格比较低廉的普通香料。概括而言，香料消费在宋元社会生活中表现出广泛性、奢侈性和市场化等特点。小小的香料流通和消费，直接折射出宋元士人和大众在享受物质生活的同时，潜藏着对于更高层次精神文化的追求。

宋元时期，民众在消费香料的过程中，逐渐积累了大量的香料知识,并把这些香料知识系统化、文本化,又进一步促进了人们的香料消费,在整个社会中营造出浓厚的香料消费氛围。如宋代编修的《太平御览》专门辑有三卷"香部",专记香料及其典故,对有关香料产地、用法和典故作了系统性的介绍。通过宣传、普及香料知识和文化,使更多的平民百姓了解到香料的作用、用法、习俗等,从而为他们在生活中的香料消费提供了一种文化引导。

宋元两朝与香料进口诸国的频繁贸易与商品流通,直接加强了相互之间的交流与互动,通过海上丝绸之路往来传递的不仅是香料等大宗货物,更多的是不同国家和地区的文化风尚,无形之中促进了不同区域文化之间的了解吸纳与包容互鉴。

主要参考文献

一、古籍类

[1] 司马迁. 史记 [M]. 北京：中华书局，2014.

[2] 班固. 汉书 [M]. 北京：中华书局，1962.

[3] 李昉，等. 太平御览 [M]. 北京：中华书局，1960.

[4] 魏徵，等. 隋书 [M]. 北京：中华书局，1973.

[5] 刘昫，等. 旧唐书 [M]. 北京：中华书局，1975.

[6] 脱脱，等. 宋史 [M]. 北京：中华书局，1985.

[7] 张廷玉，等. 明史 [M]. 北京：中华书局，1974.

[8] 李焘. 续资治通鉴长编 [M]. 北京：中华书局，1995.

[9] 李埴. 皇宋十朝纲要校正 [M]. 北京：中华书局，2013.

[10] 李心传. 建炎以来朝野杂记 [M]. 上海：商务印书馆，1937.

[11] 曾公亮，等. 武经总要 [M]. 陈建中，黄明珍，点校. 上海：商务印书馆，2017.

[12] 包恢. 敝帚稿略 [M]. 北京：线装书局，2004.

[13] 包拯. 孝肃包公奏议 [M]. 北京：中华书局，1985.

[14] 毕仲衍. 中书备对辑佚校注 [M]. 马玉臣，辑校. 郑州：河南大学出版社，2007.

[15] 蔡戡. 定斋集 [M]. 上海：上海书店，1994.

[16] 蔡條. 铁围山丛谈 [M]. 冯惠民, 等, 点校. 北京: 中华书局, 1983.

[17] 曹勋. 松隐文集 [M]. 北京: 线装书局, 2004.

[18] 曾敏行. 独醒杂志 [M]. 朱杰人, 标校. 上海: 上海古籍出版社, 1986.

[19] 陈邦瞻. 元史纪事本末 [M]. 北京: 中华书局, 1979.

[20] 陈桱. 通鉴续编 [M]. 北京: 商务印书馆, 2005.

[21] 陈敬. 陈氏香谱 [M]. 台北: 台湾商务印书馆, 1983.

[22] 陈均. 皇朝编年纲目备要 [M]. 许沛藻, 等, 点校. 北京: 中华书局, 2007.

[23] 陈宓. 复斋先生龙图陈公文集 [M]. 北京: 线装书局, 2004.

[24] 陈善. 扪虱新话 [M]. 上海: 上海书店, 1990.

[25] 程俱. 北山小集 [M]. 北京: 线装书局, 2004.

[26] 程敏政. 新安文献志 [M]. 合肥: 黄山书社, 2004.

[27] 范成大. 桂海虞衡志校注 [M]. 闫沛, 校注. 南宁: 广西人民出版社, 1986.

[28] 方大琮. 铁庵集 [M]. 北京: 商务印书馆, 2005.

[29] 方信孺. 南海百咏 [M]. 广州: 广州出版社, 2015.

[30] 龚明之. 中吴纪闻 [M]. 孙菊园, 校点. 上海: 上海古籍出版社, 1986.

[31] 贡师泰. 玩斋集 [M]. 北京: 商务印书馆, 2005.

[32] 顾炎武. 天下郡国利病书 [M]. 上海: 上海古籍出版社, 2012.

[33] 广州市地方志编纂委员会办公室. 元大德南海志残本(附辑佚) [M]. 广州: 广东人民出版社, 1991.

[34] 郭彖. 睽车志 [M]. 上海: 上海古籍出版社, 2012.

[35] 郭祥正. 青山集 [M]. 北京: 线装书局, 2004.

[36] 韩元吉. 南涧甲乙稿 [M]. 北京: 中华书局, 1985.

[37] 洪迈. 夷坚志 [M]. 何卓, 点校. 北京: 中华书局, 1981.

[38] 洪适. 盘洲文集 [M]. 北京: 线装书局, 2004.

[39] 胡行简. 樗隐集 [M]. 北京: 商务印书馆, 2005.

[40] 胡宏. 五峰胡先生文集 [M]. 北京：线装书局，2004.

[41] 黄溍. 金华黄先生文集 [M]. 上海：上海古籍出版社，2011.

[42] 江少虞. 新雕皇朝类苑 [M]. 北京：国家图书馆出版社，2013.

[43] 蒋易. 皇元风雅 [M]. 北京：北京图书馆出版社，2006.

[44] 乐史. 太平寰宇记 [M]. 王文楚，点校. 北京：中华书局，2008.

[45] 黎崱. 安南志略 [M]. 武尚清，点校. 北京：中华书局，1995.

[46] 黎志添，等. 广州府道教庙宇碑刻集释 [M]. 北京：中华书局，2013.

[47] 李纲. 梁溪先生文集 [M]. 北京：线装书局，2004.

[48] 李心传. 建炎以来系年要录 [M]. 胡坤，点校. 北京：中华书局，2013.

[49] 梁廷枏. 粤海关志 [M]. 广州：广东人民出版社，2014.

[50] 林希元. 嘉靖钦州志 [M]. 上海：上海古籍书店，1982.

[51] 林之奇. 拙斋文集 [M]. 北京：线装书局，2004.

[52] 刘鹗. 惟实集 [M]. 北京：商务印书馆，2005.

[53] 刘斧. 青琐高议 [M]. 上海：上海古籍出版社，1983.

[54] 刘敏中. 中庵集 [M]. 北京：商务印书馆，2005.

[55] 刘仁本. 羽庭集 [M]. 北京：商务印书馆，2005.

[56] 柳贯. 待制集 [M]. 北京：商务印书馆，2005.

[57] 楼钥. 攻媿集 [M]. 北京：中华书局，1985.

[58] 罗愿. 罗鄂州小集 [M]. 北京：线装书局，2004.

[59] 罗曰褧. 咸宾录 [M]. 北京：中华书局，1983.

[60] 吕颐浩. 忠穆集 [M]. 北京：线装书局，2004.

[61] 马端临. 文献通考 [M]. 北京：中华书局，2011.

[62] 马可·波罗. 马可·波罗行纪 [M]. 沙海昂，注. 冯承钧，译. 北京：商务印书馆，2012.

[63] 马蓉，等，点校. 永乐大典方志辑佚 [M]. 北京：中华书局，2004.

[64] 欧阳保，等. 万历雷州府志 [M]. 北京：书目文献出版社，1990.

[65] 欧阳修. 集古录跋尾 [M]. 北京：人民美术出版社，2010.

[66] 欧阳修. 新五代史 [M]. 北京：中华书局，1974.

[67] 欧阳玄. 圭斋文集 [M]. 北京：商务印书馆，2005.
[68] 潘清简，等. 钦定越史通鉴纲目 [M]. 重庆：西南师范大学出版社，2012.
[69] 庞元英. 文昌杂录 [M]. 北京：中华书局，1985.
[70] 续墨客挥犀 [M]. 孔凡礼，点校. 北京：中华书局，2002.
[71] 彭龟年. 止堂集 [M]. 北京：中华书局，1985.
[72] 阮元，主修，广东通志·金石略 [M]. 梁中民，点校. 广州：广东人民出版社，1994.
[73] 阮元，修. 道光广东通志 [M]. 广州：岭南美术出版社，2006.
[74] 司马光. 涑水记闻 [M]. 邓广铭，张希清，点校. 北京：中华书局，1989.
[75] 宋褧. 燕石集 [M]. 北京：商务印书馆，2005.
[76] 宋濂，等. 元史 [M]. 北京：中华书局，1976.
[77] 苏过. 斜川集校注 [M]. 舒大刚，校注. 成都：巴蜀书社，1996.
[78] 苏轼. 苏轼全集 [M]. 上海：上海古籍出版社，2000.
[79] 苏天爵. 元文类 [M]. 北京：商务印书馆，1958.
[80] 苏天爵. 滋溪文稿 [M]. 北京：中华书局，1997.
[81] 苏辙. 龙川略志 [M]. 俞宗宪，点校. 北京：中华书局，1982.
[82] 唐士耻. 灵岩集 [M]. 北京：商务印书馆，2005.
[83] 唐胄. 正德琼台志 [M]. 上海：上海古籍书店，1982.
[84] 陶毂. 清异录 [M]. 上海：上海古籍出版社，1986.
[85] 陶宗仪. 南村辍耕录 [M]. 文灏，点校. 北京：文化艺术出版社，1998.
[86] 汪大渊. 岛夷志略校释 [M]. 苏继庼，点校. 北京：中华书局，1981.
[87] 王明清. 挥麈录 [M]. 上海：上海书店，2009.
[88] 王圻. 续文献通考 [M]. 台北：文海出版社，1979.
[89] 王十朋. 王十朋全集 [M]. 上海：上海古籍出版社，2012.
[90] 王士点，商企翁. 秘书监志 [M]. 高荣盛，点校. 杭州：浙江古籍出版社，1992.
[91] 王象之. 舆地纪胜 [M]. 李勇先，点校. 成都：四川大学出版社，

2005.

[92] 王应麟. 玉海 [M]. 扬州：广陵书社，2003.

[93] 王元恭. 至正四明续志 [M]. 上海：上海古籍出版社，2002.

[94] 王恽. 秋涧集 [M]. 北京：商务印书馆，2005.

[95] 危素. 危学士全集 [M]. 济南：齐鲁书社，1997.

[96] 吴澄. 吴文正集 [M]. 北京：商务印书馆，2005.

[97] 吴处厚. 青箱杂记 [M]. 李裕民，点校. 北京：中华书局，1985.

[98] 吴自牧. 梦粱录 [M]. 北京：中国商业出版社，1982.

[99] 谢深甫. 庆元条法事类 [M]. 北京：中国书店，1990.

[100] 熊太古. 冀越集记 [M]. 上海：上海古籍出版社，2002.

[101] 徐兢. 宣和奉使高丽图经 [M]. 北京：中华书局，1985.

[102] 徐松. 宋会要辑稿 [M]. 刘琳，舒大刚，等，点校. 上海：上海古籍出版社，2014.

[103] 杨万里. 诚斋集 [M]. 北京：线装书局，2004.

[104] 杨仲良. 皇宋通鉴长编纪事本末 [M]. 李之亮，点校. 哈尔滨：黑龙江人民出版社，2006.

[105] 姚宽. 西溪丛语 [M]. 北京：中华书局，1993.

[106] 姚燧. 牧庵集 [M]. 北京：商务印书馆，2005.

[107] 叶适. 水心先生文集 [M]. 北京：线装书局，2004.

[108] 叶廷珪. 海录碎事 [M]. 北京：中华书局，2002.

[109] 伊本·白图泰. 伊本·白图泰游记 [M]. 马金鹏，译. 银川：宁夏人民出版社，2000.

[110] 佚名. 元典章 [M]. 陈高华，等，点校. 北京：中华书局，2011.

[111] 佚名. 通制条格校注 [M]. 方龄贵，校注. 北京：中华书局，2001.

[112] 佚名. 续编两朝纲目备要 [M]. 汝企和，点校. 北京：中华书局，1995.

[113] 佚名. 宋史全文 [M]. 汪圣铎，点校. 北京：中华书局，2016.

[114] 余靖. 武溪集 [M]. 北京：线装书局，2004.

[115] 岳珂. 桯史 [M]. 吴企明，点校. 北京：中华书局，1981.

[116] 张邦基. 墨庄漫录 [M]. 孔凡礼，点校. 北京：中华书局，2002.

[117] 张方平. 乐全先生文集 [M]. 北京：线装书局，2004.

[118] 长谷真逸. 农田余话 [M]. 济南：齐鲁书社，1995.

[119] 赵孟頫，松雪斋集 [M]. 北京：中国书店，1991.

[120] 赵彦卫. 云麓漫钞 [M]. 上海：古典文学出版社，1957.

[121] 真德秀. 西山先生真文忠公文集 [M]. 北京：线装书局，2004.

[122] 郑兴裔. 郑忠肃奏议遗集 [M]. 北京：商务印书馆，2005.

[123] 郑元祐. 侨吴集 [M]. 北京：商务印书馆，2005.

[124] 周必大. 周益公文集 [M]. 北京：线装书局，2004.

[125] 周达观. 真腊风土记校注 [M]. 夏鼐，校注. 北京：中华书局，2000.

[126] 周密. 癸辛杂识 [M]. 吴企明，点校. 北京：中华书局，1997.

[127] 周密. 齐东野语 [M]. 张茂鹏，点校. 北京：中华书局，1983.

[128] 周去非. 岭外代答校注 [M]. 杨武泉，校注. 北京：中华书局，1999.

[129] 朱熹. 晦庵先生文集 [M]. 北京：线装书局，2004.

[130] 朱彧，陆游. 萍洲可谈 [M]. 李伟国，高克勤，点校. 上海：上海古籍出版社，2012.

[131] 祝穆. 方舆胜览 [M]. 祝洙，施和金，点校. 北京：中华书局，2003.

[132] 庄绰. 鸡肋编 [M]. 萧鲁阳，点校. 北京：中华书局，1997.

[133] 邹浩. 道乡先生邹忠公文集 [M]. 北京：线装书局，2004.

二、专著类

[1] 郭正忠. 三至十四世纪中国的权衡度量 [M]. 北京：中国社会科学出版社，1993.

[2] 苊岚. 7—14世纪中日文化交流的考古学研究 [M]. 北京：中国社会科学出版社，2001.

[3] 陈佳荣，钱江，张广达，编. 历代中外行纪 [M]. 上海：辞书出版社，2008.

[4] 陈佳荣，朱鉴秋，主编. 中国历代海路针经 [M]. 广州：广东科技

出版社，2016.

[5] 吴春明. 环中国海沉船：古代帆船、船技与船货 [M]. 南昌：江西高校出版社，2003.

[6] 曲金良，主编. 中国海洋文化史长编 [M]. 青岛：中国海洋大学出版社，2017.

[7] 贺威. 宋元福建科技史研究 [M]. 厦门：厦门大学出版社，2019.

[8] 陈高华. 陈高华文集 [M]. 上海：辞书出版社，2005.

[9] 中村新太郎. 日中两千年：人物往来与文化交流 [M]. 张柏霞，译. 长春：吉林人民出版社，1980.

[10] 木宫泰彦. 日中文化交流史 [M]. 胡锡年，译. 北京：商务印书馆，1980.

[11] 冯玮. 日本通史 [M]. 上海：上海社会科学院出版社，2019.

[12] 张锦鹏. 南宋交通史 [M]. 上海：上海古籍出版社，2008.

[13] 吴春明. 涨海行舟：海洋遗产的考古与历史探究 [M]. 青岛：海洋出版社，2016.

[14] 亨利·皮朗. 中世纪欧洲经济社会史 [M]. 上海：上海人民出版社，1964.

[15] P. 布瓦松纳. 中世纪欧洲的生活和劳动 [M]. 北京：商务印书馆，1985.

[16] L. S. 斯塔夫里阿诺斯. 全球通史：1500 年以前的世界. 吴象婴，等，译. 上海：上海社会科学院出版社，1988.

[17] 希提. 阿拉伯简史 [M]. 北京：商务印书馆，1973.

[18] 加藤繁. 中国经济史考证 [M]. 北京：商务印书馆，1963.

[19] 三上次男. 陶瓷之路——东西文明接触点的探索. 胡德苏，等，译. 天津：天津人民出版社，1984.

[20] 桑原骘藏. 蒲寿庚考 [M]. 陈裕菁，译. 北京：中华书局，1954.

[21] 桑原骘藏. 唐宋贸易港研究 [M]. 杨炼，译. 北京：商务印书馆，1935.

[22] 藤家礼之助. 日中交流两千年 [M]. 北京：北京大学出版社，1982.

[23] 藤田丰八. 宋代之市舶司与市舶条例 [M]. 魏重庆，译. 北京：商

务印书馆，1936.
[24] 小叶田淳. 海南岛史 [M]. 高雄：学海出版社，1979.
[25] 巴兹尔·戴维逊 [M]. 古老非洲的再发现. 北京：三联书店，1973.
[26] 简·迪维斯. 欧洲瓷器史 [M]. 杭州：浙江美术学院出版社，1991.
[27] 陈高华，吴泰. 宋元海外贸易史 [M]. 天津：天津人民出版社，1981.
[28] 道格拉斯·诺思. 西方世界的兴起 [M]. 北京：学苑出版社，1988.
[29] 邓端本，章深. 广州对外贸易史 [M]. 广州：广东高教出版社，1996.
[30] 方豪. 中西交通史 [M]. 长沙：岳麓书社，1987.
[31] 冯承钧. 中国南洋交通史 [M]. 上海：上海书店，1984.
[32] 冯先铭. 中国陶瓷 [M]. 上海：上海古籍出版社，1994.
[33] 傅宗文. 宋代草市镇研究 [M]. 福州：福建人民出版社，1987.
[34] 关履权. 宋代广州的海外贸易 [M]. 广州：广东人民出版社，1994.
[35] 贺圣达. 东南亚文化发展史 [M]. 昆明：云南人民出版社，1996.
[36] 将祖缘，方志钦，主编. 简明广东史 [M]. 广州：广东人民出版社，1987.
[37] 李金明，廖大珂. 中国古代海外贸易史 [M]. 南宁：广西人民出版社，1995.
[38] 龙登高. 宋代东南市场研究 [M]. 昆明：云南大学出版社，1994.
[39] 龙登高. 中国传统市场发展史 [M]. 北京：人民出版社，1997.
[40] 马文宽，孟凡人. 中国古瓷在非洲的发现 [M]. 北京：紫禁城出版社，1987.
[41] 彭德清，主编. 中国航海史（古代航海史）[M]. 北京：人民交通出版社，1988.
[42] 朴真奭. 中朝经济文化交流史研究 [M]. 沈阳：辽宁人民出版社，1984.
[43] 漆侠. 宋代经济史 [M]. 上海：上海人民出版社，1988.
[44] 沈光耀. 中国古代对外贸易史 [M]. 广州：广东人民出版社，1985.
[45] 司徒尚纪. 海南岛历史上土地开发研究 [M]. 海口：海南人民出版

社，1987.

[46] 孙光圻. 中国古代航海史 [M]. 北京：海洋出版社，1989.

[47] 唐振常，主编. 上海史 [M]. 上海：上海人民出版社，1989.

[48] 田汝康. 中国帆船贸易和对外关系史论集 [M]. 杭州：浙江人民出版社，1987.

[49] 汪圣铎. 两宋财政史 [M]. 北京：中华书局，1995.

[50] 王志瑞. 宋元经济史 [M]. 北京：商务印书馆，1974.

[51] 余又荪. 宋元中日关系史 [M]. 北京：商务印书馆，1975.

[52] 张维华. 中国古代对外关系史 [M]. 北京：高等教育出版社，1993.

[53] 张泽咸. 唐代工商业 [M]. 北京：中国社会科学出版社，1995.

[54] 郑学檬. 中国古代经济重心南移与唐宋江南经济研究 [M]. 长沙：岳麓书社，1996.

[55] 郑学檬，主编. 福建经济发展简史 [M]. 厦门：厦门大学出版社，1989.

[56] 中国硅酸盐学会，编. 中国陶瓷史 [M]. 北京：文物出版社，1982.

[57] 杨国桢. 闽在海中·追寻福建海洋发展史 [M]. 南昌：江西高校出版社，1998.

[58] 杨国桢. 东溟水土：东南中国的海洋环境与经济开发 [M]. 南昌：江西高校出版社，2003.

[59] 唐文基，主编. 福建古代经济史 [M]. 福州：福建教育出版社，1995.

[60] 李金明. 明代海外贸易史 [M]. 北京：中国社会科学出版社，1990.

[61] 廖大珂. 福建海外交通史 [M]. 福州：福建人民出版社，2002.

[62] 林庆元. 福建船政局史稿 [M]. 福州：福建人民出版社，1986.

[63] 汪征鲁，主编. 福建史纲 [M]. 福州：福建人民出版社，2003.

[64] 朱维幹. 福建史稿 [M]. 福州：福建教育出版社，1986.

[65] 卢美松. 闽中稽古 [M]. 厦门：厦门大学出版社，2002.

[66] 徐晓望. 妈祖的子民闽台海洋文化研究 [M]. 上海：学林出版社，1999.

[67] 林金水，主编. 福建对外文化交流史 [M]. 福州：福建教育出版社，1997.

三、论文类

[1] 陈炎. 略论海上"丝绸之路"[J]. 历史研究，1982（3）.

[2] 傅宗文. 刺桐港史初探[J]. 海交史研究，1991（1）.

[3] 傅宗文. 刺桐港史初探[J]. 海交史研究，1991（2）.

[4] 郭正忠. 南宋海外贸易收入及其在财政收入中的比率[J]. 中华文史论丛，1982（1）.

[5] 韩振华. 宋元时代传入泉州的外国宗教古迹[J]. 海交史研究，1995（1）.

[6] 胡沧泽. 宋代福建海外贸易的管理[J]. 福建师范大学学报，1995（1）.

[7] 胡沧泽. 宋代福建海外贸易的兴起及其对社会生活的影响[J]. 中国社会经济史研究，1995（1）.

[8] 胡沧泽. 唐宋时期福建与日本的经济文化交流[J]. 福建师范大学学报，1999（4）.

[9] 黎虎. 唐代市舶使与市舶管理[J]. 历史研究，1998（3）.

[10] 李伯重. "选精""集粹"与"宋代江南农业革命"——对传统经济史研究. 中国社会科学，2000（1）.

[11] 李培浩. 宋代中日经济文化交流[J]. 北京大学学报，1983（5）.

[12] 廖大珂. 试论宋代市舶司官制的演变[J]. 历史研究，1998（3）.

[13] 廖大珂. 宋代市舶的抽解、禁榷、和买制度[J]. 南洋问题研究，1997（1）.

[14] 林忠干，等. 闽北宋元瓷器的生产与外销[J]. 海交史研究，1987（2）.

[15] 陆韧. 宋代广西海外贸易兴起初探[J]. 海交史研究，1997（1）.

[16] 倪尔爽. 南宋温州海外贸易发达的原因[J]. 海交史研究，1998（2）.

[17] 宁志新. 唐代市舶制度若干问题研究[J]. 中国经济史研究，1997（1）.

[18] 童家洲. 试论宋元泉州港繁盛的原因[J]. 文史哲，1980（4）.

[19] 汪廷奎. 两宋市舶贸易出口税初探 [J]. 广东社会科学, 1993 (3).

[20] 休·R·克拉克. 唐宋时期的泉州——城乡关系专例研究 [J]. 海交史研究, 1989 (2).

[21] 徐规, 等. 宋代两浙的海外贸易 [J]. 杭州大学学报, 1979 (1).

[22] 许清泉. 宋元泉州陶瓷的生产 [J]. 海交史研究, 1986 (1).

[23] 叶文程, 等. 宋元时期龙泉青瓷的外销及其有关问题的探讨 [J]. 海交史研究, 1987 (2).

[24] 章深. 北宋"元丰市舶条例"试析 [J]. 广东社会科学, 1995 (5).

[25] 章深. 重评宋代市舶司的主要功能 [J]. 广东社会科学, 1998 (4).

[26] 郑世刚. 宋代海外贸易的官方经营问题 [J]. 学术月刊, 1980 (12).

[27] 郑学檬. 宋代福建沿海对外贸易的发展对社会经济结构变化的影响 [J]. 中国社会经济史研究, 1996 (2).

[28] 朱杰勤. 中国陶瓷和制瓷技术对东南亚的传播 [J]. 世界历史, 1979 (2).